SERVICE MANAGEMENT

4차 산업혁명시대의
서비스경영

유시정 · 조춘봉

法 文 社

오늘날 우리 사회는 급속한 정보기술의 발전에 따라 4차 산업혁명의 새로운 변화의 물결을 맞고 있다. 우리나라 산업구조가 제조업 중심으로부터 서비스업 중심의 선진국형으로 바뀌고 있다는 말은 이미 오래 전의 일이다. 2000년대 이전부터 우리나라 경제활동에서 서비스부문의 고용과 국내총생산은 60~70% 수준을 점하고 있으며, 제조업의 모든 부문에서도 서비스의 기능과 역할이 확대되고 있다.

지금까지 기업은 다양한 고객요구, 치열한 글로벌경쟁, 기업의 사회적 책임 등 새로운 이슈에 직면하여 변화와 적응이라는 끊임없는 혁신을 거듭해왔다. 그러나 4차 산업혁명시대의 기업은 기술혁신에 바탕을 둔 경영혁신을 추구해야 한다. 특히 정보통신기술(ICT)은 우리의 산업은 물론 일상생활 하나하나에까지 영향을 미치고 있다. 수년 후에는 인간이 기술의 지배를 받을 수 있다는 예견도 있다. 기업이든 소비자든 새로운 변화와 도전을 극복하고 기술환경에 적응하는 것이 최대의 과제이다.

이 책은 4차 산업혁명시대의 기술혁신과 서비스혁신의 추세에 맞추어 대학의 서비스경영관련 과목의 강의와 기업이 필요로 하는 서비스경영관리의 실무에 활용하기 위해 집필되었다. 서비스경영 과목은 경영계열의 학과를 비롯하여 관광, 호텔, 외식, 항공, 유통, 병원, 사회적기업경영 등의 학과에서 개설하고 있다.

서비스관련 학문을 전공하는 학생들이 서비스경영의 기초적인 개념과 이론을 쉽게 배우고 체계적으로 이해하는데 도움을 주기 위하여 학문적 연구는 물론 서비스현장의 실무경험을 폭넓게 소개하였다.

또한 서비스기업의 운영사례를 다양하게 소개함으로써 학생들이 기업현장의 실무적 지식과 안목을 넓히고 서비스관리자들에게는 실무능력을 한층 더 높일 수 있는 지식과 경험을 제공하려 한다. 서비스경영의 논리적 전개는 관리이론에 충실하도록 하였으며 국내외 서비스현장의 사례를 비교함으로써 서비스경영의 이해를 높이려는 노력을 하였다.

지난 수년간 저자들은 서비스경영의 개념이나 이론을 정리하여 교재를 집필한 바 있다. 그러나 지금까지의 저술은 4차 산업혁명이 가져온 서비스기술의 혁신적 발전과 서비스기업 현장의 변화, 그 대응방법을 설명하는 데는 역부족이었다. 따라서 이 교재에서는 서비스기업의 관리활동에 관련되는 기술혁신의 문제를 포괄적으로 조명하고 서비스경영의 이론이나 서비스현장의 사례를 체계적으로 정리하였다.

이 책에서는 서비스와 기술혁신, 서비스운영, 서비스마케팅, 서비스성과의 평가와 관련되는 네 가지 주제를 12장으로 나누어 체계화하였다.

1장~3장에서는 경영관리 이론을 바탕으로 하여 서비스와 서비스경영관리, 4차 산업혁명과 서비스혁신, 서비스운영전략등 기본적인 개념을 기술하였다.

4장~8장에서는 서비스수요와 공급능력관리, 서비스디자인과 개발, 서비스프로세스의 배치와 운영, 서비스품질의 측정과 품질경영, 서비스자재의 재고와 공급사슬경영 등 서비스운영관리의 핵심적인 내용을 소개하였다.

9장~11장에서는 서비스인적자원관리, 고객관리와 고객만족경영, 서비스마케팅과 전략에 대하여 기술하였다.

제12장에서는 서비스시스템의 평가와 지수관리를 기술하였다.

서비스경영과목의 강의를 담당하시는 교수님께 각 장별 강의파일(파워포인트)과 학생들의 평가를 위해 400여 문항의 선택형 및 진위형 문제와 해답을 제공한다. 이 책을 집필하면서 학문적 방향과 지침을 주신 서강대 서창적 교수님과 상명대 김희탁 교수님께 감사의 말씀을 올리며 이론적 내용과 사례를 정리해주신 박윤주 교수, 백미영 박사, 이혜연 박사께 감사드린다. 또한 이 책의 출간을 배려해주신 법문사 배효선 사장님과 편집과 교정을 담당해주신 노윤정 선생께 특별한 감사를 드린다.

서비스경영에 대한 논리적 전개, 기술 및 표기상의 오류, 서비스경영의 새로운 방향의 모색 등 여러 교수님과 학생, 그리고 독자들의 지적을 바라며 앞으로 서비스경영 이론을 연구하는 학자 및 서비스기업에 종사하는 분들과 지속적으로 연구 토론을 거쳐 보다 알찬 내용으로 본서를 보완하여 발전시킬 것을 다짐한다.

2020년 5월
저자 드림

차 례

Contents

제 3 장　서비스운영전략

Contents

제7장　서비스품질경영

Contents

제 **8** 장 **서비스자재의 재고와 공급사슬경영**

제 **9** 장   **서비스인적자원관리와 조직 활성화**

제 **10** 장 **고객관리와 고객만족경영**

제11장 서비스마케팅과 전략

Contents

제 12 장   **서비스시스템의 평가와 지수관리**

제 **1** 장

서비스와
서비스경영

우리는 서비스시대에 살고 있다. … 서비스는 서비스제공자의 노동력과 서비스 시설 및 자원을 이용하여 고객에게 편의와 만족을 주는 과정(process), 노력(efforts), 행동(action)이다. 또한 서비스는 고객을 위해 고객에게 변화를 주고 시간적, 장소적, 형태적, 심리적 효용을 제공하는 경제적 재화 또는 경제적 활동이다.

– 서비스의 정의 중에서

제 **1** 절 ## 서비스시대에 살고 있다

사례

존경받는 기업의 특별한 서비스

서비스의 명가 Ritz-Carlton호텔은 '와우 이야기'라는 감동 스토리로 세계 최고의 호텔 체인을 구축했다.

바람이 세차게 불던 2월 어느 날, LA Ritz-Carlton호텔 바에 근무하던 프랜에게 딕과 제인이 하와이풍의 셔츠를 입고 들어와서는 마이타이 칵테일을 주문했다. 그들은 좀 우울해 보였다. 둘은 얼마 전에 결혼했는데 신혼여행을 하와이 Ritz-Carlton호텔로 가려다가 딕이 갑작스레 암 선고를 받게 됐다고 털어놨다. 두 사람은 화학치료를 받기 위해 일정을 앞당겨 LA로 날아와 하와이 신혼여행의 흉내라도 내보기로 한 것이다.

사연을 들은 프랜은 잠시 뒤 다른 사람에게 바를 맡기고 매니저를 찾아서 함께 연회장 소품실로 갔다. 그리고는 낚시용 그물이며 장식용 불가사리, 조가비, 훌라 무용수 사진을 담은 포스터 등 하와이를 연상시키는 물건을 모두 끄집어내 딕과 제인의 방을 꾸몄다. 심지어 아이스박스에 모래를 채우고 '딕과 제인의 전용 해변'이라는 팻말을 꽂아놓기도 했다.

매니저는 하와이풍 셔츠를 입고 부부에게 돌아가 무료 샴페인이 기다리는 '하와이 신혼여행 특실'로 그들을 안내했다. 그리고 사흘 동안 호텔 직원들은 평생 기억에 남을 '하와이 신혼여행' 패키지를 제공했다.

결과는 감동 그 자체였다. 그들이 돌아가서 LA여행이 어땠는지 묻는 친구들에게 어떤 얘기를 했을지는 분명하다. 이야기를 듣고 나면 누구나 Ritz-Carlton호텔에 묵고 싶어할 것이고 여기저기 이야기를 전하고 다닐 것이다. 하지만 더 놀라운 것은 이 이야기의 주인공이 노련한 본사 마케팅 직원이 아니라는 사실이다. 바로 호텔사업의 핵심인 평직원과 고객 사이에서 나온 이야기인 것이다.

Ritz-Carlton호텔 직원들은 현장 교대 시간에 이처럼 감동적인 '와우 이야기'를 서로 공유한다. 그래서 세계에 퍼져 있는 호텔 체인의 3만여 직원 모두가 이 같은 이야기와 고객들의 자료를 데이터베이스로 만들어 개인별 맞춤서비스를 제공한다.

Ritz-Carlton호텔은 고객에게 특별한 경험을 제공하는 호텔이다. 고객이 표현하지 않은 욕구까지도 충족시키려는 Ritz-Carlton호텔의 서비스는 미국의 국가품질상인 MBNQA를 두 차례나 수상하여 모든 호텔의 벤치마킹의 대상이 되고 있다.

자료: 한경닷컴(2019. 4. 27.) 기사에서 발췌.

1. 서비스산업

서비스는 경제, 사회, 문화적 활동을 비롯해 우리의 일상생활에 중요한 영향을 미치고 있다. 서비스는 규모나 기능면에서 지속적으로 확대되고 있으며 [그림 1-1]에서와 같이 국내 총생산(GDP)과 고용면에서 제조업의 3배 이상을 차지하는 것으로 나타났다. 이러한 현상은 경제선진국일수록 격차가 더 크게 벌어진다.

서비스는 우리의 사회적, 경제적 환경의 변화를 가속시키고 특히 기업활동에 큰 영향을 미치고 있다. 서비스는 소비자들의 새로운 가치추구와 가치상승 욕구를 충족시켜준다. 스마트폰이나 자동차를

그림 1-1 **서비스산업의 변화 추이**

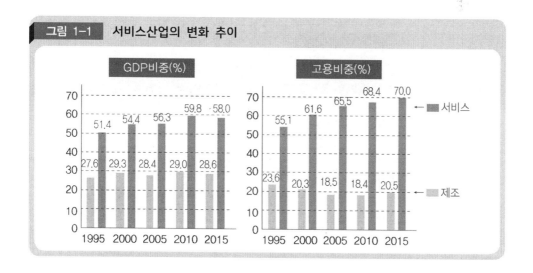

구매하는 소비자가 하드웨어적 제품기능보다 소프트웨어적 서비스 가치를 더 중요시하는 것은 서비스가 소비자의 인식과 행동에 제품보다 더 큰 영향을 미치고 있음을 의미하는 것이다. 예를 들어 고객요구의 증대는 기업의 대 고객전략과 서비스기능을 강화하여 조직, 업무 면에서의 변화를 가져왔고 기업 내외의 환경변화는 물론 경영관리의 패러다임을 새롭게 변화시키고 있다. 이와 같이 고객가치와 기업경영의 패러다임의 변화는 서비스의 본질 역시 새롭게 하고 있다.

• 고객의 기대에 접근

서비스기업은 고객의 기대에 부합하는 서비스를 제공하려는 노력을 한다. 고객이 기대하는 수준의 서비스는 품질적으로 우수한 서비스이다.

• 고객만족의 중심

서비스는 서비스제공자와 고객 간의 인적 접촉에 의해 제공된다. 따라서 서비스 제공자는 서비스를 제공하는 과정에서 고객의 욕구와 반응을 파악하고 적절히 대응함으로써 고객만족을 충족시킬 수 있다.

• 감성과 이성의 통합

고객은 서비스를 통해 성능·품질 등 기본적인 기능요인과 고객의 기대에 영향을 주는 감성적 요인을 인식한다. 우수한 서비스는 기본적 기능이 완벽하고 고객의 감성적 인식이 기대보다 높은 서비스이다.

• 의미와 상징성의 산업

서비스는 고객의 기대충족과 같이 소비자의 마음을 움직이는 범위가 제품보다 넓고 다양하다. 금융서비스의 높은 수익성, 대형할인점의 저렴한 가격, 패스트푸드의 신속한 서비스는 서비스가 상징하는 의미를 함축하고 있다.

• 필요에 따라 세분화

기업은 경쟁력을 얻기 위해 제품이나 서비스, 고객, 가격, 유통방법, 품질수준 등 여러 면에서 세분화하여 집중화, 또는 차별화 전략을 수행한다. 서비스는 유연성이 높아 제품보다 용이하게 세분화, 차별화 할 수 있다.

• 지속적 개선욕구 충족

서비스는 제품보다 개발기간이 짧으며, 프로세스의 변경도 용이한 편이다. 서비스기업은 새로운 서비스상품을 빠른 시간 내에 개발하고 비교적 용이하게 서비스프로세스를 개선함으로써 고객욕구에 효과적으로 대처할 수 있다.

2. 서비스가치와 패러다임 변화

과거 서비스는 제품을 보완하는 수준의 기능을 가졌다면 오늘날은 고유의 기능을 갖는 업종과 역할이 확대됨으로써 기업의 경영관리는 다음과 같이 변화될 것으로 예견되고 있다.

첫째, 1970년대까지 제조업 중심의 산업구조에서 기업은 규모면에서 성장경영을 지향해 왔다. 기업이 치열한 시장경쟁과 기술경쟁으로부터 우위를 차지하기 위해서는 제품, 제조기술, 판매방식, 서비스 등 혁신(innovation)이 필요하다. Steve P. Jobs의 지적과 같이 혁신은 기업환경, 능력 면에서 한계가 있지만 새로운 제품이나 서비스, 기술을 바탕으로 산업을 선도하는 기업은 창조경영(creative management)이라는 또 다른 패러다임으로 변화를 추구하고 있다.

둘째, 오늘날 소비자의 이익과 권리를 앞세우는 운동이 거세게 일어나고 있다. 기업이 고객만족을 핵심 경영과제로 삼고 있는 이유도 여기에 있다. 서비스디자인에 고객의 요구를 반영하고 고객화의 비중을 더욱 높이고 있다. Heskett 등(1997)의 서비스이익사슬(service profit chain)에서와 같이 서비스는 고객만족의 전제조건이며 또한 고객만족이 이루어져야만 고객의 충성도를 얻을 수 있다.

셋째, 기업의 활동영역 확대로 글로벌화 속도와 범위는 빨라지고 있다. 최근 수년 동안 우리나라는 미주, 유럽, 아세안, 중국 등과 자유무역협정(FTA)을 맺고 세계시장으로 진출하는 기회를 넓혀왔다. 우리 기업은 세계시장을 대상으로 자원조달과 시장활동을 전개하며 범세계적으로 기업을 인수・합병하여 글로벌화와 대량고객화를 추구하고 있다. 세계시장에서 오늘의 협력기업이 내일은 경쟁기업이 되고 반대로 오늘의 경쟁기업은 내일의 협력기업이 될 수 있다.

넷째, 정보기술과 자동화기술은 우리의 생활과 사회 전반을 지배하고 있다. 불과 몇 년 사이에 우리의 사회는 디지털시대로 변화되었다. 정보기술이나 자동화기술의 발전은 제품이나 서비스의 수명주기를 단축시키고 기업의 경쟁력을 강화하고 있다. 나아가 기술혁신은 정보네트워킹, 미디어통합으로 인터넷 비즈니스를 확대시키고 서비스혁신과 제4차 산업혁명의 원동력이 되고 있다.

다섯째, 자재, 설비, 프로세스, 이용기술의 발전은 제품이나 서비스로부터 소비자의 편의성을 높여주고 있다. 이러한 기술은 제품이나 서비스의 부가가치를 확대시키는 역할을 한다. [그림 1-2]에서와

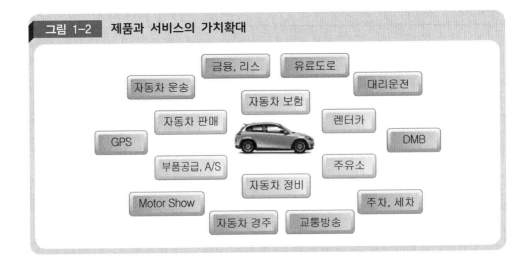

그림 1-2   제품과 서비스의 가치확대

같이 자동차회사가 생산하는 자동차는 제품으로서의 기능만을 갖는 것이 아니라 자동차운반과 판매, 정비, 보험 등 기본서비스로부터 금융·리스, 자동차검사 GPS, DMB서비스, 자동차경주, 모터쇼 등 2·3차적인 서비스로 확대되어 고객에게 제공된다. 제품과 서비스의 기능이 상호보완적 관계로 서비스의 가치영역은 더욱 확대되고 있다.

과거 서비스의 기능은 제조활동의 일부를 지원하는 정도로 인식되었다. 그러나 서비스영역 및 역할이 확대되어 제조와 서비스의 본질적 기능이 무엇인지 명확하게 구분하기가 어려우며, 제조와 서비스의 경계가 점차 좁혀지고 있다. 오늘날의 서비스는 제조활동에 의존적이 아닌 독립적 산업으로 발전하여 [그림 1-3]에서와 같이 완전한 제조업도 완전한 서비스업도 찾아보기 힘들 정도로 산업영역의 경계가 모호성을 나타내고 있다. 자동차조립, 자동차부품의 제조에 서비스기능이 포함되어 있고 스마트폰의 제조에는 서비스의 비중이 더욱 높다. 의료서비스에 3D 프린팅의 제품을 사용하고, 전문적 컨설팅서비스에도 제조기능을 활용하고 있다. 앞으로 제품기술과 이용기술의 발전 및 적용 추세는 더욱 확대될 것으로 예상된다.

| 그림 1-3 | 제품과 서비스의 경계 |

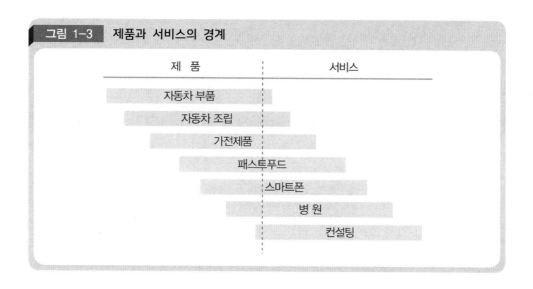

온라인 플랫폼 기술의 발전과 서비스의 변화

플랫폼이란 여러가지 기능을 제공해주는 공통 실행환경으로, 많은 사람이 쉽게 이용하거나 다양한 목적으로 사용되는 기반 OS나 기술환경을 의미한다.

웹브라우저가 생기면서 인터넷으로 비즈니스를 하는 서비스가 생기고 이 인터넷서비스가 진화하여 트위터라는 "서비스플랫폼"이 등장했다. 플랫폼 개발자들은 API와 연동하여 앱을 만들었으며, 앱들이 늘어나자 트위터에 쌓이는 콘텐츠가 급격하게 많아졌다. 따라서 트위터는 수많은 뉴스정보를 갖게 되었고, 개발자들은 광고를 붙여 소액이지만 수익활동을 하고 있다.

서비스플랫폼이란 다른 서비스들이 나의 서비스를 쉽게 활용할 수 있게 해주는 인터넷 기반의 기술 환경이다. 플랫폼기술의 발전은 우리의 생활은 물론 서비스의 본질을 변화시키고 있다. 이러한 변화는 도·소매, 운송, 여행, 문화이벤트 등에서 찾아볼 수 있다.

금년 2월초 '파괴적커머스 시대, 우리의 대응과 미래 경쟁력'이라는 주제의 컨퍼런스가 열렸다. 서울대 유병준 교수는 '데이터로 확인한 국내 커머스 생태계'라는 주제로 '네이버 스마트스토어'의 데이터와 판매자 설문조사를 바탕으로 연구를 진행한 결과를 발표했다.

① 온라인 커머스 시장은 매년 최소 10% 이상 성장하고 있다. 소비자들은 온라인 쇼핑몰과 오프라인 매장을 넘나드는 이른바 '옴니채널'을 활발하게 사용하고 있으며 소상공인들의 온라인 진출도 활발해지고 있는 추세다.

② 소상공인이 온라인 플랫폼을 활용하면 오프라인 입지에 따른 매출 증대 효과는 낮아지고 지역 상권이 아닌 전국 상권으로 매출원이 다변화되면서 지역적 경제 불균형이 해소될 수 있을 것으로 전망됐다.

③ 서울, 경기, 부산을 제외한 지역에 위치한 온라인 상점들은 평균 90%의 매출을 타 지역에서 얻는 것으로 나타났다. 지난해 비수도권 소재의 업체들이 온라인 플랫폼을 통해 타 지역에서만 약 21조 원의 매출을 올린 것으로 조사됐다. 이런 현상은 온라인 플랫폼이 지역상권에 공헌할 수 있음을 입증하는 것이다.

④ 또한 온라인 소상공인들은 최소 1~8개의 온라인 플랫폼을 동시에 사용하

는 '멀티호밍' 중인 것으로 나타났다. 온라인 소상인들은 플랫폼의 효용성에 따라 선택하기 때문에 단일 플랫폼이 시장 지배력을 가질 수 있는 구조가 아니라는 것이다.

⑤ 이 연구는 온라인 플랫폼을 통해 지역 상권에 새로운 희망이 된다는 것을 나타내고 있다. 그러나 온라인 소상인들은 오프라인 업주에 비해 경험이 적고 사업 규모도 작은 경우가 많아 경제적 약자가 될 수 있다는 점에서 소상인들의 디지털 역량을 높이기 위한 지원이 필요하다고 제안했다.

자료: 세계일보(2020. 2. 6.) 기사에서 발췌.

제 2 절 서비스와 서비스경영

1. 서비스의 특징

1980년대에 이르러 경영학 분야에서는 서비스에 대한 관심이 높아졌는데 서비스품질이나 고객만족에 관련된 연구가 주류를 이루고 있다. Lovelock(1988)은 서비스특징에 대하여 생산, 운영, 전달, 고객의 참여, 평가 등의 관점에서 설명하고 있다.

Schmenner(1995)는 서비스의 본질에 대하여 다음과 같이 설명하고 있다.

- 서비스는 무형성이다.
- 서비스는 재고를 유지할 수 없다.
- 서비스는 생산과 동시에 소비된다.
- 서비스는 진입이 용이하다.
- 서비스는 외부로부터의 영향을 받는다.

주요 연구자들이 제시한 서비스특징은 서비스기업의 관리활동이 제조업의 전통적 운영방식 및 관리방식과 차이가 있음을 보여준다. 따라서 서비스기업에서는 제조업과 다른 차원의 관리기능을 필요로 한다. 여러 학자들이 제시한 서비스의 특징을 종합하면 다음과 같다.

• **노동집약성(labor intensity)**

서비스는 고객접점에서 서비스제공자의 관여가 높은 반면에 기계화, 자동화 수준이 낮은 편이다. 기술의 발전과 서비스제공의 효율성을 위해 ATM, 자동발권기 등 노동력을 대체하려는 노력을 하고 있지만 서비스는 노동집약성 산업이라는 관점에서 적합한 인적자원의 확보와 관리적 중요성이 매우 크다.

• **무형성(intangibility)**

서비스는 고객에게 제공되는 기능(function)의 하나로 무형의 재화이다. 연극, 영화, 스포츠 등의 서비스는 고객에게 경험을 통해 효용가치를 제공한다. 그러나 서비스의 기능적 효용가치를 높이기 위해서는 고객에게 전달과정에서 물리적 요소가 필요하다. 예를 들어 항공서비스는 항공기좌석 등 부대시설이나 기내에서 제공되는 식음료 등의 유형적 요소가 필요하다.

• **생산과 소비의 동시성(simultaneity)**

서비스는 생산과 동시에 고객의 사용으로 소멸된다. 연극, 영화, 항공서비스 등에서 서비스의 가치는 고객이 서비스를 받는 시점에 끝이 난다. 즉 서비스는 서비스 제공자와 고객의 상호작용에 의해 이루어지므로 생산과 소비가 시간, 장소 차원에서 동시적이다. 따라서 서비스는 보관, 저장이 불가능하므로 수요예측의 정확성과 적절한 공급능력관리가 요구된다.

• **소멸성(perishability)**

서비스는 생산과 동시에 소비가 이루어지므로 공급이 수요를 초과해도 이를 재고로 유지할 수 없다. 제품은 재고를 유지하여 차기의 수요에 대응할 수 있으나 서비스는 고객의 요구에 따라 즉시 제공되지 않으면 판매기회를 상실하게 된다. 서비스는 고객에게 제공된 후 소멸되므로 수요의 시한성을 갖는데 이를 극복하기 위해 수요관리나 고객의 대기시간관리가 필요하다.

• 이질성(variability)

서비스는 제품에 비해 표준규격을 설정하기 어렵다. 서비스는 고객에게 제공되는 과정에 인적 관여도가 높아 서비스제공시간, 프로세스, 품질 등의 균일성은 낮으며 이질성이 높다. 다양한 고객요구에 대응하기 위해 고객화 수준을 높이는 경우 서비스표준은 더욱 설정하기 어렵고 운영의 효율성은 낮아진다. 서비스제공의 효율성을 높이기 위해 표준화와 고객화 수준을 적정화해야 한다.

서비스산업 및 서비스의 특징을 고려하여 서비스를 정의하면 다음과 같다.

> ○ 서비스는 서비스제공자의 노동력과 서비스시설 및 자원을 이용하여 고객에게 편의와 만족을 주는 과정(process), 노력(efforts), 행동(action)이다.
> ○ 서비스는 고객을 위해 고객에게 변화를 주고 시간적, 장소적, 형태적, 심리적 효용을 제공하는 경제적 재화 또는 경제적 활동이다.

2. 서비스의 유형

서비스는 산업의 업종에 따라 다음과 같이 몇 가지 유형으로 나누어볼 수 있다.

- 철도, 항공, 해운, 택배 등 운송서비스
- 창고, 도 · 소매, 물류서비스

- 은행, 보험, 증권, 부동산, 금융서비스
- 정보통신, 방송서비스
- 의료, 건강, 위생, 보건서비스
- 관광, 호텔, 여행, 레저, 외식서비스
- 컨벤션, 이벤트, 행사진행, 예식, 장례서비스
- 스포츠, 연극, 영화, 음악, 전시, 게임서비스
- 수리보존, 엔지니어링, 기술, 시설운영서비스
- 법률, 세무회계, 경영컨설팅, 교육서비스
- 행정, 공공서비스

서비스는 고객의 필요성에 따라 편익을 제공하며, 제품이나 다른 서비스에 부가되어 고객에게 제공된다. Schmenner(1995)는 서비스운영의 관리적 문제점을 파악하고 이에 대응할 수 있는 전략과 운영관리방안을 모색하기 위하여 고객접촉 수준과 서비스운영의 노동집약도에 따라 서비스프로세스행렬(service process matrix)을 제시하였다. 서비스프로세스행렬에서 서비스분류는 고객의 관여정도와 노동집약도 수준에 따라 구분된다. 즉 고객접촉 수준은 서비스프로세스에 고객이 어느 정도 관여하며 서비스의 개별화 정도 등 고객화 수준에 따라 결정되며 노동집약도는 서비스시설 및 장비의 노동비용에 대한 비율로 결정된다. 서비스는 [그림 1-4]에서와 같이 구분된다.

① 서비스공장(service factory): 항공, 운송, 호텔, 레저서비스 등 고객접촉 수준과 노동집약도가 낮은 서비스

② 서비스샵(service shop): 병원, 자동차수리서비스 등 고객접촉 수준이 높고 노동집약도가 낮은 서비스

③ 대량서비스(mass service): 도·소매, 교육, 금융서비스 등 고객접촉수준이 낮고 노동집약도가 높은 서비스

④ 전문적서비스(professional service): 경영, 회계, 법률, 건축설계, 주치의 등 고객접촉 수준과 노동집약도가 높은 서비스

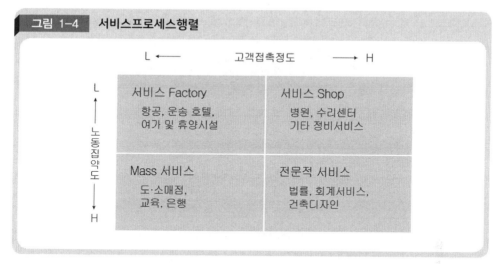

그림 1-4 서비스프로세스행렬

자료: Roger W. Schmenner(1995), *Service Operations Management*, Prentice-Hall, p.11.

3. 서비스경영의 필요성

사례

Southwest항공의 차별화된 서비스

　미국의 Southwest항공은 저렴한 가격, 서비스에 대한 믿음, 승무원의 유머감각을 내세워 북미 단거리 노선을 운항하고 있다. 이 항공사는 비용지출을 줄이기 위해 다른 항공사와 차별적인 서비스와 운항정책을 사용하고 있다. Southwest항공은 조종사배치 및 항공기 유지보수의 효율성을 높이기 위해 단일 기종의 B737 항공기를 운항하고 출발지와 도착지 게이트의 업무처리를 간소화하여 도착지에서의 신속한 회항으로 운항회수를 늘이고 있다. 또한 고객의 교통편의를 위해 가급적 도심에 가까운 공항이나 덜 붐비는 공항으로 운항하여 정체를 피하도록 한다.

　Southwest항공은 "No Meal, No Screen"의 서비스로 땅콩, 음료 등 기본적인 서비스 이외에 다른 서비스가 없다. 경쟁사와의 경쟁에 저렴한 가격만으로 이기기 어렵다고 판단하고 고객이 흥미를 느낄 수 있는 특별한 서비스에 노력하고 있다. 이러한 서비스는 추가적인 비용이 드는 것이 아니라 조종사와 기내승무원들의 익살스러운 대화로 고객에게 "재미를 주는 항공사"라는 이미지로 서비스를 차별화한 것이다.

Southwest항공은 고객의 수하물을 가급적 휴대토록 하고 고객이 항공기에 탑승할 때 좌석표를 준다. 이것은 고객이 탑승하기 이전에 좌석배정을 하지 않고 먼저 오는 고객에게 먼저 좌석을 잡도록 하기 위함이다. 대부분의 고객들은 이 항공사의 서비스에 호감을 갖는 것으로 조사되고 있으며 미국 항공사 중 수익규모 5위를 유지하고 있다.

자료: 2018 Southwest Airlines One Report(2018. 12)에서 발췌(www.southwest.com 참조).

Southwest항공의 사례는 고객이 원하는 서비스가 무엇이며 고객에게 어떻게 전달되어야 하는가를 보여주고 있다. 서비스는 고객의 기대에 맞추어 고객을 만족시킬 때 성공할 수 있다.

서비스경영은 서비스생산에 소요되는 서비스자재와 시설, 기계설비 등의 물적 자원과 인적자원을 확보하여 서비스를 생산하고 고객에게 전달하는 관리활동이다. 서비스경영은 서비스디자인과 개발, 서비스마케팅, 그리고 재무, 회계, 정보시스템 등 서비스운영을 지원하는 기능을 필요로 한다.

서비스경영은 서비스생산과 고객에게 전달하는 과정에 발생하는 이슈를 해결하는 관리적 노력으로 Beckman과 Rosenfield(2008)는 다음과 같이 설명하고 있다.

① 서비스 특징: 서비스내용과 특성, 서비스믹스, 기본적인 경쟁상황, 새로운 서비스의 도입과 성과

② 고객지향적 특징: 서비스마케팅 전개를 위한 물리적 환경조성, 고객관계 유지를 위한 서비스프로세스, 서비스제공의 고객화 수준, 성수기/비수기의 수요관리의 용이성, 서비스프로세스에서의 품질경영

③ 서비스프로세스 특징: 자본집약도, 서비스프로세스유형과 설비배치, 프로세스의 유연성과 과업흐름의 균형화, 일정계획의 용이성,

규모의 경제, 설비배치와 과업수행의 병목현상, 프로세스변환의
특징, 서비스자재의 흐름

④ 수요 및 공급능력 특징: 수요, 공급, 공급능력의 특성과 관련성,
공급능력 결정요인, 공급능력의 확대

⑤ 인적자원관련 특징: 인적자원의 충원, 임금, 숙련도, 직무통제, 동
기부여, 능력개발, 교육훈련

⑥ 관리적 특징: 인적자원의 소요, 적절한 관리의 내용과 의미에 대
한 정의

　　Schmenner(1995)는 [그림 1-5]에서와 같이 고객접촉 수준과 노
동집약 수준에 따라 서비스유형을 구분하고 관리자가 수행하여야 할
과제를 제시하였다. 즉 노동집약도가 낮은 서비스기업은 수요관리와
일정관리 등의 서비스효율화에 역점을 두어야 하며 노동집약도가 높

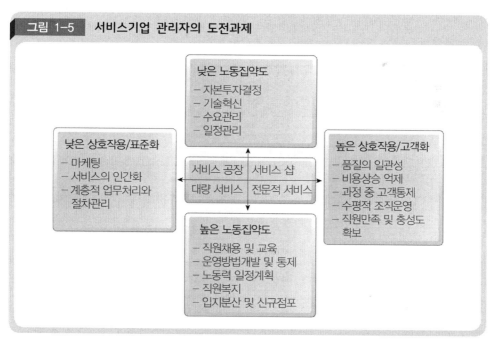

자료: Roger W. Schmenner(1995), *Service Operations Management*, Prentice-Hall, p.12.

은 서비스기업은 교육 등 직원관리가 필요하다. 고객접촉 수준이 낮은 서비스기업은 표준화 및 자동화를 지향하고, 고객접촉 수준이 높은 서비스기업은 서비스품질과 직원만족을 해결하여야 한다.

4. 서비스경영의 학문적 체계

서비스경영은 경영자의 활동, 의사결정, 권한과 책임의 문제와 관련된다. 서비스경영은 서비스의 가치창출을 통해 고객 또는 이용자에게 진정한 서비스경험과 기대하는 서비스결과를 확신시키기 위한 관리활동이다. 이를 위해 서비스경영자는 고객욕구에 대한 이해와 서비스프로세스에 대한 관리를 통해 조직의 목표에 부합되는 확신을 갖고 지속적으로 서비스를 개선해야 한다.

서비스기업이 안고 있는 경영관리의 문제를 해결하고 서비스기업이 지향하는 목표를 달성하기 위해서는 <표 1-1>과 같이 서비스생산 및 소비자에 대한 전달 등 전체적인 면에서의 개선노력이 필요하다.

오늘날 서비스기업의 환경은 서비스생산운영 및 이용기술의 발달, 경쟁 등으로 인해 급속하게 변화하고 있으며, 고객의 욕구는 매

표 1-1 서비스경영의 문제와 지향목표

서비스경영의 문제	지향하는 목표
서비스수요예측과 수요관리	서비스공급량 결정과 공급계획
서비스프로세스디자인과 표준화	서비스운영의 효율성과 고객화
서비스시설의 입지와 배치	고객의 접근성과 입지비용 결정
서비스공급능력관리	수요변화에 대한 유연성 확보
서비스품질의 측정과 개선	서비스품질의 지속적 개선, 경쟁력 확보
서비스자재의 조달과 재고통제	자재, 시설 등 유휴자원의 최소화
서비스인적자원관리와 조직 활성화	서비스인적자원 확보와 교육훈련
서비스마케팅전략과 고객만족경영	마케팅능력, 고객만족, 충성도 증대
서비스유통과 프랜차이징	시장확대와 경쟁우위 확보
서비스정보시스템 운영	고객정보시스템 구축과 전략적 활용
서비스생산성과 운영성과의 측정	서비스성과지표와 개선기준 설정

우 다양하고 불규칙하며 변덕스럽다. 따라서 서비스기업은 무엇을 어떻게 경영할 것인가에 대한 목표와 해답을 찾아야 한다.

서비스기업의 문제를 해결하고 지향하는 목표를 달성하기 위해 서비스경영은 어떠한 체계로 전개되어야 할 것인가? 서비스경영은 서비스기업과 고객 측면에서 서비스기업의 내·외적 요인을 고려하여 시스템적으로 체계화하는 것이 바람직하다. 서비스운영의 조직이 구성되면 이 조직을 이끌어나갈 최고경영층의 리더십이 필요하다. 서비스기업의 관리활동은 수요 및 공급관리와 같은 계획과정으로부터 출발한다.

서비스의 생산운영은 서비스프로세스디자인과 표준화, 서비스시설의 입지와 배치, 서비스생산능력의 결정, 서비스품질의 측정과 개선, 서비스자재의 조달과 재고통제 등 핵심적인 관리활동으로 구성된다. 또한 서비스의 생산운영을 지원하는 기능은 서비스인적자원관리, 고객정보시스템, 서비스마케팅 및 고객만족경영, 서비스유통과 프랜차이징 등으로 이루어진다. 서비스경영을 시스템적 구조로 볼 때

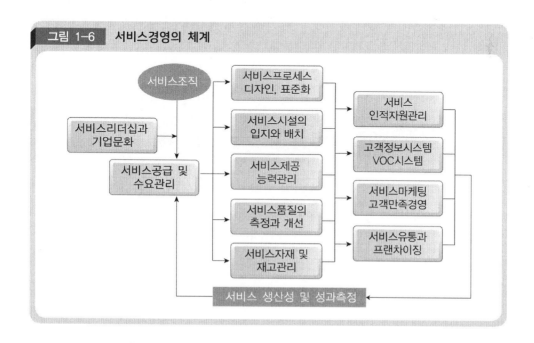

그림 1-6   서비스경영의 체계

서비스경영의 결과에 대한 검토를 위해 서비스생산성 및 운영성과의 측정, 측정결과의 활용을 위한 피드백기능이 필요하다. [그림 1-6]은 서비스경영의 관리적 기능을 중심으로 서비스경영의 체계를 나타낸 것이다.

제3절 서비스경영의 발전과정

1. 관리대상으로서의 서비스

▶ 서비스기업 측면

경영관리는 기업이 목표달성을 위해 투입하는 자원을 얼마나 효율적으로 사용하고, 생산과 판매활동을 어떻게 합리적으로 운영할 것인가에 대한 관리기능이다. 기업의 경영관리 수준을 평가하는 데는 효과성(effectiveness), 효율성(efficiency), 유연성(flexibility), 혁신성(innovativeness) 등의 척도를 사용하는데 이 중 한 가지 또는 복수의 척도를 사용할 수 있다.

예를 들어 항공사는 기대수익, 탑승객 수, 서비스수준 등 여러 목표를 설정하고 각 노선에 항공기를 투입하여 서비스를 제공한다. 이때 어느 노선에 어떤 기종의 항공기를 운항하는 것이 비용과 수익 면에서 가장 효과적이며 고객만족을 높이기 위해 서비스수준을 어느 정도 유지하고 직원교육은 어떻게 할 것인가 등의 의사결정을 한다. 항공사는 서비스성과를 평가하기 위해 항공기운항에 대한 수익성, 승무원의 작업능률, 고객수요변화나 고객요구에 대한 유연성, 서비스기술의 혁신 등 여러 가지 요소를 확인한다.

서비스기업이 과거 경영관리의 목표를 경제성, 수익성, 생산성에 두었다면 오늘날의 서비스기업은 고객, 직원, 주주 등 이해자집단을 만족시키는데 1차적 목표를 둔다. 또한 [그림 1-7]에서와 같이 서비

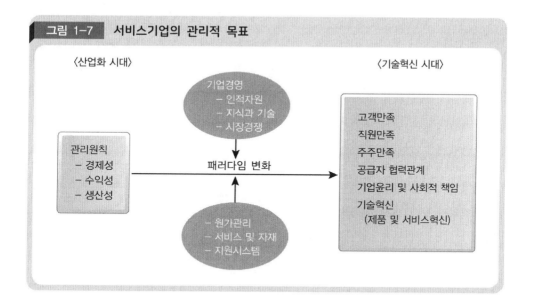

그림 1-7 서비스기업의 관리적 목표

스기업은 공급자와 협력관계를 유지하며 기업의 사회적 책임을 실현하고, 새로운 기술과 제품 및 서비스개발 등의 관리적 목표를 가지고 있다.

▶ 서비스접점직원 측면

오늘날 과학기술의 발달은 기업의 생산운영방식에 지대한 변화를 가져다주고 있다. 서비스부문에서도 기계화, 자동화가 이루어져 단순·반복적인 서비스의 경우 비 대면서비스가 늘어나고 있다. 이미 여러 경영학자들이 예견하고 있는 바와 같이 서비스기업의 인적자원문제는 관리기능, 노동관계, 임금수준, 그리고 조직구조상의 변화를 초래할 것이다. 예를 들어 서비스계획업무에 대한 의사결정과정이나 방법을 개선함으로써 중간관리계층이 줄어들거나 서비스생산운영의 자동화가 심화됨에 따라 작업자들의 전문화, 숙련화는 불필요한 요소가 될 수 있다. 이러한 사실은 서비스기업의 조직구조 면에서의 변화를 가져올 수 있다.

Heskett 등(1997)의 서비스이익사슬에서와 같이 서비스작업자의 작업환경과 조건이 중요시되고 직원만족의 필연성으로 인적자원관리의 기능이 강화될 것이다. 서비스이익사슬의 기업 내적요소에서는 직무에 만족하는 직원은 충성도가 높고, 충성도가 높은 직원은 높은 생산성과 품질적 우수성을 발휘한다는 또 하나의 사슬관계를 나타낸다. 이를 실현하기 위해서는 직원 중심의 작업디자인, 작업자선발 및 능력개발, 충분한 보상, 정보이용의 기회와 의사소통이 선행되어야 한다.

▶ 고객 측면

서비스기업의 고객과의 관계는 많은 변화를 가져오고 있다. 서비스디자인에 고객의 요구를 반영하고, 고객이 서비스를 구매한 이후에도 고객의 반응이 어떤가를 추적하는 기능이 강화되어야 한다. 이러한 활동이 따르지 않으면 고객이 외면하게 되고 그 결과는 기업의 매출감소로 이어져 이익의 기회를 상실하게 될 것이다.

서비스를 구매한 고객은 일정한 기대를 가지고 서비스를 이용한다. 이 때 고객은 서비스의 이용에 대해 긍정적 반응을 보이거나 부정적인 반응을 보인다. 고객만족이란 고객이 제품이나 서비스에 대해 기대치를 충족시키는 수준을 의미한다. 따라서 서비스기업이 고객만족을 높이기 위해서는 고객에게 높은 수준의 서비스가치 제공하거나 불만이 발생했을 때 이를 효과적으로 대응해야 한다.

사례

Hard Rock Cafe의 서비스가치

Disney World는 고객들이 보고, 즐길 거리를 체험하도록 서비스를 제공하는 세계적인 테마파크이다. Dreamworks는 영화뿐 아니라 3D 애니메이션을 통해 Disney의 매출을 10배 이상 끌어올리고 있다. 외식분야에서 Hard Rock Cafe는 전 세계의 매장에서 연간 4천 5백만 명 이상의 고객에게 서비스를 제공하고 있다.

Hard Rock Cafe는 로큰롤음악을 콘셉트로 하여 중저가의 미국음식을 파는 레스토랑의 이미지로 1971년 영국 런던에 1호점을 개업하였다. 이 식당은 "Love All, Serve All"을 모토로 하여 모든 고객의 성별, 계급, 나이에 관계없이 최고의 사랑과 서비스를 제공하고 있다. 또한 "Save the Planet"이라는 구호를 내걸고 빈민구제, 질병과 마약퇴치, 어린이와 동물학대금지운동을 벌이고 있다.

미국 올랜도의 Universal Studios에 있는 Hard Rock Cafe는 하루에 3천 5백 명에게 음식을 제공하고 있다. 식당매니저는 고객이 만족할 수 있는 메뉴가 무엇이며 음식의 모양과 맛, 그리고 소요비용을 결정한다. 메뉴가 결정되면 식자재공급자에게 주문과 정시납품을 받아 냉장보관을 하고 숙련된 조리사에 의해 질이 높은 음식을 만든다. Hard Rock Cafe의 직원채용과 훈련은 작업효율과 고객에게 즐거움을 보여주는데 있다. 숙련된 조리사가 음식을 준비하는 동안 다른 직원들은 고객서비스를 위한 교육을 반복적으로 실시한다. 서비스교육은 직원들의 즐거움과 기분전환을 위해 노래와 율동적인 체조를 같이 한다.

Hard Rock Cafe의 서비스는 매우 복합적이라는 평가를 받고 있다. 식당 내에 캐주얼 의류, 그림, 음반, 기념품 등을 판매하는 매장을 갖추고 서비스범위를 확대하고 있다. 따라서 이 식당을 운영하는 매니저의 관리기능은 식음료의 조리, 서비스설비 및 인적자원관리, 서비스 스케이프의 디자인 등 매우 광범위하다. 식당매니저는 효율적인 주방설비의 배치, 직원에 대한 동기부여, 완벽한 작업일정계획, 정확한 비용분석, 그리고 Hard Rock Cafe만이 보여주는 서비스분위기를 통해 서비스가치를 창조하고 고객서비스의 수준을 높이고 있다.

자료: Hard Rock Cafe News & Press(2020. 2. 2.)에서 발췌(www.hardrock.com 참조).

2. 서비스경영 연구의 흐름

▶ 초기의 서비스경영 연구

경영관리의 목표는 기업의 각 부문의 활동에서 최소의 비용으로 최대의 효과를 달성하는데 있다. 지금까지 경영학이론은 작업의 능률화에 대한 연구로부터 인간관계론, 근대적 관리론 및 조직특성에 대한 이론으로 발전하였으며, 오늘날 사회적, 경제적 환경의 변화는 경영학 연구에 새로운 계기가 되고 있다. 기업 내적으로는 자원의 확보, 기업 외적으로는 소비자문제, 글로벌경영, 환경경영, 기업의 사회적 책임, 인터넷경영 등이 기업의 관리기능과 활동영역을 넓혀주고 한편으로는 제약하고 있다. 또 하나의 관점은 경영자의 합리적·과학적 의사결정을 위한 경영과학기법의 적용과 정보처리기술의 활용이다.

정보기술의 발전과 기업에서의 활용은 최근의 제4차 산업혁명에 이르러 기업경영의 패러다임을 변화시키는 요인이 되고 있다. 서비스의 기능과 역할도 확대되어 기업의 중요한 관리대상이 되고 있다. 서비스는 제품과 특성이 다르지만, 서비스의 생산운영에 요구되는 관리방법과 관리목표는 제품의 경우와 동일하다. 기업 내적으로는 서비스생산운영의 효율성과 생산성, 직원의 동기부여와 직원만족을 위한 관리적 기능이 필요하다. 기업 외적으로는 시장경쟁, 고객만족, 공급자 협력관계가 요구된다. [그림 1-8]에서와 같이 서비스기업에서도 서비스의 생산운영과 자원활용에 대한 계획, 조직화, 명령, 조정 및 통제와 같은 관리기능의 수행과 계획단계에서의 전략도 필요하다.

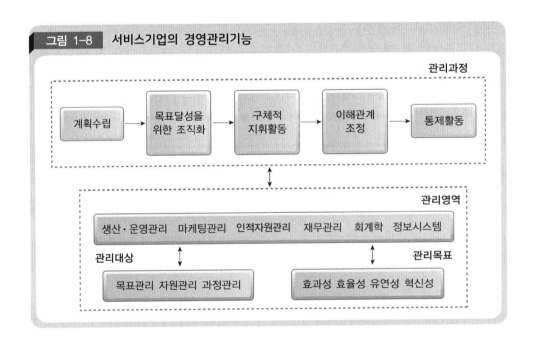

그림 1-8   서비스기업의 경영관리기능

▶ 서비스경영 연구의 확산

경영관리란 기업 내외의 환경요인을 정확하게 예측하여 조직의 목표달성을 위해 노력하는 과정으로 인적, 물적, 지적 자원을 효율적으로 관리하는 활동이다. 기업경영환경의 다변성과 불확실성이 클수록 경영자는 축적된 경험과 능력을 발휘하여 합리적, 논리적, 객관적, 시스템적 관점에서의 문제해결을 위한 의사결정을 수행하여야 한다. 이것은 경영관리의 기술이고 학문적 바탕이 된다. 경영관리의 기술과 학문적 특징은 대량생산, 생산 및 정보기술, 글로벌경쟁, 지식경영 등 변화하는 환경에 따라 기본적인 경영혁신과 전략경영을 실행하는데 있다.

1980년대 초의 소비자중심 시장은 기업경영에 고객만족경영의 중요성을 일깨워 주었다. Oliver(1997) 등 마케팅분야 학자들에 의해 고객만족, 고객가치, 고객충성도에 대한 연구가 본격적으로 이루어졌다. 1980년대 중반에는 Parasuraman(1985) 등이 서비스품질의 측정방법과 측정도구에 대한 연구, 1990년대에는 Heskett과 Anderson(1993) 등이 서비스이익사슬의 순환과정을 발표하였다.

1990년부터는 미국국가품질상(MBNQA) 대상에 서비스부문을 추가함으로써 호텔, 정보통신, 택배, 항공, 교육, 의료서비스 등 서비스기업이 도전하게 되었다. MBNQA 평가요인 및 평가방법과 수상기업의 서비스운영은 다른 서비스기업의 벤치마킹 대상이 되고, 이들의 서비스혁신노력은 산업계 및 학계의 서비스연구에 중요성과 관심을 높이고 있다.

제조업 중심의 대량생산을 지향한 우리나라 산업구조는 1980년대부터 제조기능을 지원하는 서비스와 전통적인 서비스로 확대되었다. 이와 병행하여 대학의 관광경영, 호텔경영, 병원경영학과에서 고객접점서비스 등 실무적인 서비스기능 중심으로 서비스경영과목을 개설하였다. 또한 경영대학에서 서비스운영관리, 서비스경영 과목이 개설되었고 대학원에 서비스경영 전공을 개설하거나 서비스경영전문대학원이 설치되어 서비스경영에 대한 교육이 확대되었다.

서비스경영과 관련되는 학술적 연구가 마케팅, 생산관리, 관광경영, 병원경영 등으로 다양해지고 연구주제도 서비스품질과 고객만족에 대한 연구로부터 다양한 분야로 확대되었다. 우리나라 대학의 서비스경영 교육과 연구는 서비스관련 학회의 태동을 촉진하였으며, 정부의 서비스산업관련 정책에도 영향을 미치게 되었다. 이 시기를 전후하여 산업계에서는 서비스전문가에 의한 서비스현장의 교육이나 컨설팅사업으로 범주를 확장하였다.

▶ 최근의 서비스경영 연구

내비게이션은 자동차운행경로를 안내할 뿐 아니라 운행 중 다양한 교통정보와 목적지 부근의 지리적 정보를 다양하게 제공해준다. 의료서비스는 단순한 의료처치 이외에도 과거의 병력과 치료내역, 차기예약, 의료비정산, 보험, 기타 의료정보를 종합적으로 제공한다. 스마트폰은 기본적인 음성통신기능으로부터 문자, 화상통신, 카메라, 정보저장과 검색, 게임 등 다양한 서비스로 사람들의 사고와 행동, 그리고 생활을 바꾸어놓고 있다. 서비스와 관련된 하드웨어 및 소프트웨어기술의 발전, 고객요구의 증대, 산업에서의 서비스비중 확대 등은 정부의 산업정책을 변화시키고 학술적 연구가 확산되었는데 주요 특징을 요약하면 다음과 같다.

첫째, 서비스생산과 이용기술의 발전은 서비스기업과 소비자에게 큰 변화를 주고 있다. 서비스개념을 뛰어넘는 스마트폰의 기능, 개인의 여가시간 증대, 새로운 경험과 만족추구, 인간존중 등은 서비스의 본질을 변화시키고 있다.

둘째, 2000년대 이후 서비스에 대한 연구가 활발히 수행되고 있다. 한국서비스경영학회와 한국IT서비스학회의 창립, 서비스관련 정부정책의 확대 등은 서비스의 관심을 증대시키고 서비스의 연구주제도 점차 광범위하게 확대되고 있다.

셋째, 2000년부터 시행된 기술표준원의 서비스품질우수기업인증, 한국표준협회의 KS-SQI, 2007년부터 시행된 KS-서비스인증 등은 정부의 서비스육성정책의 일환으로 서비스기업의 품질수준과 경영관리의 효율성을 높이는데 많은 기여를 하고 있다.

서비스생산운영 및 이용기술의 급속한 발전으로 고객에게 제공되는 서비스기능은 더욱 확대되고 있다. 또한 시장에서의 경쟁, 고객욕구의 증대는 서비스의 수명주기를 단축시킴으로써 새로운 서비스가 지속적으로 출현하고 있다. 한편 소비자운동의 확대, 기업의 사회적 책임, 고객욕구 충족의 실현 등 정부와 사회로부터의 압력이 가중되고 있다. 미래경영학자들의 예견을 종합해 볼 때 서비스기업은 시장경쟁, 기술, 정보화, 고객, 직원 및 조직구조 등에서 다양한 문제에 직면할 것으로 보인다. 서비스기업은 경쟁적 환경의 다양한 관리목표를 선택적으로 달성해야만 이러한 영향으로부터 벗어날 수 있을 것이다.

종합사례

서비스는 첫인상과 예절이 중요하다.

고객이 느끼는 서비스는 첫인상과 예절이 중요하다. 고객서비스 전문가 Renee Evenson은 서비스제공자는 항상 정중한 자세로 "감사합니다", "천만에요", "실례합니다", "죄송합니다"를 반복할 것을 권하고 있다. 또한 고객에게 최대의 경청을 사용하고 만일 이름을 알고 있다면 이름을 부르고 "응, 그래(yeah)" 대신 미소와 함께 "예(yes)"라는 단어를 정확하게 발음해야 한다고 하였다.

▶스티브는 점심식사를 위해 인근 식당에 들어갔다. 그는 동료와 함께 서둘러 주문대 앞으로 갔다. 직원은 하품을 하며 스티브를 맞이했다. 연필로 머리를 긁으면서 "손님, 원하는게 뭐요(Whaddya want)?"라고 물었다.

스티브는 칠면조와 마요네즈 토마토를 얹은 스위스 통밀빵을 주문했다. 직원은 그의 말을 들으며 식당에 들어오는 다른 손님을 바라보고 있었다. 스티브는 호밀빵 위에 머스타드를 바른 햄을 얹은 파스트라미와 머스타드를 바른 파스트라미 샌드위치를 주문했다. 직원은 "아, 호밀빵 햄과 호밀빵 파스트라미, 그게 다요?"하고 물었다. 스티브는 큰 소리로 "머스타드도 있어요"하며 직원이 나머지 주문을 받기를 기다렸다.

스티브는 "칠면조와 스위스, 로스트비프와 참치샐러드, 주문받은 거 맞지요?" 하고 확인하자 직원은 그를 쳐다보지도 않고 "에 그래요"하며 소리를 지르는 듯 했다.

스티브는 "난 좀 바쁜데요. 주문한 음식 얼마나 걸릴까요?" 직원은 어깨를 으쓱하며 무관심한 투로 "그렇게 오래 안걸려요." 하고는 느린 걸음으로 어슬렁거리며 스티브의 주문서를 들고 주방 안으로 들어갔다. 스티브는 주문서를 훑어보았다. 왜냐하면 직원이 그의 주문을 정확하게 받았는지 확신하기가 어려웠기 때문이다.

자료: Renee Evenson(2018), *Customer Service Training* 101(3rd ed.), Amacom, pp.45~46.에서 발췌.

토의문제

1. 고객의 입장에서 이 레스토랑의 서비스 수준을 평가하라.
2. 이 레스토랑의 서비스수준을 높이기 위해 보완해야 할 점은 무엇인가?
3. 레스토랑 직원과의 대화에서 스티브가 느낀 점은 무엇인가?

참고문헌

고창헌 외(2016), 서비스경영의 이해, 법문사.

김길선 외(2011), 생산시스템운영관리, 법문사.

유시정(2014), 서비스경영, 법문사.

이명호 외(2013), 경영학으로의 초대, 박영사.

Anderson, Eugene W., & Mary W. Sullivan(1993), "Consequences of Customer Satisfaction for Firms," *Marketing Science*, 12(1), pp. 125~143.

Beckman, Sara L. & Donald B. Rosenfield(2008), *Operations Strategy, Competing in the 21st Century*, McGraw-Hill.

Daft, Richard(2012), *New Era of Management*(10th ed.), Thomson.

Evenson, Renee(2018), *Customer Service Training* 101, (3rd ed.), Amacom

Heskett, James L., W. Earl Sasser, & Leonard A. Schlesinger(1997), *The Service Profit Chain*, The Free Press.

Lovelock, C. H.(1988), *Managing Service Marketing, Operations, and Human*

Resources, Prentice‑Hall.

Oliver, R. L.(1997), *Satisfaction: A Behavioral Perspective on the Consumer,* Mc‑Graw‑Hill.

Schmenner, Roger W.(1995), *Service Operations Management,* Prentice‑Hall.

MBNQA Application Summaries of the K&N Management, 2010.

세계일보(2020. 2. 6.)

한경닷컴(2009. 4. 27.)

Hard Rock Cafe News & Press(2020. 2. 2, www.hardrock.com).

2018 Southwest Airlines One Report(2018. 12, www.southwest.com).

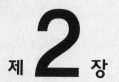

제 **2** 장

4차 산업혁명과 서비스혁신

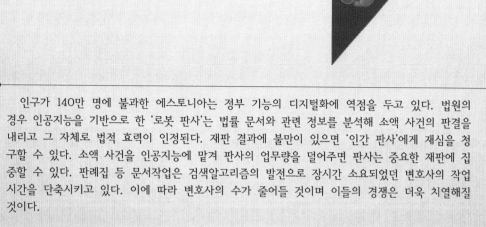

인구가 140만 명에 불과한 에스토니아는 정부 기능의 디지털화에 역점을 두고 있다. 법원의 경우 인공지능을 기반으로 한 '로봇 판사'는 법률 문서와 관련 정보를 분석해 소액 사건의 판결을 내리고 그 자체로 법적 효력이 인정된다. 재판 결과에 불만이 있으면 '인간 판사'에게 재심을 청구할 수 있다. 소액 사건을 인공지능에 맡겨 판사의 업무량을 덜어주면 판사는 중요한 재판에 집중할 수 있다. 판례집 등 문서작업은 검색알고리즘의 발전으로 장시간 소요되었던 변호사의 작업시간을 단축시키고 있다. 이에 따라 변호사의 수가 줄어들 것이며 이들의 경쟁은 더욱 치열해질 것이다.

– 중앙일보(2019. 12. 18.) 기사 중에서

제 1 절 **4차 산업혁명의 의의**

사례

4차 산업혁명의 확산

오늘날 은행이 제공하는 서비스 중 입출금, 계좌이체 등 단순 반복적인 업무는 이미 ATM으로 대체되었으며 고객관리와 마케팅활동은 방대한 고객신용정보와 고객데이터를 활용하여 수행하고 있다. 은행의 정보화기술은 의사결정이나 서비스 개선에 주축을 이루고 있다. 이러한 변화는 금융서비스의 여러 사례에서 볼 수 있다.

- 자동화기술은 대량서비스의 기초가 되며 은행원의 노동력을 대체하고 있다. 앞으로 20년 이내에 은행의 창구서비스는 사람이 아닌 기계가 완전히 대신할 것으로 보인다.
- 사람들의 의식구조에 영향을 미치는 매체로 스마트폰, 인터넷, TV, 라디오, 신문, 구전 등의 순으로 나타났다. 스마트폰을 이용한 금융서비스는 다양하게 확대되고 이용률도 지속적으로 증가되고 있다.
- e-money 등 사이버화폐나 사이버은행은 현재의 금융서비스를 기능적, 구조적으로 빠르게 변화시킬 것으로 예상된다.

최근까지 은행의 이익창출은 주로 예대마진에 의존했고 펀드운용 등 다양한 투자기회에 매우 보수적이었다. 오늘날의 금융서비스는 지금까지의 서비스개념을 뛰어넘어 새로운 영역으로 확장하고 있는데 그 배경은 정보화기술이다.

GE는 가전제품 중심에서 중공업부문으로 사업의 역점을 변경한 기업이다. 이 회사의 CEO Jeffrey R. Immelt는 혁신과 기술, 마케팅능력에 GE의 미래상을 두고 2020년까지 소프트웨어 중심의 기업을 만들겠다며 사업전략의 변화를 리드하고 있다. 현실적으로 전 세계에서 가동 중인 수많은 산업기계들은 방대한 양의 데이터를 만들어내고 있으나 이러한 데이터들은 제대로 활용되지 못하고 있다. GE의 전략변화는 이러한 데이터를 수집, 분석, 활용함으로써 산업현장의 효율성을 높일 수 있다는 관점에서 출발하였다.

예를 들어 GE의 항공기의 엔진부문에서는 하드웨어와 함께 엔진에 부착된 센서를 통해 연비, 운항습관, 장비상태 등 데이터를 수집·분석해 연료절감, 항공기 고장을 사전에 예방하는 등 고객에게 최적화된 맞춤형 서비스를 제공하고 있다. GE의 발전 및 에너지부문도 60개국 화력발전소에 판매한 1만여 대의 가스터빈 데이터를 분석하여 유지, 보수서비스를 제공한다. GE는 지난 3/4분기 수익의 75%를 이러한 소프트웨어를 통해 얻을 수 있었으며 이것이 GE가 소프트웨어기업으로 변신한 이유이다.

자료: GE Report(2019)에서 발췌(www.ge.com 참조).

1. 4차 산업혁명의 배경

오늘날 우리 사회는 1, 2, 3차 산업혁명을 거쳐 인터넷과 인공지능으로 기업의 생산, 판매 등 모든 활동을 통제하는 4차 산업혁명시대를 맞이하고 있다.

4차 산업혁명이란 용어는 2016년 6월 Klaus Schwab 의장이 스위스에서 열린 다보스 포럼(Davos Forum)에서 처음으로 사용하면서 이슈화되었다. 당시 슈밥 의장은 "이전의 1, 2, 3차 산업혁명이 전 세계의 환경을 혁명적으로 바꿔 놓은 것처럼 4차 산업혁명이 전 세계 질서를 새롭게 만드는 동인이 될 것"이라고 밝힌 바 있다. 4차 산업혁명은 인간이 꿈꾸던 미래사회의 모습이며, 인공지능, 로봇기술, 생명과학이 주도하는 차세대 산업혁명이다. 자연과학, 공학, 사회과학, 또는 미래학자들이 예측하듯이 4차 산업혁명으로 우리의 생활 질서와 사회체제는 급속도로 변화할 것이다. 은행직원이나 교육현장에서의 인적 자원은 대폭 감축되고 교차로의 신호등은 무용지물이 되어 사라지게 될 것이다.

- 1차 산업혁명(1780): 증기기관 발명과 기계화에 의한 대량생산 체제 구축
- 2차 산업혁명(1900): 기술혁신과 전기를 이용한 대량생산이 본

격화
- 3차 산업혁명(1970): 인터넷을 주축으로 한 정보화 및 자동화 생산시스템
- 4차 산업혁명(현재): 로봇, 인공지능을 통해 현실과 가상을 통합하여 사물을 자동적, 지능적으로 제어할 수 있는 가상물리시스템 구축

4차 산업혁명은 [그림 2-1]에서와 같이 인공지능, 사물인터넷, 클라우드 컴퓨팅, 빅데이터, 모바일 기술을 중심으로 로봇, 드론, 자율주행자동차, 가상현실기술이 산업과 결합하여 인간의 생활과 사회 전반에 걸쳐 혁명적 변화를 주도하고 있다. 이러한 정보기술은 3D 프린팅, 로봇공학, 생명공학, 나노기술 등 첨단 신기술과 결합하여 모든 제품과 서비스를 네트워크로 연결하고 사물을 지능화하기에 이르렀다.

사물인터넷은 기술인가, 하나의 패러다임인가에 대한 논의는 현재도 분분하다. 사물인터넷은 기본적으로 모든 사물을 인터넷으로

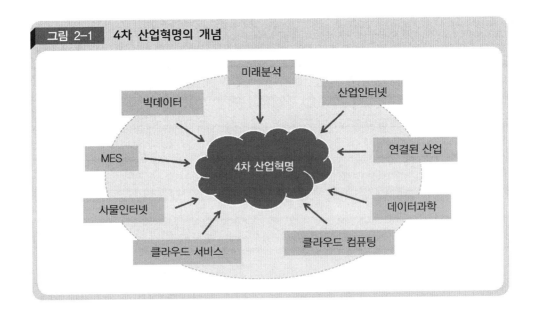

그림 2-1   4차 산업혁명의 개념

연결하는 것이다. 그러나 사물인터넷에 대한 정의도 분야별로 차이가 있으며 때로는 매우 추상적이기도 하다. 4차 산업혁명은 로봇이나 인공지능을 통해 실제와 가상이 통합되어 사물을 자동적, 지능적으로 제어하는 가상시스템을 물리적으로 구축하고 이러한 지능정보기술이 기존의 산업과 서비스에 융합되어 사회, 경제의 혁신적인 변화를 가져온 것이다.

4차 산업혁명은 정보통신기술과 인공지능기술의 초연결(hyper-connectivity)과 초지능(superintelligence)을 가능하게 만들어 과거의 산업혁명에 비해 더 빠른 속도로 더 넓은 범위에 더 큰 영향을 미치고 있다. 2016년 다보스포럼에서 '4차 산업혁명'을 처음으로 언급했을 때만 해도 그 개념은 명확하지 않았다. 인공지능 알파고와의 바둑대결, 자율주행자동차 등 4차 산업혁명을 선도한 기술이 예상보다 빠르게 확산되면서 산업계는 물론 문화, 예술, 스포츠 등 일상생활에까지 영향을 미치고 있다.

GE의 사례에서와 같이 사업영역의 전환과 확대는 4차 산업혁명 시대를 맞은 기업의 생존전략이다. 서비스기업이든 제조기업이든 변화의 본질은 우리 사회의 자연적인 현상이자 법칙이고 원리이다. 오늘날 자연과학의 이론이나 과학기술의 발전은 사회과학 및 인문학의 틀을 이루는 학문적 패러다임마저 바꾸고 있다. 나아가 인간의 사고와 행동, 일상생활에 큰 변화를 가져왔다.

자연과학의 이론이나 과학기술의 발전이 기업의 생산, 판매활동, 그리고 관리기능이나 경영전략에 어떠한 영향을 줄 것인가? 또한 그 영향은 앞으로도 지속적인 변화를 가져올 것인가?

2. 4차 산업혁명의 핵심기술

2016년 세계 경제 포럼(WEF: World Economic Forum)에서 처음으로 언급된 4차 산업혁명은 컴퓨터, 인터넷이용기술에 의한 정보혁명에서 한 단계 더 진화한 정보통신기술(ICT)을 기반으로 하는 새로운 산업혁명이다. 4차 산업혁명을 주도하는 핵심적 정보통신기술과 특징적 내용은 다음과 같다.

• 인공지능

인공지능(AI, artificial intelligence)은 4차 산업혁명을 주도할 미래 유망기술로 가장 많이 거론되고 있으며 인간성, 지성, 학습능력, 추론능력, 문제해결 등 인간의 두뇌작용을 컴퓨터나 기계 스스로가 학습, 판단하면서 행동하는 기술이다. Google, IBM, 삼성전자, Apple, Amazon, Netflix 등 글로벌 기업들을 중심으로 정보통신, 금융, 물류, 의료, 영화 등의 비즈니스에 인공지능기술을 광범위하게 접목하고 있다. 기계가 방대한 데이터를 스스로 분석하고 발전하는 인공지능기술은 앞으로 더욱 진화하여 우리 생활에 커다란 변화를 줄 것으로 예상된다.

• 사물인터넷

사물인터넷(IoT, internet of things)이란 사람 · 사물 · 공간 · 데이터 등 모든 것을 인터넷으로 서로 연결하여 정보를 생성, 수집, 공유, 활용하는 초연결 인터넷이라 정의한다. 즉 생활 속 사물들을 유무선 네트워크로 연결해 정보를 공유할 수 있도록 각종 사물들을 인터넷과 연결하여 사람과 사물, 사물과 사물 간의 인터넷기반 상호소통을 이루는 기술이다. 사물인터넷은 가전제품, 스마트홈, 스마트카, 원격진료, 원격검침 등 다양한 분야에서 사물을 네트워크로 연결해 정보를 공유하고 사용할 수 있다.

• 자율주행자동차

자율주행자동차는 운전자가 브레이크, 핸들, 가속 페달 등을 제어하지 않아도 도로 및 교통상황을 파악해 자율적으로 주행하는 자동차를 의미한다. 정확히는 운전자 없는 무인자동차(driverless car)와 구별된다.

• 가상현실

가상현실(VR, virtual reality)기술이란 컴퓨터로 만들어 놓은 가상의 세계에서 사람이 실제와 같은 체험을 할 수 있도록 하는 최첨단기술로서 머리에 장착하는 디스플레이 디바이스를 활용해 체험할 수 있다. 의학 분야에서는 수술 및 해부 연습에 가상현실의 기술을 사용하고 있으며 항공·군사 분야에서는 비행조종 훈련에 이용하는 등 각 분야에 도입돼 활발히 응용되고 있다.

• 드론

드론(drone)은 조종사 없이 무선전파의 유도에 의해서 비행 및 조종이 가능한 무인항공기(UAV, unmanned aerial vehicle)로서 표적, 감시, 정찰, 무기공격 등 주로 군사적 목적으로 사용되고 있다. 최근 인터넷 쇼핑몰의 무인택배서비스, 항공촬영, 화산, 홍수 등 위험지역 탐색 등 민간분야에서도 다양하게 활용되고 있다.

사례

라이프 스타일을 바꾸는 ICT혁신

4차 산업혁명의 핵심 키워드는 연결성(connected), 자율주행(autonomous), 전동화(electrification), 공유(shared)로 여겨져 왔다. 그러나 최근 세계경제포럼(WEF)은 여기에 모빌리티(mobility)를 새롭게 포함하고 있다.

CES에선 10여 년 전부터 자동차와 모빌리티가 대표적인 전시와 컨퍼런스 아이템으로 자리 잡았다. 2020년이면 가능할 것으로 예상했던 완전 자율주행차의 상용화는 2025년 이후로 미뤄졌고, 규제 철폐와 기술 발전에도 불구하고 시장은 아직 부응하지 못하고 있다. 이것이 새로운 개념의 정의가 필요해진 이유이다.

환경문제를 고려해 모빌리티 수단의 주요 동력원의 변화를 주도했던 전동화는 더 이상 새로운 트렌드가 아니다. 이미 미래 항공 모빌리티 시장과 자율주행 안전기술이 결합하고 모빌리티는 스마트시티로 범위를 확장하고 있다.

2020년 CES의 핵심 가치는 소비자를 감동하게 하는 라이프스타일의 디자인에 있다. 기술개발도 중요하지만 모빌리티 기업들은 새로운 사용자경험(user experience)

이란 키워드를 전면에 내세우기 시작했다. 2020년 CES가 선보인 Audi의 3D 혼합현실 헤드업 디스플레이, 현대자동차의 도심 모빌리티와 개인항공기, Amazon의 에코오토(Eco Auto)와 아마존페이, Toyota의 우븐시티(Woven City) 등은 새로운 변화이다. 이러한 모빌리티 기업들의 변화는 사용자경험을 넘어 라이프스타일 전반으로 영역이 넓어지고 있음을 보여주는 사례이다.

모빌리티 산업에 대한 명확한 정의는 없지만 '인간과 사물 등의 물리적 이동과 생활공간을 연결하는 모든 수단들의 연구개발, 제품과 서비스개발, 시장 출시, 사용자경험과 상호작용, 운영 및 유지보수, 폐기 등 전 과정'으로 설명할 수 있다.

모빌리티 산업은 4차 산업혁명의 새로운 기술과 서로 유기적으로 긴밀하게 연결되어 이를 기반으로 인간의 라이프 플랫폼으로 진화하고 있다. 산업적으로는 치열한 시장경쟁과 새로운 경쟁의 기회가 존재한다는 의미다.

자료: 중앙일보(2020. 1. 12.) 기사에서 발췌.

제 2 절 4차 산업혁명의 영향

1. 4차 산업혁명의 영향

오늘날 우리는 모든 정보가 연결된 인터넷 속에서 살고 있으며 고도의 정보화, 자동화는 이미 우리 사회를 형성하는 근간이 되고 있다. 모든 사물을 인터넷으로 연결하고 축적된 데이터를 활용하는 것은 개인뿐만이 아니라 기업경영에도 혁명적 변화를 가져왔다. 4차 산업혁명은 우리의 일상생활, 사회, 환경, 그리고 제도까지 통째로 바꾸어놓았다.

4차 산업혁명의 영향은 무엇일까? 학자들은 로봇이 세상을 지배하는 시대를 예상하고 있다. 오늘날 로봇의 전자회로는 속도와 용량 면에서 인간의 100만 배에 이른다고 한다. 인공지능의 1주일간 연산능력이 MIT 슈퍼컴퓨터 연산능력의 2만 년에 해당된다고 한다. 결론적으로 로봇이 1주일 앞서면 인간보다 2만 년 앞서는 결과이다. 인간을 도와주는 똑똑한 로봇은 인간의 활동을 대신하는 것이지만 만일 반대일 경우 인간은 로봇의 지배를 받게 된다. 이 시기를 특이점 (singularity)이라 하여 2045년으로 예측하고 있다. 일부 학자는 이 시기가 더욱 앞당겨질 것으로 보고 있다.

　지금까지 네 차례에 걸쳐 일어난 산업혁명의 진화과정과 특징적 내용을 정리하면 <표 2-1>과 같다. 과거의 1, 2, 3차 산업혁명은 주로 생산부문의 혁명이었으나 4차 산업혁명은 산업뿐만 아니라 우리의 일상생활에도 지대한 영향을 미치고 있다.

표 2-1 산업혁명의 진화과정과 특징

	산업화 이전	1차 산업혁명 1780 이후	2차 산업혁명 1900 이후	3차 산업혁명 1970 이후	4차 산업혁명 2020 이후
기술혁신	자연자원	증기기관, 방직기	기계, 전기, 화학	컴퓨터, 신소재 바이오테크	나노, 바이오기술 AI융합
적용분야	1차 산업	기계화 대량생산	분업, 작업능률	전자기기 인터넷	스마트 활용 사물인터넷
생산방식	수작업	기계화	컨베이어 벨트	정보화, 자동화	AI, 로봇
주요에너지	노동력	석탄	석탄, 석유 핵에너지	재생에너지	바이오에너지 천연에너지
커뮤니케이션	신호, 구전	신문, 전신	라디오, 전화	TV, 무선통신 인터넷, SNS	사물인터넷

2. 기업경영의 전략적 혁신

　4차 산업혁명으로 기업의 관리적 기능이나 전략목표, 환경 등은 우리가 상상하는 것 이상으로 큰 변화를 가져올 것이다. 기업의 특성에 따라 변화의 영역, 변화의 폭과 속도가 상이하지만 이에 대응하는 전략적 혁신은 모든 기업에 필요하다. 기업의 전략적 혁신은 새로운 패러다임을 정립하는 것이며 이에 따라 기업의 전략계획과 운영전략이 수립되어야 한다. 이것은 4차 산업혁명 시대의 기술혁신과 치열한 경쟁에서 우위를 점하기 위한 기업의 생존전략이다.

경영학의 학문적 발전과정에서 패러다임 변화는 여러 차례 반복되고 있다. 과학적 관리법은 작업자의 작업능률을 극대화하기 위한 방법으로 대량생산과 기계화의 토대를 마련했다. 이 이론은 관리적 측면에서 볼 때 목표달성을 위해서는 가장 합리적인 방법이지만 작업자의 인간적 요소를 도외시했다고 비판을 받고 있다. 이후 대두된 인간관계론, 조직행동이론, 리더십이론 등 인간중심의 경영이론의 중요성이 여기에 있는 것이다. 이러한 관점에서 볼 때 4차 산업혁명은 기업경영에 직접적인 영향을 미칠 뿐 아니라 경영관리의 학문적 연구에도 중요한 영향을 줄 수 있다.

1970년대까지만 해도 기업은 성장경영에 전략적 목표를 두었다. 그러나 시장경쟁, 글로벌화 등 기업 환경이 변화함에 따라 기업경영의 패러다임도 혁신경영, 창조경영을 지향하게 되었다. 따라서 기업은 지금까지의 경영방식을 탈피하여 새로운 전략적 변화를 추구해야 한다. 오늘날의 기업 환경의 특징은 다음과 같이 요약된다.

- 경영패러다임의 변화: 성장경영 → 혁신경영 → 창조경영
- 제조와 서비스 경계의 모호성: 제조부문과 서비스부문의 상호 보완
- 기업규모의 거대화: 대량생산, 대량소비, 대량고객
- 시장 및 고객행동 변화: 고객중심 비즈니스, 수요의 다양성, 시장 세분화
- 제조 및 서비스기술의 발달: 새로운 제품 및 서비스상품 개발과 혁신
- 인터넷 비즈니스 확대: 정보기술, 미디어통합, 정보 네트워킹
- 새로운 서비스의 출현과 시장진입: SNS 거래, 온라인 쇼핑 확대

4차 산업혁명과 서비스기업의 전략적 혁신

▶ Google은 2013년 DNN리서치를, 2014년에는 영국의 딥러닝 전문기업인 딥 마인드를 시작으로 젯 팩, 다크 블루랩스, 비전 팩토리 등 다양한 인공지능 관련 벤처기업을 인수하여 운영하고 있다.

▶ IBM은 2015년 슈퍼컴퓨터 왓슨을 활용해 각종 의학 전문지식을 기반으로 왓슨헬스를 출범시켜 뉴욕 메모리얼 암센터 내의 폐암진단과 백혈병 치료법 연구, 웰포인트 보험사와 의료진의 치료계획에 대한 적절성 판단 등의 작업을 하고 있다. IBM은 의료서비스를 확대하여 본격적인 사업화를 추진하고 있다.

▶ Enlitic은 환자들의 X-Ray, CT, MRI 등 메디컬 이미지 데이터, 유전자 데이터 등을 통해 과거의 치료내용을 분석하고 의료진의 의학적 판단을 지원하는 시스템을 개발하였다. 이 기술을 발전시키기 위해 호주의 캐피톨 헬스의 투자확대 등 파트너십을 강화해 나가고 있다.

▶ 미국의 Wealthfront와 Betterment는 투자고객에게 Robot Financial Advisor 서비스를 제공하고 있다. 지금까지는 투자자문 등 금융서비스는 금융전문가의 판단에 의존하기 때문에 IT 활용도가 낮았으나 주요 투자고객을 대상으로 하는 맞춤형 투자자문과 자산 관리서비스에 대한 인공지능기술의 적용이 점차 확대되고 있다. 현재 이들 회사가 운용하는 자산규모는 1천억 달러에 불과하지만 5년 내로 Robot Financial Advisor 시장이 2조 달러까지 성장할 것으로 예상하고 있다.

▶ 물류, 판매서비스에서도 인공지능기술을 적극 활용하고 있는데 Amazon은 소비자가 주기적으로 구매하는 생필품을 대상으로 단순한 버튼 클릭을 통해 구매, 결제, 배송서비스를 제공하는 '대쉬 버튼'과 음성인식으로 제품을 주문하는 '아마존 에코' 방식의 플랫폼 서비스를 운용하고 있다.

▶ Alibaba는 기존의 텍스트형식 검색시스템에서 벗어나 타오바오 비주얼 검색기능을 통해 서비스를 제공하고 있다. 이 서비스는 고객이 직접 상품을 골라 구매하는 것을 컴퓨터가 판매할 상품의 이미지를 정확하게 인지하여 고객이 편리

하게 구매하도록 서비스를 제공하는 것이다.

▶ Netflix는 영화 추천 정확도를 높이기 위해 딥러닝 기술을 활용해 기존 시청자의 콘텐츠 구매이력 등의 정보와 함께 이미지, 영상정보 등 다양한 비정형정보를 활용하여 콘텐츠 추천방식을 개발하고 있다.

▶ Starbucks나 Coffee Bean 등 커피전문점에서는 고객이 주문대 앞에서 줄을 서지 않고 좌석에 앉아 스마트폰으로 주문을 할 수 있다. 맥도날드에서는 메뉴전광판을 통해 햄버거, 음료 등을 선택하여 보다 쉽게 주문할 수 있다.

자료: www.ibm.com, www.wealthfront.com, www.netflix.com 등에서 발췌.

3. 4차 산업혁명의 전략적 수용

우리 사회와 경제, 특히 산업이 4차 산업혁명에 의해 발전하기 위해서는 제품이나 서비스생산기업, 이를 소비하는 사람들의 일상생활의 모든 부문에서 기술수용이 뒷받침되어야 한다. 그러나 다른 한편에서는 정보화, 자동화가 인간성의 경시라는 부정적인 시각을 나타낸다는 점을 감안해야 한다.

첫째, 제조업이나 서비스업에서 정보화, 자동화기술은 사람의 노동력을 빠르게 대체하고 있다. 4차 산업혁명이 일자리 축소를 더욱 가속화함으로써 과도한 정보화, 자동화가 긍정적이지만은 아닐 것이라는 우려도 있다. 오늘날 선진국이든 후진국이든 일자리 문제는 국가의 중요한 정치, 사회문제의 하나가 되고 있다.

둘째, 서비스제공자가 고객과 직접 대면하여 제공하는 서비스는 고객만족에 지대한 영향을 미친다. 정보화, 자동화 등 서비스기술의 적용이 높아질수록 대면화가 낮아진다. 단순 반복적인 서비스는 인건비 등 비용절감을 위해 자동화가 필연적이다. 고객이 만족감을 느끼는 적정한 서비스 대면화는 어느 정도인가?

셋째, 서비스유형, 규모, 경영방법 등에 따라 차이는 있겠지만 정보화나 자동화의 수준을 적정하게 유지해야 한다. 4차 산업혁명의 기술에 대한 부정적 시각과 함께 정보처리의 속도면에서의 고려도 필요하다. 서비스생산 및 제공 속도가 빨라지면 비용이 증가하고 작업시간이 단축되어 고용문제가 발생할 수 있다.

넷째, 고급인력이 필요한 핵심기술의 개발, 운영, 유지에는 막대한 비용과 시간, 노력이 요구된다. 서비스기업의 고급기술 확보에는 많은 투자가 필요하므로 기업경영에 어려움을 가중시킨다. 신기술개발 및 연구개발에 세제혜택 등의 제도가 있으나 영세한 서비스기업의 경우에는 이 제도의 이용에 제약을 받고 있다.

제 3 절   4차 산업혁명과 서비스혁신

4차 산업혁명은 인간의 경제활동을 크게 변화시켰다. 특히 제조 및 서비스기술의 변화는 제품 및 서비스의 수명주기(life cycle)를 단축시킴으로써 생산의 개념을 변화시키고 있다. 이러한 생산의 개념적 변화는 고객의 인식과 행동을 변화시키고 궁극적으로는 기업의 경영관리 및 전략수립 등을 변화시키고 있다.

1. 기술혁신과 생산방식의 변화

인공지능, 사물인터넷, 빅 데이터 등 정보기술은 서비스와 결합하여 서비스의 영역과 범주, 서비스의 폭과 속도 등 서비스의 본질까지도 변화시키고 있다. 정보기술의 능력은 바둑의 알파고 대국의 예에서와 같이 사람의 지식과 판단능력을 초월하고 있다. 자율주행자동차는 전통적 제조방식의 기술에서 제조와 정보기술 및 서비스와의 융합이라고 할 수 있다.

기술혁신과 융합은 4차 산업혁명의 직접적인 영향의 결과이다.

디지털기술, 미디어통합, 정보 네트워킹은 인터넷 비즈니스를 확대시키고 특히 서비스분야에서 많은 변화를 가져왔다. 제조 및 서비스기술의 발달은 새로운 제품 및 서비스상품의 개발과 혁신을 주도하고 있다. 원격진료, 전자금융거래, 무인판매, 자동발권, 홈쇼핑 등은 서비스와 정보기술의 융합으로 이루어진 산물이다.

스마트기술은 제품이나 서비스생산에 적용되어 이른바 스마트생산, 스마트서비스 시대를 열어가고 있다. 또한 기업의 생산방식뿐만 아니라 우리의 생활도 스마트라이프를 추구하게 되었다. 한편 과학기술의 발전으로 제품의 품질이나 내구성을 극대화함으로써 고장 없는 제품의 생산이 가능해졌다.

2. 기술혁신과 고객인식의 변화

기술혁신은 우리의 사고와 생활환경을 바꾸어 놓았다. 따라서 기술혁신에 의한 고객인식과 행동 변화를 가져왔으며 이는 서비스 패러다임의 변화를 촉진하는 요인이 되고 있다. 다음의 사례에서 기술혁신에 의한 서비스변화를 찾아볼 수 있다.

- 항공서비스: 인터넷 예약과 티켓팅, 좌석배정 키오스크 등 비대면 서비스 확대
- 보험서비스: 인터넷을 통한 보험가입 등 보험가입 방법의 다양화
- 판매서비스: 편의점, 대형마트 등 무인판매, 무인계산대 증설
- 은행서비스: ATM 등 금융거래의 자동화, 비대면서비스 확대
- 행정서비스: 각종 민원서류 자동발급, 서비스시간, 장소 확대

기술혁신에 의한 고객의 인식과 행동적 변화는 서비스기업의 경영과 전략개발에 큰 영향을 주고 있다. 인터넷이 일상화된 오늘날 사람들의 상품 구매는 오프라인에서 온라인구매로 크게 변화했다. 그 결과 2018년 미국 최대의 Sears 백화점이 파산하는 등 미국의 경우 오프라인 매장 6,400개가 폐점하였다. 우리나라의 경우도 2019년 이

마트는 대형매점 6곳, 홈플러스는 2곳을 폐점하였다. Sears 백화점의 파산이나 대형 오프라인 매점의 폐쇄는 경쟁관계, 지리적 상권요인도 크게 작용하지만 고객의 인식과 행동변화 때문으로 분석되고 있다. 현재 전 세계의 온라인쇼핑 이용자는 20억 내외로 추산되며 온라인 매출은 매년 60-70% 증가하고 있다.

고객의 인식변화는 고객의 소비패턴을 변화시키고 있다. 통계적으로도 2008년 금융위기 이후 제품으로부터 서비스로 소비경향이 이동한 것으로 분석되고 있다. 항공, 호텔, 병원, 식당, 극장 등 일상적인 서비스에서 온라인기술 활용의 확대는 서비스의 매출을 신장시키고 고객의 예약문화를 확산시키고 있다.

이러한 서비스기술의 확대는 기업으로 하여금 서비스제공 채널을 다양화함으로써 고객의 선택의 폭을 넓혀주고 기업으로서는 노동력이나 인건비 절감의 기회를 얻게 되었다. 그러나 서비스에 대한 고객의 인식변화는 서비스기술 발전, 스마트서비스 확대, 서비스이용기술에 대한 수용능력 확대 등 일련의 순환과정에서의 고객의 행동적 반응의 문제를 기업이 고려하도록 만들었다.

사례

서비스와 인공지능 기술

장기적으로 볼 때 우리 사회에서 기계나 인공지능에 대체되지 않을 분야는 사실상 찾아보기 힘들 것으로 예견하고 있다. 제4차 산업혁명의 주축이 되는 AI 등 정보기술의 발전으로 사람의 역할이나 노동력이 완전히 사라지지는 않겠지만 곳곳에서 노동인구의 파격적인 감소가 예고되고 있다.

▶ 자율주행자동차가 사람과 같거나 그 이상의 신뢰성을 얻는 순간 택시, 버스, 고속버스, 화물차 운전자들이 인공지능에 의해 대체되어 생계를 잃게 될 것이다. 자율주행자동차의 유지비는 사람의 고용비용보다 최소한 수백 배가 저렴해질 것이기 때문이다. 당분간은 정부가 규제를 통해 이들의 일자리를 지켜 줄 가능성이 높지만, 장기적으로는 기대하기 어렵다. 특히 자율주행자동차는 해킹이나

내부 오류, 천재지변 등 특수 상황이 아니라면 사람처럼 집중력 저하, 피로누적, 상황판단의 오류가 없다는 이점으로 교통 사고율이 매우 낮아질 수 있다. 자율주행자동차는 장시간 운전을 해야 하는 운송부문에서부터 본격적으로 보급될 것으로 보인다.

▶ 의료 전문가 인공지능 왓슨은 현재 웬만한 전문의보다 더 정확한 진단을 내린다. 특히 고난도를 요구하고 장시간 체력소모가 심한 '외과수술'에서는 피로가 누적되어 집중력이 떨어지기 쉬운 의사보다 인공지능 수술로봇이 유리할 수밖에 없다. 가까운 미래에 의사의 수적 감소가 예견되며, 현직 의사들도 예외는 아니다. 의대생 등 예비 의료인들은 인공지능에 잠식당할 여지가 비교적 적은 성형외과 전공을 선호할 수 있다.

▶ 인구가 140만 명에 불과한 에스토니아는 정부 기능의 디지털화에 역점을 두고 있다. 법원의 경우 인공지능을 기반으로 한 '로봇 판사'는 법률 문서와 관련 정보를 분석 해 소액 사건의 판결을 내리고 그 자체로 법적 효력이 인정된다. 재판 결과에 불만이 있으면 '인간 판사'에게 재심을 청구할 수 있다. 소액 사건을 인공지능에 맡겨 판사의 업무량을 덜어주면 판사는 중요한 재판에 집중할 수 있다. 판례집 등 문서작업은 검색알고리즘의 발전으로 장시간 소요되었던 변호사의 작업시간을 단축시키고 있다. 이에 따라 변호사의 수가 줄어들 것이며 이들의 경쟁은 더욱 치열해질 것이다.

▶ 정보화기술은 은행의 모든 금융거래를 인터넷과 모바일로 대체함으로써 은행의 업무기능과 조직구조를 변화시키고 있다. 핀테크의 발전으로 은행직원만이 할 수 있는 업무가 줄어들고 있다. 이미 대면서비스가 기계에 의해 수행됨으로써 은행직원을 줄이고 상당수의 지점을 폐쇄하고 있다. 외국의 경우 지점이 없는 은행도 등장하고 있다.

자료: 중앙일보(2019. 12. 18.) 기사에서 발췌.

3. 사용자경험과 인간 중심의 혁신

2016년 이후 Davos 포럼의 주제는 정보화, 자동화기술을 중심으로 한 4차 산업혁명과 기술, 제품 등 기업 및 산업의 문제에 초점을 맞추어 왔다. 그러나 최근에는 4차 산업혁명을 기술혁명이라기보다 사회 속에서 일어나는 인간을 위한 변혁, 인간의 일상생활을 위한 혁명이라는 관점으로 논의하고 있다.

사용자경험(UX, user experience)이란 시스템, 제품, 서비스를 직·간접적으로 사용하면서 느끼고 생각하는 지각, 반응, 행동 등 총체적 경험을 뜻한다. 사용자경험은 컴퓨터 소프트웨어 및 하드웨어개발 분야에서 시작되어 일상적인 서비스, 상품, 프로세스, 사회, 문화에 이르기까지 널리 응용되고 있다.

4차 산업혁명의 본질은 인공지능, 사물인터넷, 빅 데이터 등의 정보통신기술을 이용해 인간의 신체 및 인지의 대상을 향상시키고 인간능력을 극대화 하는데 있다. 인간의 능력이 확장된 현실을 증강현실(augmented reality)이라고 한다. 확장된 현실에서 인간의 인지능력은 확장되고 인간의 사용경험은 개인화, 맞춤화 된다. 인간의 인지능력이 향상되면 세상을 보는 관점과 인간의 역할도 바꾸어진다. 4차 산업혁명은 기술의 융합과 인지혁명을 결합한 인간의 사용자환경(user interface)과 사용자경험의 혁신이며 인간에게 편의를 제공하는 인간중심의 혁명이다.

산업혁명은 기술혁신을 중심으로 한 사회적 혁신이다. 그러나 전혀 새로운 기술로 이루어진 혁신이 아니다. 빅 데이터는 데이터 마이닝기술로부터 발전되었으며 사물인터넷은 유비쿼터스 컴퓨팅, 인공지능은 로봇기술로부터 발전되었다. 또한 3D, 가상현실 기술도 1990년대에 개발되어 사용하고 있는 기술이다. 이러한 기술들이 4차 산업혁명의 중심이 된 것은 새로운 사용자환경과 사용자경험을 극대화한 서비스, 개별화된 서비스, 맞춤화된 콘텐츠와 결합되었기 때문이다. 따라서 4차 산업혁명은 다양한 기술이 인간의 인지영역과 융합되어 사용자경험을 확장하는 혁신이다.

3차 산업혁명에서는 사물에 인터넷 연결이 가능한 센서를 붙이는데 그쳤으나 4차 산업혁명은 사물과 인터넷으로 연결된 센서 위에 사용자경험을 확장시켜 가치지향적 산업기회의 새로운 생태계를 만들어냈다. 그리고 어떤 정보를 어떻게 분석하는가를 실시간으로 파악할 수 있는 초연결의 데이터 환경을 구축했다. 이 과정에서 인간에게 적절한 인터페이스를 제공하고 인간과 감성적으로 소통하고 특별한 기능을 수행하는 인공지능기술과 로봇기술이 사용된다.

사용자경험의 환경을 구축하는 데에는 완전한 사용자중심의 기술과 환경을 만들어내는 인지과학(cognitive science)이 지원되어야 한다. 4차 산업혁명이 인간 중심으로 발전하기 위해서는 인간이 사회현상을 인지하는 과정과 사용자가 원하는 변화를 유도하는 기술이 필요하다. 특히 사용자경험, 개인화와 인간의 동기와 행동을 자연스럽게 유발하는 행동유도적 기술이 4차 산업혁명의 중요한 기술이 될 것이다.

사례

사용자경험: 카카오택시

늦은 밤 버스나 지하철을 이용할 수 없는 시간에 도심 한 복판에서는 택시를 잡기가 쉬운 일이 아니다. 택시의 승차거부는 법적으로 제재를 받지만 택시기사의 불법은 관행처럼 보인다. 이 시간대 택시를 이용하려는 승객의 수요증가는 택시기사들에게 승객을 골라 태우는 선택우선권을 주는 것과 같다. 택시기사들은 조금이라도 수입이 좋은 지역이나 승객을 내린 뒤 바로 다음 승객을 태울 수 있는 지역, 혹은 영업을 마치고 돌아가는 경우 본인의 차고지에 가까운 지역으로 가는 승객을 찾으려 할 것이다.

카카오택시는 이 문제의 분석을 사용자환경과 사용자경험에서 찾았다. 택시기사와 승객들이 처한 상황을 적절하게 분석하여 양자의 이해관계를 조정할 수 있는 시스템을 만들어 해결한 성공사례이다.

"국내 택시시장은 이미 10년 전부터 공급이 수요를 넘어섰다. 국내 택시업계의 과제는 증차 등 공급을 늘리는 것이 아니라 수요와 공급을 효율적으로 연결하는 것이고 이를 위해서는 택시기사와 승객의 니즈를 정확하게 파악하여 해결책을 찾아야만 한다."라는 것이 카카오가 보는 접근방법이다.

택시기사들의 평균연령은 60세로 스마트폰에 친숙하지 않은 세대이다. 카카오는 이러한 택시기사들을 배려해 앱에 운행서비스에 꼭 필요한 목적지와 도착지 입력 기능만을 사용할 수 있도록 하고 부가적 기능은 배제했다. 카카오는 200개가 넘는 택시운수회사를 방문하여 택시기사들이 이해하기 쉽도록 서비스를 직접 소개하였다. 반면에 승객들은 택시기사와 불필요한 대화를 하지 않아도 되고 신뢰할 수 있고 빠르게 배차되는 택시를 원했다. 승객들은 안심 메시지 기능정도가 필요했다. 사용자경험을 분석도구로 하여 택시기사와 승객의 필요를 최소한으로 반영한 것이 카카오택시이다.

카카오 모빌리티 리포트에 의하면 카카오택시를 출시한 2015년 3월 이래 3년 반 동안 카카오 택시기사의 평균 수입은 37% 증가했으며 카카오 앱을 이용하는 택시기사는 국내 전체 택시기사의 83%인 22만 명에 이르고 있다. 이 기간 동안 카카오택시의 운행은 5억5천 회를 넘고 있다. 결론적으로 카카오택시는 택시기사와 승객의 관점에서 모두가 윈-윈하는 시스템이라 할 수 있다.

자료: 뉴시스(2020. 1. 22.) 기사에서 발췌.

개·념·정·리 사용자경험과 서비스디자인

제품이나 서비스디자인의 중요성이 부각되면서 사용자경험 디자인의 개념이 확산되고 있다. 사용자경험은 디자인작업의 전 단계가 아니다. 웹(web) 분야에서 디자인이란 단어는 비주얼 디자인에 의미를 한정하고 있지만 디자인의 학술적 용어는 보다 광의로 사용된다. 디자인은 전략수립, 상품기획, 정보설계, 사용자환경(UI) 디자인 등을 모두 포괄하는 개념이다. 예를 들어 컴퓨터화면은 사람만이 사용하는 것이 아니기 때문에 사용자경험의 대상은 확장되어야 한다. 컴퓨터화면은 단순하게 UI 디자인만 표시하는 것이 아니다. 제품, 시스템, 서비스, 회사 등 사용자 중심으로 경험할 수 있는 모든 것을 일관되게 만들어야만 사용자는 좋은 경험을 했다고 인지할 수 있다. 이를 통해 구매와 지속적 사용의 행위가 뒤따르는 것이다.

휴대폰의 사용자환경 디자인은 외관, 색상, 사용기능, 배터리수명, 무게, 내구성 등 물리적 요인만이 아니라 요금체계, A/S를 위한 콜센터 등을 검토할 필요가 있다. 그러나 이 모든 요소를 전부 사용자환경에 포함시키기는 불가능하다. 휴대폰의 사용성이 중요하지만 재미나 심미적 요소도 매우 중요한 요인이다.

이와 같이 사용자경험은 제품이나 서비스의 사용성(usability), 심미성이나 유희성 등 사용자감성(user affect), 그리고 사용자가치에 의해 영향을 받는다. 그 밖에도 사용자가 이전에 유사한 제품을 사용하면서 얻은 경험, 다른 사용자로부터 얻은 정보, 기업의 브랜드자산 등에 영향을 받는다.

사용자경험은 제품과 서비스의 기능이나 절차상의 만족뿐 아니라 전반적으로 지각 가능한 모든 면에서 사용자가 참여, 사용, 관찰하고 상호 교감을 통해서 알 수 있는 가치적 경험이다. 긍정적인 사용자경험은 산업 디자인, 소프트웨어 공학, 마케팅, 및 경영학의 중요 과제이며 이는 사용자의 니즈의 만족, 브랜드의 충성도 향상, 시장에서의 성공을 가져다 줄 수 있는 주요 요인이다. 부정적인 사용자 경험은 사용자가 원하는 목적을 이루지 못할 때나 목적을 이루더라도 감정적, 이성적으로나 경제적으로 편리하지 못하거나 부정적인 반응을 불러일으키는 경험을 하게 되는 경우 발생할 수 있다.

이미 4차 산업혁명의 핵심기술인 인공지능, 사물인터넷, 빅 데이터 기술은 기업이나 개인의 일상생활 등 우리 사회에 깊숙이 자리를 잡고 있다. 스마트폰이나 자동차의 설계, 맞춤의료서비스, 카카오택시서비스 등은 4차 산업혁명의 기술을 사용자환경과 사용자경험을 반영하고 있다.

자료: D. Norman(2003), *Emotional Design.* Basic Books에서 발췌.

4. 기술혁신에서 서비스혁신으로

4차 산업혁명을 맞이한 기업의 환경변화는 서비스부문에서 더 중요하게 대두되고 있다. 서비스기술의 발전은 서비스생산에 어떠한 기술을 사용하고 어떻게 획득할 것인가에 대한 운영전략 및 고객, 시장경쟁 등 서비스기업의 환경을 변화시키고 있다. 고도의 서비스기술은 고객의 인식과 행동에도 영향을 준다. 따라서 서비스기업은 고객이 서비스이용기술을 습득하고 수용함에 대해서 어떤 반응을 보일 것인가에 대한 검토가 필요하다.

기업이 기술 중심의 서비스전략을 새로이 구축하는 것은 불확실한 환경을 개선하고 새로운 서비스시장에 진입하여 경쟁우위를 점하기 위해서이다. 기업의 새로운 서비스전략이란 서비스의 글로벌화, 서비스시스템 및 프로세스의 개선, 서비스제공 채널의 다양화 등 기존의 서비스에 대한 기술수준과 고객의 서비스이용 패턴의 변화에 대응해야 한다. 서비스의 글로벌화는 다수의 협력자(multi partnership)와의 제휴로 기술획득이나 글로벌 시장에서 영향력을 확대하는 등의 이점을 얻을 수 있다. 또한 서비스제공채널을 다양화함으로써 고객의 접근과 고객의 서비스이용을 보다 쉽게 할 수 있다. 고객의 서비스이용이 다양화되고 개인화됨에 따라 고객의 개인정보보호에 대한 요구는 증가하고 프로세스는 더욱 복잡해질 것이다. 또한 스마트기기의 적용범위 확대와 보편화는 서비스운영에 대한 비용절감의 필요성을 더욱 강조할 것으로 전망된다.

인공지능, 로봇기술, 생명과학이 주도하는 4차 산업혁명 시대의 의료서비스를 예로 들어보자. 의료서비스에서 환자가 의사와의 접촉에서 느낄 수 있는 심리적 안정감이나 위로가 필요하므로 컴퓨터가 의사를 완전히 대체하는 것이 어렵다고 할 수 있다. 그러나 의사의 진료업무 중 80%는 인공지능 컴퓨터기술로 대체함으로써 과도한 진료나 검사를 방지하고 의료비용을 절감할 수 있을 것으로 예상된다.

4차 산업혁명의 핵심기술의 활용은 제조업분야만이 아니라 의료, 금융, 유통, 교육, 외식서비스 등 광범위한 서비스산업으로 확대되고 있다. 서비스기업에서의 IT 적용은 속도와 수준의 차이는 있지만 궁극적으로는 인간의 작업과 기능을 상당 부분 대체해 나가고 있다. 이미 서비스기업의 경영관리와 서비스운영은 기술이 주도하고 있으며 앞으로 그 수준은 더욱 높아질 것이다. 주요 글로벌 기업의 서비스혁신을 위한 IT적용은 위의 여러 사례에서 찾아볼 수 있다.

사례

서비스혁신과 새로운 시장

▶ 2018년 기준 국내 소매판매의 거래규모는 468조 원에 이르고 있으며 이 중 온라인에 의한 거래가 114조 원에 달한다. 또한 온라인거래는 매년 20% 정도의 매출 신장을 보이고 있으며 온라인거래에서 모바일거래는 65%의 비중을 차지하고 있다.

▶ SNS에 의한 거래도 새로운 시장을 형성하고 있다. 즉 매월 일정액을 내고 정기적으로 상품이나 서비스를 사용하는 소셜구독경제(subscription economy)를 이르는 말이다. 소셜판매도 연간 631조 원의 대규모 시장으로 성장하고 있다. 이에 따라 소비자의 자동차 구입은 제품구입이 아니라 운송서비스를 구입하는 것이다. 또한 1인가구의 생필품판매에서도 배송이라는 단선형 가치사슬은 고객지속 교류형으로 이동하고 있다.

▶ Groupon은 설립 3년여 만에 44개국 7천만 명의 가입회원을 가지고 있는 소셜쇼핑회사이다. 이 회사는 2008년 설립 초기 소셜커머스라는 새로운 비즈니스모델로 SNS를 이용하는 고객에게 50%할인 피자쿠폰이나 저가 티셔츠를 팔았다. 이 회사는 소셜미디어를 통한 고객들의 입소문, 소개글, 새로운 경험 등을 활용하고 기존의 온라인 판매와 차별적인 전략으로 Forbes가 선정한 '세계에서 성장이 가장 빠른 기업'으로 이름을 올렸다.

자료: News Clipping(2019. 10. 18.), www.groupon.com 등에서 발췌.

'배달 로봇', 미래 유통 패러다임 변화 주도

McKinsey는 매년 미국에서 배달되는 물품이 향후 10년 동안 250억 개 이상 증가할 것으로 예상했다. 배달 수요의 증가로 인한 교통체증, 공기오염, 비효율적인 비용 등의 문제는 배달 로봇이 해결해 줄 것으로 예상하고 있다.

미국 시장조사업체 MarketsandMarkets에 의하면 세계 배달 로봇시장은 2018년 1,190만 달러(약 140억 원)에서 2024년 3,400만 달러(약 400억 원)에 이르며 동기간 연평균 성장률이 19.2%를 기록할 것으로 예측했다. 이미 글로벌 IT기업들은 배달 로봇시장에 뛰어들어 테스트·상용화 제품을 내놓으며 시장에 활기를 불어넣고 있다.

Starship Technologies는 George Mason 대학과 제휴하여 배달 로봇을 운영하기 시작했다. 총 25대의 배달 로봇은 카페테리아에서 기숙사와 강의실 등에 아침식사를 배달한다. Starship의 배달 로봇은 사물과 사람을 탐색하며 보행자의 속도로 움직이기 때문에 사람들의 불편이나 안전 문제를 최소화하고 있다. 화물칸은 잠긴 채로 운행하며 수령인만 열 수 있는데, 수령인은 스마트폰으로 로봇의 위치를 손쉽게 확인이 가능하다.

Uber의 자회사 Uber Eats는 샌디에이고에서 드론 배달을 이용한 음식배달 서비스를 준비하고 있다. 식당직원이 포장된 음식을 Uber Eats의 드론에 넣고 주소를 입력하면, 항공운행시스템에 따라 Uber Eats 배달원에 전달된 고객의 문 앞까지 배달한다. 향후 자율주행 드론이 고객의 배송물품을 싣고 QR 코드가 부착된 Uber Eats 자동차 지붕 위에 착륙하면 자동차가 고객에게 배송을 연계하는 방식도 계획하고 있다.

Amazon은 자율주행 배달 로봇 'Scout'를 개발했다. Scout는 사람이 걷는 속도로 인도를 따라 주행한다. 지난 1월부터 시애틀 북부 외곽에서 약 35km 떨어진 스노호미시 카운티까지 시범 배송을 시작했다. 자율주행드론을 이용한 서비스도 계획하고 있는데 드론은 5파운드(2.27㎏) 이하의 물품을 30분 내 거리에 있는 고객에게 배송할 수 있다.

최근 Mable, Nuro, Boxbot 등도 음식, 식재료, 의약품 등을 배달하는 로봇을 개발하여 음식배달 서비스의 상용화를 시작했다. 고객이 음식을 주문하면 배달 로봇이 해당 식당을 방문하고 식당직원은 로봇의 화물칸에 음식을 넣는다. 고객은 휴대전화로 핀 코드를 받게 되고 로봇이 도착하면 핀 코드로 화물칸에서 음식을 꺼낼 수 있다.

FedEx는 지난 2월 Samedaybot을 개발했다. 이 봇을 통해서 소매업체들은 가까운 주변에 거주하는 고객들의 주문을 받아서 고객 집이나 사업체로 봇을 통해 당일 배달을 할 수 있다. FedEx 봇은 DEKA Development & Research와 설립자인 딘 카멘(Dean Kamen)과의 협업 하에 제작되어 인도나 노변에서 운행되며 작은 패키지를 고객의 집이나 사업체로 안전하게 배달해준다. 봇에는 Eyebot에서 빌려온 보행자 안전을 기하는 기술을 활용하고 LiDAR와 다중 카메라 등 첨단의 기술을 채용해 일체의 이산화탄소를 발생하지 않는 배터리로 작동된다. 주변 환경을 인식하기 위해 머신러닝 알고리즘이 장애물을 감지하고 피할 수 있게 하며 안전한 길을 미리 알아보고 도로안전 규칙을 준수하게 만들었다. 비포장 도로나 도로턱을 넘고 집에까지 배달이 가능하며 심지어 계단까지 오를 수 있는 기능을 갖추고 있다.

글로벌 국가에 비해 국내 기업들의 관심도는 아직 부족하지만 배달 로봇 도입이 시작되고 있다. 음식배달 서비스 '배달의 민족'은 지난 2017년부터 로봇 개발에 나섰으며, 작년에는 서빙 로봇 '딜리'와 레스토랑 서빙 로봇 '딜리 플레이트'를 시범 운영했다. 올해 4월에는 아파트 단지에서 실외 주행 로봇 '캐리로'를 시험 운영했다. 아파트 현관까지 나온 주문자가 QR코드를 내밀면 캐리로가 인식하고, 음식을 넣은 문이 열리는 방식으로 작동하며 연내에 실외 배달 로봇을 상용화할 예정이다.

자료: 데일리비즈온(2019. 7. 12.) 기사에서 발췌((www.dailybizon.com 참조).

토의문제

1. 화물운송서비스에 적용되는 첨단기술은 무엇인가?
2. 배달서비스에 대한 고객의 반응을 토의하자.
3. 첨단기술이 기존 서비스를 개선하거나 신규서비스 개발에 미치는 영향에 대하여 토의하자.

참고문헌

김대식(2019), 4차산업혁명에서 살아남기, 미디어창비.

정동훈(2018), 스마트시티, 유토피아의 시작, 넥서스비즈.

최진기(2018), 4차산업혁명, 이지퍼블리싱.

Kapoor, Mansi(2019), *Global Business Environment: Shifting Paradigms in the Fourth Industrial Revolution*, Sage Pubns.

Norman, D.(2003), *Emotional Design*. Basic Books.

Schwab, Klaus(2017), *The Fourth Industrial Revolution*, Crown Pub.

뉴시즈(2020. 1. 22.)

데일리비즈온(2019. 7. 12.)

매일경제(2019. 3. 29.)

중앙일보(2019. 12. 18, 2020. 1. 12.)

www.enlitic.com

www.ge.com

www.groupon.com

www.ibm.com

www.netflix.com

www.newsian.co.kr

www.wealthfront.com

제 **3** 장

서비스운영전략

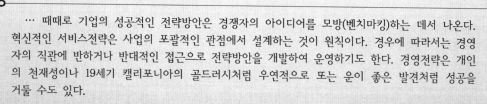

··· 때때로 기업의 성공적인 전략방안은 경쟁자의 아이디어를 모방(벤치마킹)하는 데서 나온다. 혁신적인 서비스전략은 사업의 포괄적인 관점에서 설계하는 것이 원칙이다. 경우에 따라서는 경영자의 직관에 반하거나 반대적인 접근으로 전략방안을 개발하여 운영하기도 한다. 경영전략은 개인의 천재성이나 19세기 캘리포니아의 골드러시처럼 우연적으로 또는 운이 좋은 발견처럼 성공을 거둘 수도 있다.

— James L Heskett 등의 Service Breakthroughs ··· 중에서

제 1 절   서비스운영전략의 개념

사례

McDonald의 서비스혁신전략

지난 반세기 동안 McDonald는 햄버거라는 한정된 메뉴로 레스토랑산업의 혁명을 가져왔다. 패스트푸드 레스토랑이 가져온 혁신은 고객 및 서비스운영 측면의 변화를 만들어냈다. 아침식사메뉴의 개발, 고객서비스 중심의 주방작업흐름, 셀프서비스구역 설치, 드라이브스루(drive through) 창구의 개설 등은 고객의 필요로 인해 나타난 새로운 서비스이다. 어린이와 가족을 위한 매장분위기와 젊은 층을 위한 Wi-Fi 구역 설치 등 몇 차례에 걸친 실내 디자인의 변경도 서비스운영의 효율성을 높이고 고객 측면에서는 하나의 혁신을 보여주는 새로운 전략적 선택이다.

McDonald는 "세계에서 가장 좋은 패스트푸드 레스토랑"이라는 전략적 비전을 내세우고 있다. '가장 좋다'는 것은 뛰어난 품질, 서비스, 청결과 가치를 고객에게 제공하여 레스토랑을 찾는 모든 고객이 미소를 짓게 만들겠다는 의미이다. McDonald는 비전을 달성하기 위해 다음의 세 가지 전략에 집중하고 있다.

- 전 세계 매장에서 직원들에게 가장 훌륭한 고용주가 된다.
- 우리의 고객에게 탁월한 서비스를 제공한다.
- 혁신과 기술을 통하여 McDonald 시스템의 브랜드를 확장하고 강점을 활용하여 지속적인 성장을 실현한다.

그러나 McDonald의 어두운 단면도 있다. McDonald는 세계 100여 개 나라 36,000여 개 점포에서 하루에 6천 9백만 명에게 서비스를 제공한다. McDonald는 신규 점포개설과 입지선정에 탁월한 경험을 가지고 햄버거판매에 못지않게 부동산투자에 노력을 기울이고 있다. 여러 패스트푸드 체인이 McDonald를 따라 부동산투자전략에 집중하고 있으나 2000년대 초 McDonald는 세계적인 경기불황과 부동산가치 하락으로 자산의 35%를 잃는 불운을 감수해야만 했다.

자료: James L. Heskett, W. Earl Sasser, & Christopher W. L. Hart(1990), *Service Brea-kthroughs: Changing the Rules of the Game*, The Free Press(www.mcdonalds.com 참조).

1. 서비스운영전략의 의의와 특징

서비스운영이란 자본, 노동력, 기술 등 자원의 투입으로 서비스를 생산하고 고객에게 제공하는 과정에서의 관리적 활동이다. 서비스는 상품으로서의 기능 이외에도 고객에게 편의, 감동, 경험을 전달해주는 과정을 포함한다. 서비스는 다수 고객에게 다양한 형태로 제공되며 경쟁자보다 우위를 점하기 위해 관리적, 전략적 판단이 필요하다. 기업은 서비스생산운영에 필요한 자원과 기술을 확보하고 판매방법이나 가격 등 시장활동을 수행하기 위한 전략을 세운다. 경영전략은 경쟁에 대비하여 무엇을, 왜, 언제, 어떻게, 얼마나 등을 결정하는 의사결정이다.

예를 들어 항공사는 시장상황에 따라 새로운 항공노선을 추가하거나 고객에게 새로운 서비스를 제공하고 경쟁을 위해서는 저가항공사 수준의 서비스를 제공한다. 은행은 새로운 금융상품과 서비스를 개발하고, 외식업체는 프랜차이징을 통해 유통경로 확대한다. 백화점은 전통적인 오프라인 판매방법뿐 아니라 온라인 쇼핑몰을 운영하는 등 새로운 서비스전략을 구사하고 있다.

서비스기업이 새로운 서비스상품이나 서비스방법을 계획하는 경우 어떠한 서비스상품을 어떻게 개발하고 필요한 자원을 어떻게 확보하며 시장기능은 어떻게 수행할 것인가의 계획과 의사결정이 필요하다. 또한 서비스개발 기간, 자원조달의 크기, 사용기술 등 광범위한 결정이 요구된다. 이러한 계획과 의사결정은 경영전략의 하나로 수행된다. 경영전략은 고객의 선택을 이끌어내기 위한 방안의 결정이며 기업의 특성, 경쟁상황, 고객의 요구, 기술수준, 가격 등에 따라 다르게 정해진다.

서비스기업이 시장에서의 경쟁우위를 갖고 경영목적을 달성하기 위해 수립하는 서비스운영전략은 관리활동을 실행하는데 대한 구체적이며 포괄적 수단이다. 경영전략의 특성에 대하여 Haksever 등 (1990), Hayse와 Wheelwright(1984), 김길선 등(2011)의 설명을 비교하면 <표 3-1>과 같다.

　서비스기업이 새로운 서비스상품을 계획하는 경우 어떠한 전략이 필요할 것인가를 Hayse와 Wheelwright가 제시한 경영전략의 특징과 관련시켜 보자. 새로운 서비스개발은 기업의 특성, 경쟁상황, 고객요구, 기술수준, 가격 등의 요인을 고려하여 장기적으로 이루어진다. 서비스경영전략은 서비스생산운영에 필요한 자원의 확보, 기술의 조달, 공급능력, 판매를 위한 유통망 구성 등 사내외의 여러 기능적 요소의 영향을 받는다. 서비스기업의 전략은 기업 전체적인 관점에서 포괄적으로 운영되지만 관리기능의 효율성을 확보하기 위한 기능전략 중심으로 수행된다.

　Beckman과 Rosenfield(2008)는 운영전략의 구조를 공급능력(capabilities)과 포지셔닝의 상호 연결관계로 설명하고 있다. 기업의 운영능력은 프로세스, 조정, 조직, 네트워크 등에 기초한다. 프로세스와 운영능력의 관계는 McDonald가 낮은 비용으로 신속하게 햄버거를 제조하는 프로세스에서 볼 수 있다. 조정에 기초한 운영능력이란 고객화를 지향하는 서비스접점에서 어느 정도의 표준화나 유연성을 유지할 것인가에 대한 결정이다. 조직에서의 운영능력이란 기업의 기술수준, 관리수준 등을 의미하며 네트워크와의 관계는 공급자나 유통업자와의 관계를 나타내는 것이다. 기업이 경쟁우위를 확보하기 위해 어떻게 포지셔닝할 것인가에 대한 결정은 원가우위, 차별화, 초점화와 같은 경쟁전략으로 접근할 수 있다.

표 3-1　경영전략의 특징

Haksever(1990) 등	Hayse와 Wheelwright(1984)	김길선 등(2011)
계획(plan)	계획기간(time horizon)	장기적 목표
결합체(poly)	영향(influence)	기능의 포괄적 통합
위치(position)	노력의 집중	경쟁관계 위치선택
유형(pattern)	의사결정패턴	환경에 적응
전망(perspective)	광범성(pervasiveness)	목표와 행동방향

2. 서비스운영전략의 체계

경영전략은 [그림 3-1]과 같이 기업조직의 계층에 따라 기업전략, 사업전략, 기능전략으로 나누어진다.

① 기업전략(corporate strategy)은 기업이 경쟁하는 산업과 범위를 결정하며 신규 사업의 시장진출 목표와 방향을 설정해 주는 최상위의 전략이다. 기업전략을 통해 기업이 참여할 사업이나 철수할 사업, 시장에서의 활동범위, 사용할 기술, 필요자원의 조달 등 전략적 문제를 결정한다.

② 사업전략(business strategy)은 기업의 특정 사업전략으로 표적시장에서의 경쟁, 목표고객, 시장활동 수준, 자원의 확보와 배분 등에 대한 전략을 결정한다. Porter(1980)의 원가우위, 차별화, 초점전략 등 본원적 전략은 사업전략이다.

③ 기능전략(functional strategy)은 기업의 생산, 마케팅, 재무, 인적자원관리 등 기능적 부문에서 수행하는 전략으로 사업전략의 전략목표 달성을 위한 하위부서의 기능적 활동을 조정하는 전략이다.

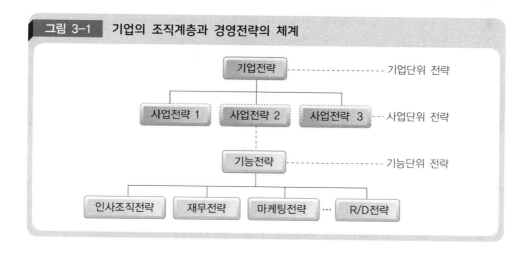

그림 3-1 기업의 조직계층과 경영전략의 체계

3. 경쟁우위전략

기업은 시장에서의 경쟁요인에 따라 성장전략, 안정전략, 방어전략 등을 수행한다. 성장전략(growth strategy)은 기존의 제품이나 서비스계열의 확장, 다양화를 추구하는 적극적인 전략으로 서비스상품, 고객 및 시장의 집중화를 위해 수직적인 통합, 다각화 전략을 통해 성장목표를 실현할 수 있다. 안정전략(stability strategy)은 시장환경이나 기업내적 요인이 안정적일 때 취하는 전략으로 현재의 활동수준을 그대로 유지한다. 방어전략(defensive strategy)은 사업계열이 취약한 경우 긴축, 우회전략, 양도, 청산, 현상유지 등을 추진하는 소극적 전략이다. 기업수준의 전략을 수행하는 경우 기업 전체적으로는 안정화를 추구하고 장래성 있는 부문은 성장을 추구하는 혼합전략(mixed strategy)을 구사한다.

Porter(1980)는 기업이 선택할 수 있는 전략으로 공급자, 고객, 경쟁자 등 외적 요인의 영향을 고려하여 다음의 세 가지 본원적 전략을 제시하였다.

① 원가우위전략(cost leadership strategy)은 원가를 최소화하여 가격경쟁력을 높여 매출을 극대화하는 전략이다. 원가우위는 규모의 경제를 실현하고 비용을 최소화함으로써 생산시스템의 효율성을 높인다. 저가항공사는 최소한의 서비스만을 제공하여 일반항공사와 가격경쟁을 하는 원가우위전략을 사용한다.

② 차별화전략(differentiation strategy)은 제품 및 서비스의 브랜드이미지, 유통네트워크, 프로세스의 독특성을 고객에게 인식시켜 차별화 하는 경쟁전략이다. 호텔신라, Singapore항공은 브랜드이미지로 서비스를 차별화 하며 L. L. Bean은 온라인 판매로 차별화전략을 사용하고 있다. 서비스는 경쟁기업이 쉽게 모방할 수 있으므로 새로운 차별화전략이 지속적으로 필요하다.

③ 집중화 전략(focus strategy)은 전체 고객을 목표로 하기보다는 일정규모의 특정 고객을 대상으로 하는 전략이다. 제품이나 서비스,

기술, 마케팅능력 등 비교우위부문에서 한정된 고객이나 시장에 목표를 집중하여 전략적 우위를 차지하는 방법이다. Ritz-Carton호텔, 스칸디나비아항공(SAS)은 비즈니스고객을 목표로 하는 집중화 전략을 구사하고 있다.

Porter(1996)가 제시한 세 가지 본원적 전략을 효율적으로 적용하기 위해서는 목표시장을 세분화 하여 차별적인 서비스를 제공하거나 비용우위의 전략을 사용하는 등 경쟁환경에 따라 혼합적인 전략을 구사한다.

사례

서비스비전과 전략의 도약

서비스기업 리더들은 경쟁기업을 능가하는 서비스비전과 전략을 세우고 서비스도약(breakthroughs)을 목표로 한다.

▶ Progressive Corporation의 CEO인 Peter Lewis는 높은 위험성에 노출되어 있는 모터사이클 소유자나 운전자들로부터 경쟁회사의 보험상품과 차별화하여 기회를 잡기로 했다. 그는 모터사이클 소유자를 대상으로 하는 수익률이 높은 보험상품을 설계했다. 바이커들은 모터사이클을 타고 다니기보다 차고에 넣어두는 시간이 많아 사고율이 낮은 편이다. 보험가입에 비해 사고보상규모가 적은 모터사이클 운전자보험은 회사의 이익에 큰 보탬이 되었다.

▶ JP Morgan Chase와 First Chicago NBD 등 60여 개의 금융기관을 소유하고 있는 Banc One 그룹의 John B. McCoy는 자신이 소유하고 있는 자산규모와 금융회사가 몇 개인지 정확히 기억하지 못하고 회사이름조차도 다 알지 못한다. 단지 그는 자신의 금융지식과 재무적 정보를 이용해 은행을 매입하는 등 회사의 확장에 대한 아이디어에 관심을 둘 뿐이다.

▶ SAS의 Jan Carlzon 사장은 미국을 비롯한 주요 항공사 사장을 만날 때마다 비행기에 대한 이야기로부터 시작하여 시장상황과 고객에게 좋은 서비스를 제공하는 인적자원에 대한 대화를 나눈다. 그는 항공서비스만이 아니라 방문하는 항공사의 재무적 성과에 더 많은 관심을 갖고 벤치마킹을 함으로써 지속적으로 이익을 확보할 수 있는 방법을 찾고 있다.

때때로 기업의 성공적인 전략방안은 경쟁자의 아이디어를 모방하는 데서 나온다. 혁신적인 서비스전략은 사업의 포괄적인 관점에서 설계하는 것이 원칙이다. 경우에 따라서는 경영자의 직관에 반하거나 반대적인 접근으로 전략방안을 개발하여 운영하기도 한다. 경영전략은 개인의 천재성이나 19세기 캘리포니아의 골드러시처럼 우연적으로 또는 운이 좋은 발견처럼 성공을 거둘 수도 있다.

서비스전문가들은 서비스혁신의 실체를 서비스전략비전이라고 한다. 서비스전략비전의 진정한 의미는 무엇일까? 우수한 서비스전략비전을 가지고 있는 서비스기업은 시장경쟁에서 우위를 점할 수 있고 서비스도약의 기회를 얻는다.

Lewis, McCoy, Carlzon 등은 모두 훌륭한 서비스비전과 전략을 가지고 있다. 이들의 공통된 경영스타일은 지속적으로 새로운 서비스를 개발하고 시장을 리드하는데 있다. 새로운 서비스는 미래의 불안정한 환경변화를 극복하고 새로운 비전과 전략을 통해 다음과 같은 의문을 해소시킨다.

- 서비스전략의 비전과 전략목표는 무엇인가?
- 서비스전략에 접근하는 경영자의 역할과 기능은 무엇인가?
- 서비스전략의 전개에 하위 관리자의 참여와 협조는 어느 정도인가?
- 서비스전략이 변화할 때 조직구조는 어떻게 변화할 것인가?

자료: James L. Heskett, W. Earl Sasser, & Christopher W. L. Hart(1990), *Service Breakthroughs: Changing the Rules of the Game*, pp.18~20, The Free Press.

제 2 절   서비스운영전략의 접근방법

서비스기업의 운영전략수립과 실행은 [그림 3-2]에서와 같이 전략적 포지셔닝, 서비스전략, 전술적 실행의 단계로 기업외적으로는 전략적 포지셔닝을 하며 내적으로는 각각의 상황에 대응하는 서비스전략을 수립한다. 전술적 실행수준에서는 고객접점의 일선부서를 중심으로 서비스를 생산, 제공하며 일선부서를 상호지원한다.

전략적 포지셔닝은 SWOT분석에 따라 목표시장을 설정하고 핵심

경쟁력을 기준으로 포지셔닝한다. 서비스전략수립에 고려해야 할 Porter의 5가지 요인은 다음과 같다.

○ 잠재적 참여자(potential entrants): 시장에 신규로 진입하는 가격, 품질, 공급능력, 유통 면에서의 경쟁자
○ 공급자(suppliers): 차별화된 전략을 가진 비교적 소수의 공급자
○ 구매자(buyers): 가격에 민감하게 반응하며 충분한 구매력으로 시장 지배를 시도
○ 대체재(substitute services): 가격, 품질 등 경쟁력으로 기존 시장을 위협
○ 현재 경쟁자(current competitors): 높은 시장장벽으로 신규 진입자 방어

그림 3-2 서비스운영전략수립의 프로세스

전략적 포지셔닝
• 목표시장 설정
• 다섯 가지 요인 및 핵심경쟁력
• 경영자의 의사결정: 미션, 서비스운영 전략목표, 목적

서비스 경영전략
• 서비스 개념, 서비스운영시스템, 서비스전달시스템
• 경쟁우선순위, 최소요건(order qualifier), 경쟁우위요건(order winner)
• 경영자의 의사결정: 서비스입지, 시설의 규모, 종류, 수, 생산능력, 재고

서비스운영의 전술적 실행
• 일상적 서비스 운영업무 관리
• 관리자의 의사결정: 공급자 선정, 주문의 크기와 주문시점, 스태프관리

서비스전략은 서비스개념, 서비스운영시스템, 서비스제공시스템의 포괄적 의미를 규정하고 경쟁우선순위(priorities), 최소한의 주문

자격요건(order qualifier), 주문획득의 우위요건(order winner)에 대한 기준을 정한다. 서비스전략에서의 의사결정은 서비스시설의 입지, 규모, 종류, 수량, 생산능력, 서비스자재의 재고수준 등을 대상으로 한다. 전술적 실행은 일상적 서비스운영에 대한 업무로서 공급자 선정, 주문량과 주문시점, 작업자 등 인적자원관리의 문제에 대한 의사결정이 이루어진다.

1. 산업과 경쟁자분석 접근방식

산업과 경쟁자분석의 접근은 5가지 요인으로부터 시작한다. 5가지 요인은 서비스기업이 산업 내에서 어디에 위치하는가를 결정하며 포지셔닝에 따라 경쟁에 대응할 수 있는 서비스운영시스템을 디자인한다. 전술적 실행은 고객과 공급자 등 외부요인과의 상호관계의 관리를 대상으로 하며 기업 내적으로는 서비스운영시스템의 목적에 부합하도록 내부운영관리를 실행한다.

산업과 경쟁자분석은 [그림 3-3]에서와 같이 SWOT분석을 통해

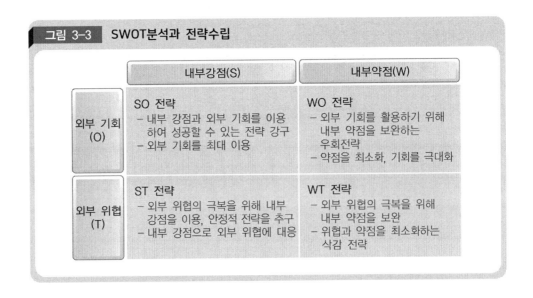

그림 3-3 SWOT분석과 전략수립

	내부강점(S)	내부약점(W)
외부 기회 (O)	**SO 전략** - 내부 강점과 외부 기회를 이용하여 성공할 수 있는 전략 강구 - 외부 기회를 최대 이용	**WO 전략** - 외부 기회를 활용하기 위해 내부 약점을 보완하는 우회전략 - 약점을 최소화, 기회를 극대화
외부 위협 (T)	**ST 전략** - 외부 위협의 극복을 위해 내부 강점을 이용, 안정적 전략을 추구 - 내부 강점으로 외부 위협에 대응	**WT 전략** - 외부 위협의 극복을 위해 내부 약점을 보완 - 위협과 약점을 최소화하는 삭감 전략

외부환경으로부터의 기회(opportunities)와 위협(threats)에 대처하기 위해 내부운영능력의 강점(strengths)과 약점(weaknesses)에 따라 대처방안을 결정하는 접근방법이다.

사례

FedEx의 SWOT 분석

FedEx는 UPS, DHL과 더불어 세계 3대 화물배송회사로 1971년에 설립되어 최대의 항공노선과 항공기를 보유하고 신속성과 안전성을 바탕으로 항공화물 배송 서비스를 제공하고 있다. 2017년 TNT EXPress를 인수합병하고 B767F 14대를 추가로 도입하는 등 미국 내 시장경쟁력을 확대하고 있다. FedEx는 배송할 화물을 멤피스의 허브로 보낸 뒤 각 지역으로 보내는 '허브 앤 스포크' 방식을 사용하여 화물배송서비스를 제공하고 있다.

- 화물추적시스템: 온라인으로 배송위치정보를 확인할 수 있는 슈퍼트랙커와 코스모스 시스템을 사용하여 화물을 고객에게 배달할 때까지 12번 이상 위치를 확인한다.
- 1:10:100 원칙: 화물을 취급에는 1, 오류가 발생하여 수정하는 데 10, 고객의 불만으로 되돌아오면 100의 노력이 필요하므로 정확성이 중요하다.
- 사람, 서비스, 이익의 원칙: 직원우선의 공정대우보장프로그램을 통해 무노조, 무해고를 지향한다. 직원의 정확하고 신속한 고객서비스는 기업의 이익을 가져온다.

온라인쇼핑 등 전자상거래기술의 발달로 인해 국제화물 운송량은 계속 증가하고 있다. 2017년 기준으로 DHL, UPS, FedEx는 세계 항공화물 운송의 80% 이상을 차지하고 있다. FedEx는 항공기를 통해 배송서비스의 신속성에서 경쟁우위를 가지고 있다. 같은 해 FedEx는 항공기의 추가도입과 경쟁사의 인수합병으로 시장규모를 키워 50억 달러의 운영이익을 냈다.

FedEx 전략의 SWOT분석은 다음과 같이 기업의 외부, 내부요인을 강점, 약점, 기회, 위험으로 나누어 분석한다.

- 강점: 브랜드 가치, 방대한 네트워크, 경쟁력 있는 가격, 시간약속

- 약점: 운송 중 발생하는 손해, 클레임 정책, 자국(미국) 수익의존도, 시장 포화
- 기회: 전자상거래 붐, 시스템의 신속화, 전략적 제휴
- 위협: 경쟁자와 가격경쟁, 유류 등 변동비

  FedEx의 서비스, 가격, 유통, 촉진 등 4P전략은 다음과 같다.
- 서비스전략: 건강관리에 대한 관심이 커짐에 따라 의약품, 연구샘플 등의 저온 배송포장 이용이 증가하였다. FedEx는 최대 96시간 지속되는 특수 냉각시스템을 도입했다.
- 가격전략: FedEx는 샌드위치전략, EDI를 활용하여 익일배송, 일반운송, 특별주문운송 3가지로 나누어 서비스를 하고 있다. FedEx는 당일 도착하는 서비스를 건당 12달러에 제공했는데 경쟁사인 US포스트가 8.95달러로 서비스요금을 낮추었다. FedEx는 가격 대신 서비스를 개선했다. 오전 10시까지 도착하는 프리미엄 서비스는 13달러, 오후 3시 이후나 다음날 도착하는 스탠다드 서비스는 9달러를 그대로 유지했다. 0.05달러가 저렴했지만 고객들은 다음날 배송되는 US포스트로 옮기지 않았다. FedEx는 비용 절감을 위해 고객서비스를 대형고객, 중형고객, 일반고객으로 나누어 소프트웨어를 차별화 적용함으로써 인건비와 운영비용을 절감하고 있다.
- 유통전략: FedEx는 허브앤 스포크 방식과 전략적 제휴를 통해 익일특급배송 서비스를 제공했으며 허브를 대형화하는 등의 물류거점문제, 재고문제, 시간 또는 비용의 개선 등 이익을 얻을 수 있었다.
- 촉진전략: FedEx는 포장상자를 고객의 집 담장 너머로 던지는 장면이 뉴스에 공개된적이 있다. FedEx는 이를 덮지 않고 즉각 사과하고 해당 고객에게 다시 제품을 배송했다는 광고를 했다. 플로우섭 마케팅이 사람에게 신뢰를 주었다. FedEx의 광고는 유머와 위트로 신속성을 강조하고 있다.
  - 하루만에 배송(Overnight Package Delivery),
  - 제시간에 전 세계 도착(The World On Time),
  - 무슨 수를 써서라도 반드시 도착(Whatever It Takes, Make Sure It Gets There).

자료: Madan Brilia(2013), *Unleashing Creative and Innovation,* John-Wiley(www.fedex.com 참조).

2. 핵심경쟁력 접근방식

Prahalad와 Hamel(1990)의 핵심경쟁력 접근방법은 Porter의 접근
방법과는 반대로 내부 서비스운영시스템에 대한 잠재적 경쟁력을 검
토하여 외부 경쟁시장에 접근하는 방식이다. 이들의 전략적 접근은
시장의 접근성, 서비스의 편익과 기여도, 경쟁자 등 외부 요인의 분석
으로부터 내부운영시스템의 관리로 전개되는 흐름을 보여주고 있다.
[그림 3-4]에 산업과 경쟁자 분석 및 핵심경쟁력 접근방식의 전략수
행의 흐름을 나타낸다.

Metters 등(2006)은 Southwest항공의 사례를 통해 핵심경쟁력 접
근전략을 설명하고 있다. 이 회사는 핵심경쟁력으로 항공기가 지상에

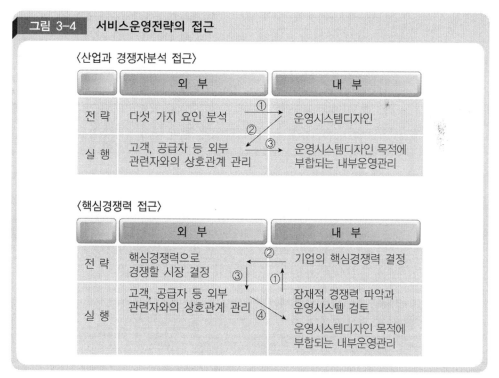

그림 3-4 서비스운영전략의 접근

〈산업과 경쟁자분석 접근〉

	외 부	내 부
전 략	다섯 가지 요인 분석	운영시스템디자인
실 행	고객, 공급자 등 외부 관련자와의 상호관계 관리	운영시스템디자인 목적에 부합되는 내부운영관리

〈핵심경쟁력 접근〉

	외 부	내 부
전 략	핵심경쟁력으로 경쟁할 시장 결정	기업의 핵심경쟁력 결정
실 행	고객, 공급자 등 외부 관련자와의 상호관계 관리	잠재적 경쟁력 파악과 운영시스템 검토 / 운영시스템디자인 목적에 부합되는 내부운영관리

자료: Richard D. Metters, Katheryn H. King-Metters, Madelein Pullman, & Steve Walton(2006),
     Service Operations Management(2nd ed.), Thomson, pp.18~19.

체류하는 시간을 줄여 항공기 수를 늘리지 않고 운항회수를 증가하는 전략을 선택했다. Southwest항공은 항공기의 지상시간을 최소화하기 위한 '시간관리'를 적용하였는데, 이는 일정규모의 승객을 최소규모의 항공기로 수송함으로써 저가항공의 기본적인 전략목표를 달성하는 전략이다.

제 3 절 서비스운영전략의 개발

1. 서비스운영전략의 체계

서비스운영전략은 경영자의 경험이나 직관력으로만 판단하기는 어렵다. 명확한 방향감각과 원칙에 따라 과학적, 체계적인 분석과 상황변화에 적절하게 대처하는 유연성이 필요하다. 서비스운영전략은 다음의 원칙을 전제로 하여 개발되어야 한다.
　　① 서비스운영전략은 서비스분야, 진출의도, 고객, 시장 및 경쟁관계 등 기업의 일상적 의사결정과 세부계획의 틀에서 장기간에 걸쳐 지속적으로 수행한다.
　　② 서비스운영전략은 기업의 모든 자원과 역량을 집중하여 필요자원을 조달하고 합리적으로 배분해야 한다.
　　③ 서비스운영전략의 수립과 목표달성을 위한 부서간의 이해관계조정과 최고경영층의 관심 및 지원이 따라야 한다.

서비스운영전략은 [그림 3-5]와 같이 서비스포지셔닝 → 서비스과업과 성과목표 설정 → 서비스운영전략 수립 → 서비스운영전략 실행 및 구현 → 본격적 서비스의 단계로 수행된다.
서비스포지셔닝은 기업의 전략, 고객요구, 시장경쟁 등을 고려하여 서비스와 프로세스를 포지셔닝하는 것이며, 서비스과업과 성과목

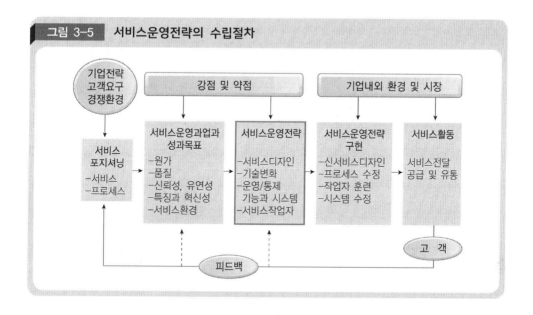

그림 3-5 서비스운영전략의 수립절차

표는 원가, 품질, 신뢰성, 서비스특징과 환경 등을 규정한다. 서비스
운영전략은 서비스디자인, 적용기술, 서비스운영 및 통제시스템의 기
능과 활동, 서비스작업자 및 서비스자원의 운영, 지원기능의 운영 등
을 종합하여 수립한다. 서비스운영전략의 실행 및 구현단계는 고객
에게 서비스를 제공하는 단계이다.

2. 서비스운영전략의 수립

서비스운영전략은 기업의 능력, 경제적 목표, 가치관, 사회적 책
임 등을 고려하여 서비스목표를 설정하여 실행한다. 서비스목표는
현재의 전략적 위치와 새로운 기회 및 위협요인, 전략운영의 강점과
약점, 자원의 활용, 전략의 변경가능성 등을 고려하여 수립한다. 서
비스운영전략은 서비스요건을 충족하기 위한 실행계획으로 서비스
특징과 성격, 서비스시스템의 구조와 설계, 운영계획과 활동, 운영성
과에 영향을 미친다.

Hayse와 Wheelwright(1984)는 서비스운영전략의 목표를 원가, 품

표 3-2 서비스운영전략의 성과목표

차 원	고객의 요건	서비스운영의 영향
원가	구매비용 직접비용	자재, 생산운영, 전달, 배분비용 자본생산성, 재고회전, 디자인비용
품질	유형적 특성: 공감성 신뢰성, 내구성, 안전성, 　　　　　　서비스가능성 무형적 특성: 능력, 예절성, 이해, 의사소통	자재, 생산운영, 전달, 배분품질 디자인품질
유용성	구매: 품절, 주문생산 새로운 서비스: 급격한 사이클, 계획된 개선, 　　　　　　　서비스범위의 다양성	서비스전달의 적시성 수량변동의 대응능력 새로운 서비스도입의 적시성
특징과 혁신성	서비스고유의 특성 혁신의 정도	프로세스 능력: 보다 특징적 서비스와 혁신적 능력 프로세스지식과 확장능력 능력디자인과 개발
환경성과	서비스운영과 제공의 환경적 요건의 실천정도 재활용 및 리사이클수준	환경성과 및 관리: 공급자, 공급사슬 내 협력자 내부 서비스생산운영, 전달과정

질, 유용성, 특징과 혁신, 환경적 성과 등 5개 차원으로 설명하고 있다. Fine과 Hax(1985)는 <표 3-2>와 같이 이 5개 차원에서 고객의 필요요건(requirements)과 서비스운영의 영향관계를 조사하였다. Spring과 Boaden(1997)은 서비스운영전략의 성과목표를 원가, 품질, 서비스전달 일정계획, 서비스전달 속도, 신축성 등의 요소로 분석하였다.

제 **4** 절 서비스운영전략의 전개

1. 서비스운영전략의 접근

사례

Disneyland의 고객대기관리와 전략

서비스를 받는 고객들은 기다리는 것을 싫어한다. 그러나 Disneyland를 방문한 고객들은 놀이기구 탑승이나 테마파크 체험을 위해 많은 시간을 대기해야 하기 때문에 Disneyland는 고객들의 대기를 효과적으로 관리한다. 고객의 대기시간을 단축하기 위해 서비스공급능력을 쉽게 확장할 수 없는 상황에서 Disneyland의 대기관리전략은 보다 구체적이고 특별한 의미를 갖는다.

• 고객에게 기분전환거리를 제공한다. Disneyland 캐릭터들의 퍼레이드는 고객들에게 볼 거리와 즐거움을 주고 고객들 틈에서 식음료나 기념품을 판매한다.

• 고객에게 프리미엄 대안을 제공한다. FastPass 고객은 시간예약에 따라 일반 대기고객보다 먼저 입장하거나 별도의 대기열을 통해 서비스를 받게 한다. 이 시스템은 고객들이 보다 많은 이벤트를 즐기도록 하여 고객만족수준을 높여준다. 대기시간 중의 레스토랑이나 기념품매장 방문은 수익확대에 도움이 된다.

• 고객의 기대를 넘는 서비스를 제공한다. 고객의 대기시간을 예측한 시간보다 짧게 하여 고객의 기대를 뛰어 넘는다. 또한 이벤트의 내용을 재미있고 충실히 함으로써 기다림의 가치가 충분히 있다고 느끼게 한다.

• 고객들이 지루함을 덜 느끼게 한다. 대기고객이 계속 움직이게 하여 행렬이 줄어든다는 느낌을 받도록 하고 안내판 및 안내원을 통해 덜 붐비는 곳으로 이동하도록 유도한다. 안내판은 고객들이 대기할 것인지, 다른 곳을 관람할 것인지를 판단하게 한다.

Disneyland의 고객대기관리는 고객에게 새로운 서비스운영의 가치를 제공하고 있으며 많은 서비스기업의 벤치마킹 대상이 되고 있다.

자료: Disneyland News(2013. 1)에서 발췌(disneyland.disneyland.go.com 참조).

서비스운영전략은 기업의 목적달성을 위한 포괄적 수단이며 시장경쟁의 우위를 확보하기 위한 경영자원의 계획 및 배분기능이다. Heskett(1986)는 서비스운영전략이란 서비스개념, 서비스운영시스템, 서비스제공시스템의 집합으로서 경쟁적 우선순위에 따라 어떤 전략요인을 주문자격요건(order qualifier)이나 주문획득요건(order winner)에 포함시킬 것인가를 결정하는 계획이라고 하였다.

서비스개념이란 목표시장에서 고객에게 가치를 주고 경쟁우선순위에 따라 제공되는 서비스의 내용이다. UPS의 빠르고 정확한 배달서비스, Southwest항공의 저가서비스는 서비스의 이미지와 가치를 나타내는 서비스개념이다.

서비스운영전략은 서비스개념을 어떻게 나타내고 계획한 목표를 어떻게 달성할 것인가의 경쟁우선순위를 실현하는 것이다. 서비스운영시스템은 고객에게 서비스개념을 전달하는 과정으로 프로세스와 물적, 인적자원의 활동으로 이루어진다. 서비스운영전략은 서비스공급능력, 서비스프로세스, 서비스설비의 규모, 입지형태와 수, 품질, 서비스자재의 재고, 공급사슬경영과 아웃소싱 등 서비스기업의 경쟁우위를 결정하는 전략이다. 서비스운영전략은 다음의 2가지 문제를 해결하고 실행하는 것이다.

- 경쟁우위를 위해 전략요인을 어떻게 포지셔닝할 것인가?
- 여러 가지 상충하는 도전과제를 어떻게 균형화할 것인가?

서비스운영전략은 다음과 같이 접근방법을 사용하여 실행할 수 있다.

첫째, 서비스운영의 주문자격요건과 주문획득요건을 비교하는 방법이다. 주문자격요건은 고객에게 제공되는 서비스가 갖추어야 할 최소의 요건이며 주문획득요건은 가격, 품질, 신뢰성, 디자인, 편의성, 명성 등의 경쟁우위 요건이다.

둘째, 서비스운영의 성과목표달성을 위한 노력이 무엇인가를 찾아나가는 방법이다. Skinner(1969, 1996)가 제시한 수직적 통합, 프로세스기술, 공급능력, 기계설비 등 내부요인과 기업정책, 공급사슬협력관계, 아웃소싱, 정보기술, 운영능력개발, 지원기능 등은 성과분석의 요인이다.

셋째, 서비스기업은 경쟁우위의 특정부문에 자원과 노력을 집중하여 서비스운영의 목표를 달성하는 방법이다. 서비스운영의 효율성과 유연성, 서비스품질과 비용에는 상충관계(trade-off)가 발생한다. 서비스운영의 여러 목표가 상충하는 경우 전략적 선택과 결정(st-raddling choice)으로 다수의 목표를 적절히 조합해야 한다.

넷째, 서비스운영에 가장 적합한 전략목표를 설정하고 서비스운영계획에 맞추는 전략적 적합성을 찾아야 한다. 서비스운영을 전략적 적합성에 알맞은 전체적인 관점에서의 분석과 검토를 통해 세부적 시행착오를 줄여야 한다.

2. 서비스운영전략의 전개와 실행

사례

CJ의 '컬쳐플렉스' 서비스 차별화전략

CJ그룹이 고품격 생활문화 콘셉트를 적용한 컬쳐플렉스 CGV청담씨네시티를 개관했다. 컬쳐플렉스란 문화(culture)와 복합공간(complex)을 결합한 복합문화공간의 신조어이다. 기존 멀티플렉스 영화관 씨네시티를 전면 리모델링한 CGV청담은 영화관람 외에도 외식, 공연, 쇼핑, 파티 등 다양한 문화콘텐츠를 한 공간에 집중시켰다. 이것은 CJ 브랜드로 구매, 영업, 마케팅을 집중함으로써 비용효율을 높이고 공간의 콘셉트를 일관성 있게 유지하려는 전략이다.

CGV청담 1층에는 매표소 대신 제과점, 커피, 한식당을 배치하고 2층에는 뉴욕풍 스테이크 레스토랑, 3층에서는 음악스테이지 및 유명 디자이너의 패션쇼가 열린다. 향후 토크쇼 공개녹화와 미니콘서트 등 다양한 방송콘텐츠가 이곳에서 탄생할 예정이다. CJ 오쇼핑이 운영하는 4층의 패션편집매장 퍼스트룩 마켓은 CJ E&M의 미디어콘텐츠와 라이프스타일 매거진 퍼스트룩을 연동해 미디어 커머스를 구현할 계획이다. 또한 30여 가지 브랜드 의류와 소품을 전시, 판매할 예정인데 CJ 오쇼핑은 이 공간을 통해 고객과의 접점을 넓히는 한편 소비자들의 취향에 발 빠르게 부응하는 아이템 개발의 실험소로 활용한다는 계획이다.

영화관의 매표소는 8층에 위치하여 단순히 매표창구가 늘어선 심심한 공간의 이미지를 벗어나 명작 DVD나 영화포스터, 블루레이를 전시 판매하는 씨네샵으로 변모했다. 5층에서 13층까지는 각기 다른 콘셉트를 가진 부티크 상영관이 배치되어 영화에서 사운드를 중요하게 생각하는 관객은 9층 비트박스(veatbox)에서 음향진동좌석을 통해 몸으로 느끼는 영화관람이 가능하다.

좌석을 한 가지 색으로만 통일하지 않고 중간 중간에 레오파드 무늬의 좌석을 끼워 보는 재미와 함께 특별한 좌석에 앉는 즐거움까지 제공한다. 로맨틱한 데이트를 원하는 관객들은 10층의 스윗박스 프리미엄(sweetbox premium)에서 커플만의 특별한 영화관람을 할 수 있다. 13층 4DX에서는 국내 최초의 3D 입체음향시스템과 한 차원 업그레이드한 4D특수효과를 통해 지구상에서 가장 진화된 4D 영화를 체험할 수 있다. 5층과 6층에는 기아자동차와 제휴하여 자동차를 타고 영화를 보는듯한 색다른 체험이 가능한 'KIA Cinema'를 준비하고 있다.

CJ는 CGV청담 개관을 통해 국내 최대멀티플렉스 사업자로서의 입지를 확고히 하는 한편 CJ만의 컬쳐플렉스라는 새로운 비즈니스모델을 확산시킨다는 전략을 펼치고 있다.

자료: 경제투데이(2011. 11. 9.) 기사 및 www.cgv.co.kr에서 발췌.

서비스운영전략의 실행은 다음의 단계에 따라 전개된다.

• 단계 1: 서비스운영전략의 목표설정

서비스기업이 지향하는 목표달성과 시장경쟁의 포지셔닝을 유지하거나 개선을 추구한다. 즉 서비스기업의 목표설정, 내외의 환경요인 파악, 서비스개념 개발, 서비스운영시스템의 개선을 추구한다.

• 단계 2: 서비스운영전략의 환경분석

서비스운영전략은 [그림 3-6]에서와 같이 서비스기업의 경영환경, 전략목표, 서비스성과 등 환경요인을 분석하여 수립한다. 서비스

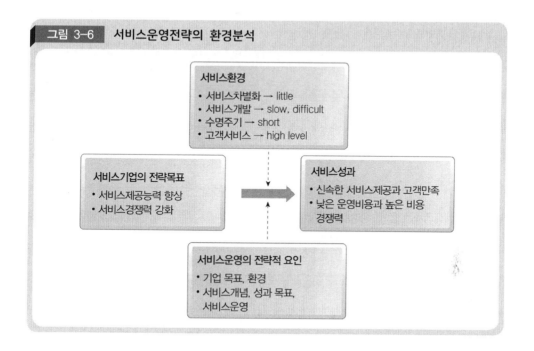

그림 3-6 서비스운영전략의 환경분석

서비스환경
- 서비스차별화 → little
- 서비스개발 → slow, difficult
- 수명주기 → short
- 고객서비스 → high level

서비스기업의 전략목표
- 서비스제공능력 향상
- 서비스경쟁력 강화

서비스성과
- 신속한 서비스제공과 고객만족
- 낮은 운영비용과 높은 비용 경쟁력

서비스운영의 전략적 요인
- 기업 목표, 환경
- 서비스개념, 성과 목표, 서비스운영

기업의 경영환경은 서비스 차별화정도, 수명주기, 고객, 기업의 경쟁력 등에 대한 것이며 전략목표와 서비스성과는 서비스제공의 신속성, 고객만족, 원가경쟁력 등이다.

• 단계 3: 서비스운영전략개발의 이슈

새로운 기술이나 고객의 반응은 서비스의 개념을 새롭게 하며 서비스운영의 환경을 변화시킨다. 서비스운영전략개발에는 전략목표, 서비스개념, 서비스운영프로세스, 서비스성과, 시장의 경쟁상황, 고객의 행동 등의 이슈를 고려해야 한다. <표 3-4>는 서비스운영전략개발의 이슈를 요인별로 정리한 것이다.

• 단계 4: 서비스운영전략의 포지셔닝

서비스운영전략의 포지셔닝은 경쟁기업과의 전략적 환경, 서비스운영능력, 서비스성과에 대한 비교를 위해 필요하다. 전략적 포지셔닝은 시장성과와 고객경험 행렬, 서비스운영성과행렬(operational

표 3-4   서비스운영전략 개발의 이슈

요인	서비스운영전략 개발의 이슈
목표	목표가 무엇인가? 목표달성은 가능한가? 투자가 필요한가? 시간의 구성은 어떤가? 각 단계의 검토방법은? 상황변화는?
환경	시장 및 시장분할의 특징은? 전략의 적합성은? 고객의 기대는 무엇인가? 강점, 약점, 기회와 위협요인은? 고객요구에 대한 대응방법은? 경쟁자의 전략변화에 대한 대응은?
서비스개념	서비스개념은 무엇인가? 특정시장을 목표로 하는가? 목표시장은 적합성이 있는가? 고객과 생산자의 이해가 가능한가? 고객과 생산자의 의사소통방법은? 서비스전달이 가능한가?
성과목표	주문자격요건과 주문획득요건은? 변화의 우선순위는? 성과목표의 측정방법은? 목표지향은? 달성가능한가? 목표달성의 시점은? 투자가 필요한가?
서비스운영	프로세스, 작업자, 고객관리, 지원시스템의 변경은? 어떤 방법으로 변경할 것인가? 필요한 자원은? 새로운 개념의 전달은 가능한가? 목표시장의 요구를 충족시키는가? 성과목표를 달성할 수 있는가?

performance matrix), 인식된 고객가치행렬(perceived customer value matrix) 등으로 분석한다. [그림 3-7]은 서비스운영전략의 성과와 경쟁력수준에 대한 행렬의 포지셔닝을 나타낸 것이다.

그림 3-7   서비스운영전략과 경쟁력 포지셔닝

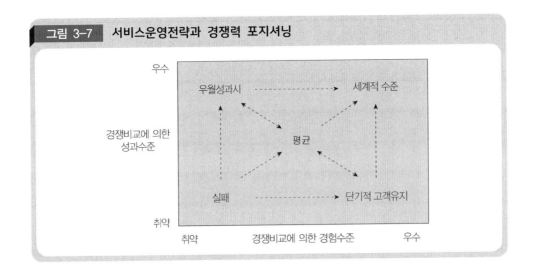

• 단계 5: 서비스운영전략의 전개와 평가

서비스운영전략의 포지셔닝에 따라 전략적 대안을 실행하고 중
요도-성과행렬(importance-performance matrix)을 사용하여 성과목
표를 평가한다. 원가, 품질, 신뢰성 등 성과목표는 초과, 적합, 개선필
요, 보완필요의 수준으로 평가한다. 경쟁자와 성과를 비교하기 위해
비용행렬, 품질행렬을 사용한다. [그림 3-8]는 서비스운영의 중요도
와 성과수준과의 관계를 나타낸 중요도-성과행렬이며 <표 3-5>는
서비스운영전략의 성과요인이다.

그림 3-8 서비스운영의 중요도-성과행렬

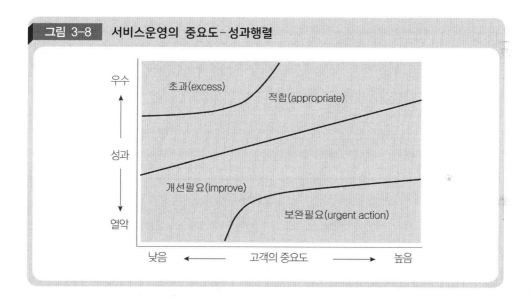

표 3-5 서비스운영전략의 성과요인

	내부 성과	고객 성과
원가	서비스원가, 구성비율	서비스구입비용, 기타 비용
품질	품질비용, 결점율	결점율, 서비스실패비용
유용성	주문, 조달, 재고, 서비스제공시간, 신서비스 개발시간, 서비스수준의 변동과 빈도	주문의 리드타임, 유용성 변동요인

특징과 혁신성	혁신능력, 신서비스, 신기술, 신서비스에 의한 고객화 수준, 서비스계열의 폭	서비스특징과 기술, 서비스성과 측정
환경적 성과	환경오염, 탄소배출량, 폐기물 재활용, 자원이용 수준	자재의 재활용 비율, 자원의 소비 수준

• 단계 6: 서비스운영전략의 실행

서비스운영전략의 실행은 서비스개념, 서비스운영방식과 프로세스, 조직구조와 기능, 성과목표 등의 변화를 가져온다. 이 때 서비스가치를 높이고 변화에 대응하는 조직구성원의 참여의식과 최고경영층의 관심이 필요하다. 서비스운영전략을 기업의 부문별 조직기능과 서비스프로세스에 적응시키고 개인의 목표와 연결하여 일상업무화하고 지속적인 변화를 유도하는 것도 필요하다. [그림 3-9]는 서비스운영전략 실행의 체계를 나타낸 것이다.

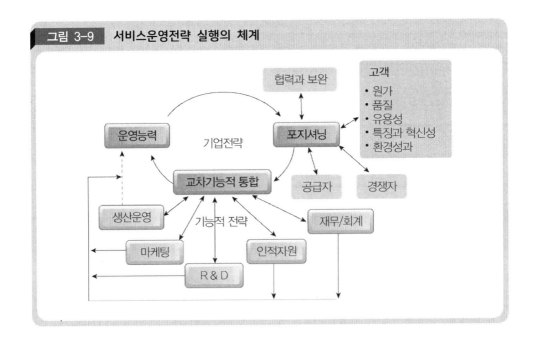

그림 3-9   서비스운영전략 실행의 체계

British Airways의 서비스운영전략

　서비스전략은 원가, 품질, 유용성, 서비스의 특징과 혁신성, 서비스성과 등 고객가치의 관점에서 평가된다. 서비스품질은 절대적이라기보다는 상대적이고, 고객에 의해 결정되지만 고객마다 다르게 인식되며 고객의 기대를 충족시켜야 한다. 고객가치는 서비스에 의한 고객성과와 서비스품질에 대한 서비스가격과 서비스수행에 소요되는 비용의 가치방정식으로 평가할 수 있다.

　British Airways는 3등석부터 1등석까지 모든 고객에게 서비스가치를 높이려는 전략목표를 세우고 지속적인 노력을 기울이고 있다. BA의 서비스는 국제적으로도 높이 평가되어 많은 수상을 경험하고 있다. 그러나 1983년 British European Airways와 British Overseas Airlines가 합병되기 전까지는 서비스수준이 형편없었고 국내외의 많은 고객으로부터 많은 불평을 들었다.

　Avis, Hertz 등 여러 서비스기업의 최고경영자 출신 Colin Marshall경은 BA조직을 직원들의 마음으로부터 나온 정성어린 고객시중들기 정신으로 변화시키기로 하였다. BA고객과의 커뮤니케이션, 고객접촉과 서비스에 대한 재훈련프로그램, 서비스프로세스의 재설계, 고객과의 정보시스템의 개선, 고객접점직원의 권한과 책임, 팀제도의 도입 등 여러 분야에서 개혁을 시도했다. BA직원의 재훈련프로그램을 통해 "사람 만들기가 우선(Putting People First)"이라는 전략목표를 설정하고 고객가치, 고객충성도, 서비스회복과 같은 특정 주제에 집중하였다. 또한 항공권판매, 체크인, 불만처리, 수하물취급 및 서비스자재취급 등 프로세스의 변화를 병행하여 추진하고 세계적인 여러 서비스기업을 벤치마킹하였다.

　이러한 개선노력의 결과 BA의 고객접점직원들은 업무에 대한 책임감이 높아졌으며 얼마 후 새로이 개장한 Heathrow공항의 서비스시설과 설비에 잘 적응할 수 있었다. BA직원들은 조직의 재설계나 개선노력은 서비스품질의 개선을 가져오고 고객만족과 고객충성도와 연결되어 회사의 이익증대에 기여할 수 있음을 인식을 하고 있다. 또한 고객접촉의 개선과 같은 노력의 결과 직원들의 삶의 질이 향상되어 직원만족을 얻을 수 있다는 것을 알고 있다. 물론 이러한 개선전략은 보다 더 많은 비용을 필요로 했다.

자료: James L. Heskett, W. Earl Sasser, Jr. & Leonard A. Schlesinger(1997), *The Service Profit Chain*, The Free Press, pp.40~45에서 발췌.

토의문제

1. BA의 서비스전략의 특징과 전략적 이점에 대하여 토의하자.
2. BA의 서비스전략에서 추가 또는 수정이 필요한 부분이 있는가?

참고문헌

김길선 외(2011), 생산시스템운영관리, 법문사.

유시정(2014), 서비스경영, 법문사.

Badaracco Jr., Joseph L & Thomas W. Shreeve(1988), "*Mark Twain Bancshares, Inc.*" Harvard Business School, Case 385-178.

Beckman, Sara L. & Donald B. Rosenfield(2008), *Operations Strategy, Competing in the 21st Century*, McGraw-Hill.

Brilia, Madan(2013), *Unleashing Creative and Innovation*, John-Wiley.

Fine, C. H., A. C. Hax(1985), "Manufacturing Strategy: A Methodology and Illustration," *Interface*, 15(6), pp.28~46.

Hayse, Robert. H. & Steven, C. Wheelwright(1984), *Restoring Our Competitive Edge, Competing through Manufacturing*, John-Wiley.

Henderson, Bruce D.(1989), "The Origin of Strategy," *Harvard Business Review*, 67(6), pp.139~143.

Heskett, James L., W. Earl Sasser, Jr. & Leonard A. Schlesinger(1997), *The Service Profit Chain*, The Free Press.

Heskett, James L.(1986), *Managing in the Service Economy*, Harvard Business School Press.

Heskett, James L., W. Earl Sasser, & Christopher W. L. Hart(1990), *Service Breakthroughs: Changing the Rules of the Game*, The Free Press.

Johnston, Robert & Graham Clark(2008), *Service Operations Management: Improving Service Delivery*(3rd ed.), Prentice-Hall.

Johnston, Robert, Graham Clark, & Micheal Schulver(2012), *Service Operations Management: Improving Service Delivery*(4th ed.), Pearson.

Metters, Richard D., Katheryn H. King-Metters, Madelein Pullman, & Steve Walton (2006), *Service Operations Management*(2nd ed.), Thomson.

Miller, J. G. & A. V. Roth(1994), "A Taxonomy of Manufacturing Strategy," *Management Science*, 40(3), pp.285~304.

Porter, M. E.(1998), *Competitive Strategy: Techniques for Analyzing Industries and Competitors*, The Free Press.

Porter, M. E..(1996), "What is Strategy?" *Harvard Business Review*, 74(6), pp.61~78.

Prahalad, C. K. & G. Hamel(1990), "The Core Competence of the Corporation," *Harvard Business Review*, 68(3), pp.79~93.

Skinner, W.(1969), "Manufacturing-Missing Link in Corporate Strategy," *Harvard Business Review*, 47(3), pp.136~145.

Skinner, W.(1996), "Three Yards and a Cloud of Dust: Industrial Management at Century End," *Production & Operations Management*, 5(1), pp.15~24.

Spring, M. & R. Boaden(1997), "One More Time, How Do You Win Orders: A Critical Reappraisal of Hill's Manufacturing Strategy Framework," *International Journal of Operations and Production Management*, 17(4). pp.757~779.

경제투데이(2011. 11. 9.).

Disneyland News(2013. 1.), (disneyland.disneyland.go.com).

www.cgv.co.kr

www.fedex.com

www.mcdonalds.com

제 **4** 장

서비스수요와 공급능력관리

'Naked Chef' Jamie Oliver 레스토랑의 파산에 대하여 영국 언론은 승승장구하던 그가 무너진 이유를 "시장 트렌드에 뒤쳐졌기 때문"이라고 지적했다. 배달음식이 인기인 한국처럼 영국도 최근엔 레스토랑에서 외식을 하기보다는 레스토랑에서 테이크아웃을 해 집에서 '혼밥'을 하는 트렌드가 퍼지고 있는데 이러한 흐름을 읽지 못했다는 것이다. 즉 고객이 원하는 것이 무엇이고 그들의 행동반응에 적절히 대응하지 못한 결과이다. 또한 시장상황의 변화에 대한 분석과 수요예측을 정확하게 하지 못했기 때문이다.

- 중앙일보(2019. 9. 3.) 기사에서

제 1 절   서비스수요예측

1. 수요예측

수요예측이란 기업의 장래활동에 대한 추정과 예견으로 자원조달, 생산, 판매 등 모든 관리적 활동계획에 대한 전제(promise)를 제공하는 것이다. 예를 들어 서비스기업이 시장수요를 예측하는 것은 서비스생산과 관련된 자원의 확보, 조업규모 등의 관리적 의사결정과 비용규모를 추정하기 위한 것이다.

예측을 통해 얼마나 정확한 정보를 얻을 수 있는가의 문제는 예측오차의 신뢰성에 대한 문제이다. 예측이란 장래의 가능성 있는 불완전 자료에 대한 평가이므로 정확성만을 요구하는 것은 예측에 대한 잘못된 견해라 할 수 있다.

현실적으로 아무리 정교한 예측방법이라도 장래의 수요를 정확하게 추정하는 것은 불가능하다. 수요예측을 통해 장래의 수요규모의 정확성에 집착하는 것은 수요예측의 본질을 잘못 이해하는 것으로 볼 수 있다. 따라서 수요예측을 통해 과거자료를 바탕으로 장래의 수요규모의 변동에 대한 추세(trend)를 파악하고 그 변화에 대응하는 방안을 강구하는 것이 더욱 의미가 있다.

2. 수요예측자료

수요예측은 예측자료의 특성과 용도, 예측기간에 따라 1년 미만의 단기예측, 1~2년의 중기예측, 3년 이상의장기예측으로 나누어진다. 그러나 수명주기가 짧은 제품이나 서비스는 1년 정도의 수요예측을 장기예측으로 한다.

수요자료는 시간적 성격에 따라 시계열자료(time series data)와 종단자료(cross-section data)로 구분된다. 시계열자료는 일정 간격의

시간의 흐름에 따라 작성되어 변화의 추세를 파악할 수 있으며 종단
자료는 어느 한 시점의 상태를 파악할 수 있는 자료이다. 특정 수요
에 대한 시계열자료에서 수요패턴을 찾아내기 위해서는 시계열자료
를 구간별로 분석한다. 시계열자료의 수요변동 패턴은 다음과 같다.

① 추세변동: 추세변동(trend)은 시계열자료가 증가 또는 감소하
  는 경향을 나타내고 있는가를 보여준다. 수요자료가 아무런
  변화가 없는 경우도 있다.
② 순환변동: 순환변동(cyclical movement)은 경기의 하강, 침체,
  회복, 활황 등 순환적 변동주기를 나타낸다. 순환변동을 나타
  내는 수요는 경기변동의 영향을 받으며 장기간에 걸쳐 나타나
  므로 장기간의 자료가 확보되어야 한다.
③ 계절변동: 계절변동(seasonal fluctuation)은 1년을 주기로 계절
  적인 영향에 따라 수요의 기복이 크게 변화하는 패턴을 나타
  낸다. 계절적 영향을 받는 테마파크, 골프클럽, 식품류는 계절
  에 따라 수요변동이 뚜렷하게 나타난다.
④ 임의변동: 임의변동(random variation)은 예견하지 못한 돌발
  적인 요인에 의해 불규칙적인 변동의 형태를 나타낸다.

3. 수요예측기법

수요예측기법은 [그림 4-1]과 같이 계량적 예측기법(quantitative
forecasting method)과 정성적 예측기법(qualitative forecasting method)
으로 구분된다.

계량적 예측방법은 시계열 예측기법(time series forecasting method)
과 인과형 예측기법(causal forecasting method)로 나누어진다. 시계
열 예측기법은 시계열자료를 이용하여 예측하는 방법이며 인과형 예
측기법은 수요의 크기가 어떤 원인에 의해 영향을 받는 것으로 하여
원인과 결과 사이의 관계를 찾아 예측을 하는 방법이다. 정성적 예측

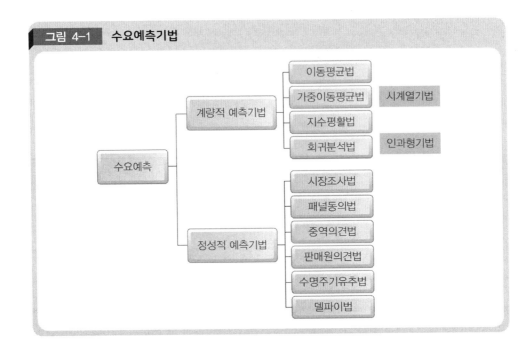

그림 4-1 수요예측기법

기법은 사람들의 경험이나 견해와 같은 주관적 요소를 사용하여 장래의 수요를 예측하는 방법이다.

제 2 절 서비스수요관리

Jamie Oliver 레스토랑의 파산

Jamie Oliver는 1990년대 말 전 세계에 스타 셰프 돌풍을 일으킨 주인공이다. 20대 무명의 영국요리사는 BBC 방송에 나와 일약 스타덤에 올랐다. 건강한 음식을 직접 만들어 먹는 것은 남녀노소를 불문하고 재미있는 일이라는 게 그의 메시지였다. 올리버는 요식업계 거물이 됐고, 그의 쇼 'Naked Chef'는 세계적으로 인기를 끌었다. 2003년엔 영국 왕실로부터 5등급 대영제국 훈장까지 받았다. 이후엔 학교급식을 건강식단으로 구성하는 캠페인을 진행하며 입지를 다지기 시작했다. 자선재단 'Fifteens'을 설립해 비행청소년들에게 셰프교육을 하고 자신의 레스토랑에 취업시키기도 했다.

그러나 지난 10년간 그의 레스토랑 사업은 줄곧 하락세를 걸었다. 2015년에는 주식의 가치가 40% 하락했고 이후에도 사업은 계속 하락해 결국 지난해 5월 그의 레스토랑 25곳은 회계법인 KPMG에 관리대상으로 넘어가 파산했다. 1,000명이 넘는 셰프와 스태프들이 일자리를 잃었다.

BBC 등 영국 언론은 승승장구하던 그가 무너진 이유를 "시장 트렌드에 뒤처졌기 때문"이라고 지적했다. 배달음식이 인기인 한국처럼 영국도 최근엔 레스토랑에서 외식을 하기보다는 레스토랑에서 테이크아웃을 해 집에서 '혼밥'을 하는 트렌드가 퍼지고 있는데 이러한 흐름을 읽지 못했다는 것이다. 즉 고객이 원하는 것이 무엇이고 그들의 행동반응에 적절히 대응하지 못한 결과이다. 또한 시장상황의 변화에 대한 분석과 수요예측을 정확하게 하지 못했기 때문이다.

임대료와 세금이 오르고 올리버가 원하는 좋은 식재료의 가격이 올라 비용에 대한 부담도 늘어났음에도 계속해서 사업을 무리하게 확장했다는 점이 지적되고 있다. 올리버는 "라비올리(이탈리아식 만두) 반죽처럼 유연하게 대처했어야 했는데 그러지 못해서 부러져버렸다"고 NYT에 말했다.

식당은 파산했지만 그가 운영하고 있는 건강한 학교 급식프로젝트 등은 계속 진행 중이이며 주방용품과 조리기구 및 대형마트 체인과의 협업으로 개인 수익을 올리고 있다.

자료: 중앙일보(2019. 9. 3.) 기사에서 발췌.

1. 서비스수요관리의 필요성

서비스수요변동은 서비스의 생산능력을 균일하게 유지하기가 어렵고 시장에서 판매기회를 잃거나 재고문제를 발생시킨다. 따라서 서비스수요관리는 예측의 정확성보다 수요변동에 대응하는 전략이 필요하다. 제품과 달리 서비스수요관리는 서비스특성을 고려하여 분

석하여야 한다.(Haksever 등, 2000)

① 서비스는 생산과 동시에 소비되므로 수요변동이나 불확실성에 대비하여 재고를 유지하는 것도 불가능하다.

② 서비스는 공급능력의 유연성이 낮다. 제품은 성수기에 수요가 증가하면 작업시간을 연장하여 공급능력을 확대할 수 있지만 호텔은 수요가 증가해도 초과 조업이나 작업교대로 공급능력을 늘리지 못한다.

③ 서비스는 시간에 관계없이 수요가 빈번히 일어나므로 수요예측이 어렵다. 외식, 영화관람, 미용서비스 등은 고객의 일상생활의 일부가 되어 수요가 발생하고 시간에 따라 심하게 변동한다.

④ 서비스제공은 시간의 변동성이 크다. 서비스가 개별화되고 서비스내용이 다양하므로 고객니즈가 다르면 서비스에 소요되는 시간이 달라진다. 은행서비스는 고객의 거래내용, 거래 수에 따라 서비스시간이 일정하지 않다.

⑤ 서비스제공은 장소적 한계를 갖는다. 따라서 일정한 장소와 시간에 공급하는 것이 어렵다. 은행의 A지점에서는 고객이 많아 대기하는 반면 다른 B지점에서는 고객이 적어 직원의 유휴시간이 발생할 수 있다.

2. 서비스수요관리 전략

서비스수요관리는 예약, 수율관리, 등급매기기, 수요조정 등 수요변동을 직접적으로 관리하는 전략과 가격 및 서비스정책에 따라 수요와 공급을 일치시키는 간접적 관리전략으로 나누어 볼 수 있다.

▶ 직접적 수요관리전략

① 예약

예약(reservation)은 서비스를 고객에게 미리 판매하는 것으로 공급능력을 넘어서는 수요는 다른 시간이나 시설을 통해 제공할 수 있다. 예약은 수요의 규칙성과 평준화를 가져와 수요변동의 폭을 줄이고 고객의 대기노력을 줄일 수 있다. 항공, 의료, 호텔, 외식서비스 등에서 보편적으로 예약시스템을 운영하는데 고객의 예약취소에 대비하여 비예약시스템과 병행하여 예약을 받는다. 고객의 약속위반으로 예약부도(no show)가 발생하는 경우 서비스기업은 예약위반에 대비하여 실제 공급능력 이상의 초과예약(over booking)을 받고 있다.

② 수율관리

수율관리(yield management)는 고객그룹, 서비스시간, 서비스가격 등 수요와 공급에 관련되는 대응전략을 종합하여 매출을 극대화하여 가장 높은 수익성을 확보하는 전략이다. 항공기의 빈 좌석은 출발과 동시에 서비스가치가 소멸되므로 요금할인으로 판매하는 경우 최소한의 수익을 기대할 수 있다(제3절 수율관리 참조).

③ 등급매기기

등급매기기(triage)는 고객을 서로 다른 유형으로 나누어 세분화하고 각각의 그룹에 따라 등급별로 서비스를 차등화하여 제공하는 전략이다. 긴급성이나 우선도가 높은 고객그룹부터 서비스를 제공함으로써 수요를 조정할 수 있다. 대중교통수단을 우선하는 고속도로의 버스전용차선이나 2~3명 이상이 탑승한 차량통행을 우선하는 카풀(car pool)차선도 등급매기기의 하나이다.

④ 수요조정

서비스기업은 고객의 도착, 서비스공급능력, 서비스요청, 고객의 주관적 선호 등에 따라 수요조정(demand adjustment)을 하여 수요변동에 대비한다. 서비스기업은 운영의 효율 면에서 수요변동요인을 관리해야 한다. 고객의 수요는 시간대에 따라 규칙적으로 발생하는 것이 아니라 무작위로 일어나므로 서비스기업은 예약, 등급매기기 수요분할 등 직접적인 수요관리방법으로 고객의 방문 수를 조정할 수 있다. 병원의 진료예약, 골프장의 회원의 날, 대형할인점의 소매점사업 고객에 대한 높은 할인율 적용 등 고객유형에 따라 서비스를 차별화하여 수요를 조정하는 것은 수요조정전략의 하나이다.

사례

서비스기업의 예약부도와 대응

서비스의 예약제도가 널리 확산되어 고객의 편의성이 향상되고 있으나 반면에 예약시간에 고객이 나타나지 않는 예약부도(no show)로 인해 서비스기업의 손실이 발생할 수 있다. 소상공인협회 및 병원협회의 자료에 따르면 식당, 병원, 미용실 등의 서비스예약부도는 10~20%에 달하는 것으로 파악되고 있다.

▶ 지난 15일 홍콩 국제공항에서 인천으로 오려던 여객기가 아이돌그룹 일부 팬들의 하차 요구로 1시간 가까이 지연되는 등 비슷한 피해가 잇따르자 항공사들이 위약금을 증액하는 등 대책 마련에 나섰다.

대한항공은 출국장에 들어선 이후에 탑승을 취소하는 승객에 대해 앞으로는 기존의 예약부도위약금에 20만 원을 추가해 부과하기로 했다고 밝혔다. 예약부도위약금 증액은 내년 1월 1일부터 시행되며, 국제선 전편에 적용된다.

아시아나항공도 다음 달 10일부터 탑승수속 후 탑승하지 않는 사람들에 대해 예약부도위약금을 당초 10만 원에서 30만 원으로 높이기로 했다.

자료: KBS (2018. 12. 18.) 뉴스에서 발췌.

▶ 대한항공은 빈 좌석을 줄여 수익을 확보하기 위해 티켓 구매시점을 대폭 단축하여 예약부도를 최소화하기로 하였다. 대한항공은 항공편이 출발하기 48시간 전에서 24시간 전까지 티켓을 예약할 경우, 항공편 출발 24시간 전까지 발권을 마치도록 조치했다. 기존에는 출발 24시간 전 당일 예약분의 경우 승객이 출발 2~3시간 전에 발권하면 탑승할 수 있도록 했다. 또한 대한항공은 승객이 항공편

출발을 24시간 남겨 놓지 않은 상황에서 예약할 경우 예약과 동시에 발권토록 조
치했다.

대한항공 측은 "예약부도를 막기 위한 조치"라고 설명했다. 예약부도는 항공
권을 예약해 자리만 잡아놓고 있다가 발권시점에 이르러 예약을 포기하는 사례를
말한다. 발권시한을 줄이면 다른 승객이 취소된 좌석을 구매함으로써 여러 사람
이 한정된 좌석을 효율적으로 이용할 수 있다는 의미이다.

자료: 아시아경제 (2015. 10. 20.) 기사에서 발췌.

▶ 간접적 수요관리전략

① 가격정책

가격정책(price policy)은 비수기에 서비스가격을 할인하여 수요
를 촉진하고 성수기 고객을 비수기로 유도하여 수요를 평준화시키는
수요관리 전략이다. 가격정책은 심야 전기요금할인, 극장의 조조할
인, 골프장의 주중할인, 비수기 항공요금 및 호텔요금할인, 백화점이
나 쇼핑센터의 할인행사는 비수기에 차별화된 가격으로 수요를 확대
하는 방법이다.

② 서비스정책

서비스정책(service policy)은 보완적 서비스나 추가적 서비스로
수요를 촉진하는 수요관리방식이다. 학원의 셔틀버스 운행, 호텔의
아침식사 제공은 비수기에 대안적 서비스를 추가하여 수요를 촉진하
는 수요관리방식이다. 레스토랑의 바(bar)는 대기 중인 고객의 지루
함을 줄이고 혼잡시간대에 고객을 분산시키는 효과가 있다. 주유소
에 편의점을 설치하고 패스트푸드를 제공하거나 도서관에서 도서를
판매하는 것은 고객의 편의도 높이고 수요를 확대하거나 분산시키는
보완적 서비스이다. 비수기 수요촉진 전략은 성수기의 초과수요를
억제하고 분산시키는 역할도 한다. 백화점에서 "일찍 쇼핑하시면 크
리스마스의 혼잡을 피할 수 있습니다"라는 PR은 혼잡시간대의 수요

를 분산시키는 효과가 있다.

　서비스기업은 일정한 공급수준을 유지하는 평준화전략(level ca-pacity)과 수요변동에 추종하는 전략(chase demand)을 수행한다. 예를 들어 전기, 수도 등 공공서비스는 보유하고 있는 서비스용량으로 고객에게 지속적인 서비스가 가능한 평준화전략을 사용한다. 그러나 대형매장의 계산대운영, 콜센터의 콜처리는 수요에 맞추어 서비스창구를 조정하는 수요추종전략을 사용한다. 객실 수가 고정적인 호텔은 수요변동에 따라 서비스직원의 수를 조정하는 혼합전략을 사용한다.

　수요관리와 공급능력관리는 고객의 대기, 작업가동률, 작업자의 기술수준, 교육훈련, 근무환경, 감독의 필요성 등 서비스의 경쟁차원에서 상충적인 관계에 있다. 수율관리는 [그림 4-2]와 같이 수요와 공급의 상충관계를 조정하기 위해 사용하는 방법이다.

그림 4-2　**서비스수요와 공급능력을 일치시키는 전략**

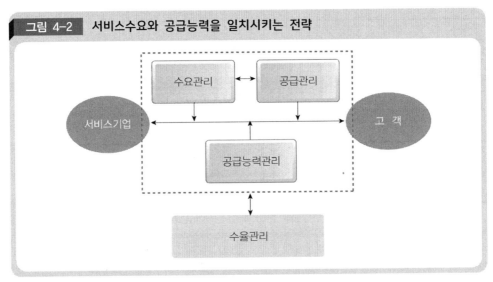

자료: James A. Fitzsimmon & Mona J. Fitzsimmon(2011), *Service Management, Operation, Strategy, Information Technology*(7th ed.), McGraw-Hill, p.135.

수요변동은 서비스를 변화시킨다

최근 항공사는 영업이익 감소나 저가항공과의 경쟁에서 고객수요를 확대하려는 전략으로 중·단거리 노선을 중심으로 서비스수준의 조정을 시도하고 있다.

대한항공이 국제선의 30%가 넘는 구간에서 1등석을 폐지하고 2등석 좌석을 확대한다고 한다. 기존 퍼스트 클래스-프레스티지 클래스-이코노미 클래스 체제에서 2등석-3등석 2개 체제로 바뀌는 것이다. 대한항공은 "이번 운영 계획 변경은 중·단거리 노선과 퍼스트 클래스 수요가 저조하고 상대적으로 프레스티지 클래스 수요가 많은 관광 노선 등에 한해 적용하는 것"이라고 설명했다.

대한항공은 1등석을 정리하는 것은 여객기 좌석운영의 효율을 극대화하는 조치로 "1등석 수요가 저조하고 상대적으로 비즈니스 클래스 수요가 많은 노선에 한해 이러한 조치를 했다"며 "효율적인 좌석 운영을 통해 더 많은 고객에게 프레스티지 클래스 이용기회를 확대하고자 한다"고 밝혔다. 인천공항에서 미국 애틀란타까지 1등석 왕복요금은 1,200만 원으로 일반석의 7배이다. 반면에 탑승률은 약 10%에 불과해 일등석 좌석이 12개인 A380기종의 경우 탑승객이 1~2명 정도에 불과하다.

아시아나항공도 1등석 폐지, 저수익 노선 폐쇄, 노후 항공기 감축 등 구조개선 방안을 밝혔다. 아시아나항공은 금년 여름부터 1등석 대신 보다 저렴한 가격의 비즈니스 스위트를 도입하고 수익성이 떨어지는 일부 노선의 운항도 중단한다. 도입한지 20년 이상의 노후 항공기를 반으로 줄여 안전성도 제고하는 계획을 밝히고 있다. 아시아나항공의 이러한 조치는 고객의 이용도가 저조한 1등석 비중을 낮추고 상대적으로 많은 고객이 이용할 수 있는 좌석의 비중을 높여 수익성을 개선을 한다는 취지이다.

아시아나항공의 비즈니스 스위트는 기존 1등석보다 평균 30~40% 저렴한 가격으로 운영된다. 비즈니스 가격대로 A380기종의 기존 1등석을 이용할 수 있어 승객들의 관심을 모을 것이라는 회사 측 설명이다. 아시아나항공은 비즈니스 스위트 이용 고객들에게 기내식, 기용용품, 무료 위탁수하물 등을 현재 비즈니스 클래스와 동일하게 서비스할 계획이라 한다.

자료: 세계일보 (2019. 5. 2.) 기사에서 발췌.

 제 **3** 절 **서비스공급능력관리**

1. 서비스공급능력관리의 의의

서비스기업이 지속적으로 이익을 창출하려면 고객수요를 충족시킬 수 있는 공급능력(capacity)을 확보해야 한다. 공급능력이란 일정 기간 동안 생산할 수 있는 서비스생산량을 의미하며 서비스시설과 설비, 노동력 등 가용자원으로 생산할 수 있는 최대산출률이다. 공급능력의 확보에는 자본적 투자 등 고정적 비용이 많이 소요되지만 반면에 수요량이 감소하면 공급능력을 활용하지 못해 기회비용이 발생한다.

서비스공급능력은 업종에 따라 다르다. 호텔의 공급능력은 고객에게 제공하는 객실의 수, 극장은 좌석 수가 된다. 항공사의 공급능력은 비행기 대수, 좌석, 노선의 수 등 보다 복잡한 방법으로 결정된다. 이와 같이 공급능력의 개념은 서비스의 유형, 서비스의 산출방법 또는 공급능력의 측정방법에 따라 상이한 기준이 적용된다.

서비스의 공급능력관리는 수요변동에 따라 공급량을 어느 정도 유지하고 어떻게 관리할 것인가에 대한 의사결정이다. 서비스공급능력은 생산설비, 노동력 등 가용자원에 대한 전반적인 공급능력수준을 확정하고 비용, 마케팅활동 등을 고려하여 결정한다. 서비스공급능력과 관련하여 다음의 문제에 대한 의사결정이 필요하다.

- 서비스공급능력을 어느 정도 유지하고 얼마나 활용할 것인가?
- 서비스공급능력의 확장이 필요한 경우 언제까지 어느 정도로 확장할 것인가?
- 서비스공급능력의 유효성을 어떻게 확보할 것인가?

2. 서비스공급능력의 측정

서비스공급능력은 업종에 따라 다양한 척도를 사용한다. 단일 서비스를 생산하는 경우에는 공급능력의 측정척도가 비교적 단순하지만 다수의 서비스를 생산하는 경우에는 공통적인 척도를 사용하기 어려워 산출(output)척도 대신에 투입(input)척도를 사용한다. 서비스 산출에 투입되는 자원의 크기로 공급능력을 측정하는 것은 같은 서비스유형끼리 상대적인 비교가 가능하다. 예를 들어 극장, 식당, 항공사는 좌석 수가 공급능력을 측정하는 기준이 된다.

그러나 투입척도에 의한 공급능력 측정은 몇 가지 문제가 있다. 저가항공사는 좌석의 등급이 일률적이므로 단지 좌석 수에 의해 공급능력을 측정하면 되지만 일반 항공사는 일등석, 비즈니스석 및 일반석으로 등급화하여 서비스를 제공하므로 서비스공간, 승무원 수, 서비스자재 등 좌석등급별로 필요한 투입요소가 상이하다.

서비스공급능력의 측정에 투입이나 산출척도 한 가지 방법만을 사용하는 것은 한계가 있다. 따라서 서비스공급능력의 측정과 평가에는 서비스제공에 소요되는 비용, 서비스시간, 서비스자재, 설비, 공간, 노동력 등 서비스자원의 크기, 서비스시스템 내에서의 고객의 대기시간 등을 종합적으로 고려하여 결정해야 한다.

사례

골프클럽의 수요관리와 공급능력관리

S골프클럽은 레이크, 밸리, 마운틴 등 3개 코스 27홀을 운영하고 있다. 내장객들은 레이크 → 밸리, 밸리 → 마운틴, 마운틴 → 레이크 코스로 18홀의 경기를 진행하며 하절기에는 경기수요가 늘어나 06시부터 1, 2, 3부로 나누어 7분 간격으로 티샷을 하며 마지막 팀은 14:20에 티샷을 할 수 있다.

S골프클럽은 원만한 경기진행을 위해 평일에는 각 코스별로 1부 18팀, 2부 10팀, 3부 12팀으로 하루에 40팀, 총 120팀을 배정하여 경기를 진행하고 있다. 또한

주말이나 공휴일에는 각 코스별로 1부 24팀, 2부 10팀, 3부 14팀으로 하루에 48팀, 총 144팀의 경기가 가능한 것으로 예상하고 있다.

S골프클럽은 주말과 공휴일의 내장객이 공급능력을 충분히 능가할 것으로 판단하고 있다. 그러나 골프경기의 특성상 예기치 못한 지연이나 예약취소 등이 발생할 수 있다. S골프클럽은 과거의 수요자료를 이용하여 최대수익을 얻을 수 있는 경기운영방안을 모색하고 있다.

또한 S골프클럽은 경기운영계획에 따라 캐디의 수, 락커룸의 소모성 자재의 규모 및 클럽하우스 식당의 식음료제공 등 공급능력계획을 결정하고 있다.

S골프클럽의 사례에서 각 코스별로 1부 24팀, 2부 10팀, 3부 14팀으로 하루에 3개 코스에 144팀을 배정하여 경기를 운영하는 것은 골프장의 설계 시 계획한 최대공급능력이다. 최대공급능력을 설계공급능력(design capacity)이라 하며 가장 이상적인 조건에서 산출이 가능한 서비스시스템의 목표산출률이 된다.

또한 S골프클럽은 평일에는 각 코스별로 하루에 40팀, 총 120팀을 배정하여 경기를 운영하고 있다. 경기를 원만하게 진행하기 위해서는 경기자가 충분한 경기시간을 갖도록 해야 하고 예기치 못한 지연에도 대비해야 한다. 이러한 경기조건에서 120팀의 경기를 운영하는 것은 유효공급능력(effective capacity)이다. 유효공급능력은 주어진 품질표준, 일정상의 제약, 서비스시설이나 설비의 유지보수, 작업조건 등을 고려하여 달성 가능한 산출률로서 결정한다. 만일 강우나 기타 사정으로 인하여 120팀 중 40개 팀이 경기를 취소했다면 라운딩을 한 80개 팀은 이 골프클럽의 실제공급능력(actual capacity)이다. 실제공급능력은 실제로 달성하는 공급능력으로 기계의 고장, 재고의 부족, 작업자 문제 등으로 유효공급능력 이하의 수준에 머무르게 된다. 서비스공급능력은 서비스시스템의 효과성을 평가하는 척도가 된다.

○ 공급능력 이용률(capacity utilization rate) = 실제공급능력/설계공급능력

○ 공급능력의 효율성(capacity efficiency) = 실제공급능력/유효공급능력

3. 서비스공급능력의 확장

　서비스공급능력을 확장하기 위해서는 수요변동의 크기와 시점에 맞추어 공급능력을 조정할 수 있다. Hayes와 Wheelwrigh(1984)는 [그림 4-3]과 같이 수요변동에 맞추어 공급능력을 확장하는 세 가지 방안을 제시하였다.

① 수요를 선도(lead)하는 방법: 지속적으로 수요가 증가하는 경우 공급능력을 자주 확장시키기보다 큰 규모로 확장하여 충분한 여유 공급능력을 유지하며 수요증가에 대비하는 공격적 방법이다.

② 수요변화에 추종(chase)하는 방법: 수요변화에 따라 공급능력을 적절한 규모로 확장하는 방안이다. 대형할인점에서는 주

그림 4-3　**서비스공급능력의 확장**

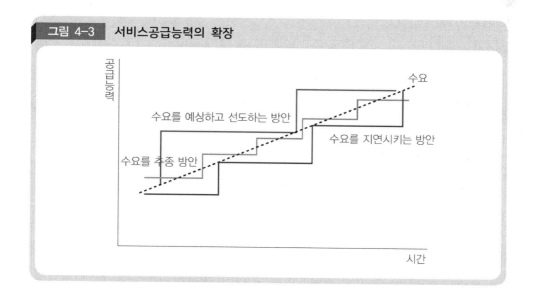

중, 또는 주말에 수요변화에 맞추어 계산대의 수를 조정하는
데 이와 같이 쉽게 공급능력을 조정하고 투자비용이 크지 않
은 서비스에서 효과적으로 적용할 수 있다.
③ 수요를 지연(delay)시키는 방법: 수요변화가 일시적이거나 불
확실하여 공급능력 확장의 투자위험성이 큰 경우 두고 보기식
(wait-and-see) 전략을 사용한다. 이 방안은 여유 공급능력을
최소로 유지하는 소극적 방법으로 브랜드명성을 유지하기 위
해 외식서비스에서 사용하기도 한다.

Beckman과 Rosenfield(2008)는 서비스공급능력 확장과 관련하여
<표 4-1>과 같이 3가지 방법의 시장특성, 기술혁신, 가치사슬의 영
향력에 대하여 분석하였다. 수요선도 방안은 시장특성요인이 크게
영향을 미치는 반면 수요지연 방안은 영향력이 낮고 공급능력전략이
적극적일수록 영향정도가 큰 것으로 분석되고 있다.

표 4-1 서비스 공급능력 결정요인

전략의 영향요인	선도(Lead)	추종(Stay-even)	지연(Lag)
시장 특성			
서비스 차별화의 영향	X	X	
시간에 민감한 고객	X		
고객의 높은 전환비용 부담	X	X	
다수 공급자	X	X	
공급자의 시장지배			X
After-market 판매의 중요성	X		
혁신수준			
짧은 수명주기	X	X	
급속한 기술혁신			X
가치사슬의 균형화			
아웃소싱의 용이성		X*	X*
아웃소싱의 어려움	X*		

4. 서비스공급능력 조정전략

서비스기업은 수요변동이 심해도 재고유지, 미납주문 등이 불가능하여 제조업에 비해 수요를 인위적으로 통제하는 등 수요전략을 수립하는 것이 어렵다. 불규칙한 서비스수요는 작업의 불균형, 유휴시간 발생, 판매기회의 상실을 가져와 서비스공급의 차질로 이어진다. 따라서 서비스기업은 수요관리와 함께 공급능력을 조정하는 관리적 노력이 필요하다.

① 노동력 확대

노동집약도가 높은 서비스에서 수요가 급격히 늘어나면 초과작업, 임시직원 채용 등 고용을 확대하고 교차훈련을 통해 공급능력을 확대한다. UPS, FedEx, DHL 등은 연휴, 크리스마스 휴가 등 성수기의 수요증가에 대비하여 임시작업자를 고용한다. 할인점, 응급센터, 콜센터 등에서는 작업자의 교대근무로 불규칙한 수요변화에 대응하고 있다. 노동력 규모를 확대할 경우 노동환경, 비용, 서비스품질, 생산성 등에 대한 분석이 필요하다.

② 설비투자 확대

서비스수요가 지속적으로 증가하는 경우 서비스시설을 증설하여 서비스공급능력을 확대하는 것이 필요하다. 대부분의 서비스기업은 수요증가에 대비하여 지점 신설, 물류장비의 자동화 등 시설 및 설비투자를 확대한다. 이때 설비투자의 생산성 및 비용분석 등 서비스시설 및 설비투자의 효과분석이 필요하다.

서비스시설의 투자를 부담을 줄이기 위해서는 서비스시설의 공동이용을 모색할 수 있다. 소규모공항의 경우 여러 항공사들이 승강구와 램프, 수하물처리장비 등 시설이나 육상 근무인력을 공동으로 활용하고 있다.

③ 조정 가능한 서비스능력 창출

서비스수요변동에 따라 서비스시스템의 공급능력을 변경할 수 있다. 서비스공급능력을 확장하기 위해 서비스장비의 자동화 및 정보기술을 활용하여 산출률을 높일 수 있다. Google, 네이버 등은 뉴스, 정보검색, 위치정보, 번역, 음성검색 등의 서비스 뿐 아니라 자동화 및 정보기술을 바탕으로 의료, 자율자동차 등 새로운 사업영역을 확대하고 있다. 항공사의 경우 등급별 고객 수요에 따라 1등석, 비즈니스 석, 일반석의 수를 조정한다.

④ 고객참여 확대

슈퍼마켓에서는 고객 스스로가 서비스프로세스에 참여하는 기회가 많다. 패스트푸드점에서는 고객이 메뉴를 보고 직접 주문을 하고 식사 후에는 식탁을 정리한다. 서비스프로세스에 고객참여가 높을수록 낮은 가격으로 서비스를 받는 고객의 이점과 서비스기업의 비용절감 이점이 있다.

⑤ 공급자 하청

일시적으로 수요가 증가하는 경우 외부로부터 공급능력을 아웃소싱한다. 글로벌기업들이 콜센터를 해외에 아웃소싱이나 오프쇼어링(off-shoring)하여 비용을 절감하고 시장점유율을 높이고 있는데 노동문제, 서비스품질, 신뢰성 등을 고려해야 한다.

5. 수율관리

수율관리(yield management)는 수요 및 공급관리의 여러 가지 전략을 고려하여 매출의 극대화를 추구하는 전략이다. 즉 [그림 4-4]에서와 같이 수요관리의 면에서 보완적 서비스, 예약, 수요분산, 가격인센티브, 비수기 수요촉진 등의 방법으로 수요를 최대화하고 공급관리면에서 서비스능력 공유, 임시 작업자 증원, 교차훈련, 고객참여 등 공급능력을 최대화하여 수요에 공급능력을 일치시킴으로써 최대의 수익을 얻는 전략이다. 서비스기업은 고객의 예약에 따라 시간대별, 고객 그룹별, 서비스가격대별로 구분하여 각 서비스의 활용도를 높여 매출을 극대화할 수 있다.

Metters 등(2006)은 서비스기업의 수율관리 실행전략을 다음과 같이 제안하고 있다.

① 서비스의 초과예약

고객이 예약을 하고도 나타나지 않을 수 있으므로 기업은 초과예약을 받아 예약부도(no show)로 인한 손실을 방지한다. 항공사는 15%, 레스토랑은 10% 정도의 예약부도로 손실이 발생하며 특히 크리스마스휴가 중에는 레스토랑의 예약부도가 40%이상에 달하는 경우가 있는 것으로 조사되고 있다.

② 고객집단별 가격 차별화

항공기의 1등석 탑승객은 비용보다 고객화된 프리미엄 서비스를 중요시하지만 저가항공 고객들은 서비스가격에 민감하다. 서비스기업은 고객집단에 따라 차등 가격을 적용하거나 예약시간대별로 고객을 세분화하여 수요를 확대하려 한다. 고객은 예약시기, 인터넷예약 등으로 정상가보다 낮은 요금을 적용받을 수 있다.

③ 고객집단별 서비스능력 배분

고객이 서비스를 예약하는 경우 예약시점에 따라 서비스가격이 다르다. 서비스 기업은 고객이 어느 시점에 예약을 할 것인가에 대한 분석은 수익에 직접적인 영향을 준다. 항공사는 10가지 정도의 좌석 판매방법을 사용하며 각각의 고객집단별 서비스능력의 배분계획을 수행한다. 미국의 Amtrack은 시즌별, 등급별 좌석을 배정하는데 이것은 서비스능력을 배분하는 수율관리이다.

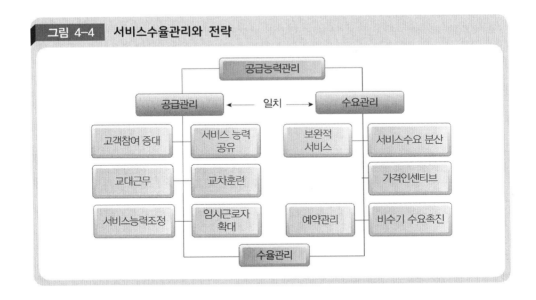

그림 4-4　서비스수율관리와 전략

서비스수요관리와 전략

　서비스의 수요는 고객의 행동양식, 시장경쟁 기술적 요인, 서비스 유형 등에 따라 짧게는 일, 주, 월별, 길게는 계절별로 변동한다. 기업의 수요전략은 수요변화에 대비하여 일정한 공급능력을 유지하는 평준화전략(level strategy)이나 수요변화에 맞추어 공급능력을 조정하는 추종전략(chase strategy)을 사용한다.

　항공사의 경우 요금인상이나 예약을 제한하고 일정한 공급능력을 유지하는 평준화전략을 사용한다. 한편 수요가 지속적으로 늘어나는 경우 1등석을 폐지하여 2등석 좌석으로 대체하는 등 전체 공급능력을 확대하기도 한다. 또한 수요변화에 따라 항공기 운항횟수를 증편하거나 운항횟수를 줄여 공급능력을 조정하는 추종전략을 수행한다.

　보험회사의 서비스수요는 급격한 변화를 나타내지 않으므로 판매사이클별 갱신고객에 집중하는 수요관리가 필요하다. 따라서 수요확대를 위해 콜센터를 강화하는 등 고객접촉을 확대하고 지원부서(back line)의 서비스공급능력을 조정하는 추종전략이 필요하다.

    레스토랑의 수요평준화전략은 수요가 어느 정도 변화해도 기본적으로 보유하는 식자재의 재고에 맞추어 수요를 평준화하는 전략이다. 수요변화가 클 경우에는 공급능력을 최대로 유지하여 성수기 수요만큼 서비스를 제공할 수 있다. 레스토랑의 수요추종전략은 예측되는 수요에 맞도록 서비스를 제공하는 수요전략으로 성수기 또는 혼잡시간대에는 임시 근로자를 추가로 고용하거나 비수기에는 가격할인 등 촉진활동이 필요하다.

    기본적으로 서비스기업의 수요관리는 수요변화에 따라 탄력적인 가격정책, 성수기 서비스의 제한적 제공, 서비스제공방법의 다양화, 서비스채널의 전문화, 수요촉진을 위한 광고 및 촉진활동을 전개해야 한다.

토의문제

1. 서비스수요관리의 유형과 특징은 무엇인가?
2. 수요변화에 따라 공급능력전략의 특징에 대하여 토의하자.
3. 수요변화가 심한 경우 수율관리의 적용에 대하여 토의하자.

참고문헌 📖

고창헌 외(2016), 서비스경영의 이해, 법문사.

김길선 외(2011), 생산시스템운영관리, 법문사.

Beckman, Sara L. & Donald B. Rosenfield(2008), *Operations Strategy, Competing in the 21st Century*, McGraw-Hill.

Fitzsimmons, James A. & Mona A. Fitzsimmons(2011), *Service Management, Operations, Strategy, Information Technology*(7th ed.), McGraw-Hill.

Haksever, Cengiz, Barry Render, Roberta S. Russel & Robert G. Murdick(2000), *Service Management and Operations*(2nd ed.), Prentice-Hall.

Hayse, Robert. H. & Steven, C. Wheelwright(1984), *Restoring Our Competitive Edge, Competing through Manufacturing*, John-Wiley.

Johnston, Robert, Graham Clark, & Micheal Schulver(2012), *Service Operations Management: Improving Service Delivery*(4th ed.), Pearson.

Metters, Richard, Katheryn King-Metters, Madeleine Pullman, & Steve Walton(2006),

Service Operations Management(2nd ed.), Thomson.
세계일보(2019. 5. 2.)
아시아경제(2015. 10. 20.)
중앙일보(2019. 9. 3.)
KBS뉴스(2018. 12. 16.)

제 **5** 장

서비스디자인과 개발

서비스청사진을 활용하여 서비스를 디자인하는 경우
- 서비스시간 및 비용절감요인이 있는가?
  서비스프로세스에서 불필요한 활동이나 서비스 지연요인을 사전에 제거한다.
- 고객서비스에서 실수가 발생할 가능성이 있는가?
  고객접점에서 실수가능부분을 예상하고 이를 사전에 예방한다. 서비스제공의 실수가 발생하면
  적절한 회복 절차를 통해 고객의 불만을 최소화한다.

― 서비스청사진의 활용

제 1 절 서비스디자인과 개발

사례

고객이 원하는 서비스디자인

병원에서 수술을 받은 직장인 K씨는 보험사에 자신이 가입한 질병보험의 보험금을 청구했다. 보험금청구서, 진단서, 입·퇴원확인서 등 서류를 이메일로 보냈는데 3~4시간 만에 수술비가 통장에 입금되었다. 청구한 보험금이 당일에 바로 들어온 것이다. K씨는 "며칠 걸릴 줄 알았는데 생각보다 빨라 놀랐다. 보험금을 빨리 주니 병원비 부담이 줄어든 느낌이다"고 했다.

보험사의 간편청구서비스 경쟁은 보험회사와 고객에게 도움을 주는 서비스이다. 입·퇴원 확인서의 이메일 발송, 자동심사시스템은 당일 보험금지급이 가능하게 한 서비스로 서비스디자인에 이러한 기능을 반영하여 고객의 편리성을 극대화한 것이다. 특히 정보기술이나 AI기술의 발달은 서비스 제공시간을 더욱 단축시켜 고객의 편리성과 서비스기업의 경쟁력 개선에 크게 기여할 것이다. 보험과 기술이 결합된 '인슈어테크'를 서비스디자인에 활용함으로써 스마트폰에 의한 보험금청구와 지급이 빨라지고 자동심사시스템을 통해 하루 만에 보험금을 받게 되었다. 서류 제출 절차가 귀찮다고 넘겼던 소액 보험금도 보험사들의 간편청구서비스를 이용하면 똑똑한 소비자가 될 수 있다.

• KB손해보험은 병원에 있는 키오스크로 실손보험 청구가 가능한 서비스를 제공하고 있다. 환자들이 별도의 서류발급이나 보험사 접수의 절차 없이 키오스크를 통해 보험금이 청구되는 방식이다. 필요한 병원데이터가 전자문서 형태로 보험사에 자동 전송되어 보험금 지급까지 소요시간을 줄이고 있다. 현재는 일부병원에서만 가능하지만 제휴병원을 더 늘려갈 계획이다.

• NH농협생명은 병원에서 진료비를 낸 환자들이 진료를 받은 병원의 앱을 통해 간편하게 보험금을 청구할 수 있는 실손보험금 간편청구서비스를 운영하고 있다. 병원 앱에 접속해 실손보험청구 메뉴를 클릭하고 본인인증을 하면 자동으로 진료정보를 찾아 보험금이 청구된다. 현재 전국 20여 개 주요 병원에서 이용할 수 있으며 2019년 안에 약 300개 병원으로 확대할 계획이다.

• 삼성생명은 보험금 자동심사시스템을 도입하여 보험금수령의 소요시간을 크게 단축하였다. 삼성생명은 지난해 24시간 내에 보험금을 지급한 비율이 70.5%에 이르며 3일 이내 91.5%, 7일 이내 97.0%에 달하고 있다. 보험금 청구와 보험부정 리스크를 비교하여 위험이 없거나 낮은 경우 즉시 보험금을 지급하는 시스템을 갖추었기 때문이다.

자료: 서울신문(2019. 5. 1.) 기사에서 발췌.

1. 서비스디자인의 의의

고객이 원하는 서비스는 무엇인가? 고객이 원하는 서비스디자인은 어떻게 해야 하는가? 시장에서 경쟁우위를 점할 수 있는 서비스는 무엇인가? 고객이 원하고 경쟁력 높은 서비스디자인을 위해서는 다음의 요건이 충족되어야 한다.

첫째, 서비스디자인은 고객의 요구를 담아 새로운 서비스를 개발하는 것이다. 다양한 고객요구에 관심을 기울이고 고객이 새로운 서비스를 경험할 수 있도록 서비스를 디자인해야 한다. 서비스이익사슬에서와 같이 고객만족과 고객충성도는 기업의 수익을 좌우한다.

둘째, 서비스프로세스 중심의 디자인이 필요하다. 서비스프로세스를 개선하여 서비스흐름을 빠르게 하면 고객의 대기시간을 단축하고 서비스의 공급능력을 확대할 수 있다. 우수한 서비스운영은 효율성의 목표를 달성하며 고객의 입장에서는 서비스의 품질적 확신과 서비스 이용가치를 높여준다.

셋째, 서비스디자인에 정보기술을 활용하면 서비스의 편의성, 유용성, 정확성을을 높일 수 있다. 인터넷 쇼핑, 온라인 경매, 금융거래 등에서는 고도화된 정보기술과 정보네트워크가 서비스혁신을 주도하고 있다.

넷째, 서비스디자인을 통해 서비스의 가치를 더욱 높여야 한다. 전혀 새로운 서비스디자인도 중요하지만 기존의 서비스에 새로운 기능이나 보완적 기능을 추가하고 서비스프로세스를 변화시키는 것만으로도 고객의 인식을 새롭게 할 수 있다. 고객의 새로운 인식과 경험에는 서비스가 제품보다 더 큰 영향을 미친다.

사례

서비스디자인은 아이디어 활용이다

▶ 진료대기시간 단축하는 스마트케어

앞으로 의료서비스는 물리적 시설보다 환자의 진료대기시간 단축 등 서비스향상에 주력할 것으로 보인다. 서울대병원은 1,780개 병상을 갖추고 하루 평균 1,700여 명의 입원 환자와 8,600여 명의 외래환자를 540여 명의 의사와 5,400여 명의 직원이 돌보고 있다. 병원의 규모는 병상 수나 면적이 나타내는 것처럼 보이지만 대형병원의 진료실 앞에는 진료순서를 기다리는 환자들이 북적거리고 건물구조가 복잡해 내원하는 환자는 병원안에서 길을 잃어버리기도 한다.

미래의 의료서비스는 스마트케어기술의 발달로 환자가 병원에 가서 대기할 필요가 없어질 것이다. 현재 의료서비스는 U-Hospital 아래 원격진료, 의료스마트카드, 모바일 예약, 환자 위치추적 등 첨단기술이 뒷받침되고 있다. 병원 방문이 힘든 장애환자들은 소형무선기기로 의료진과 통신진료가 가능한 웨어러블 기술을 활용하고 있다.

아직까지는 환자의 진료대기시간이 오래 걸리지만 스마트의료기술 발달로 환자가 병원 내에 대기할 필요가 없다. 병원 근처에서 개인시간을 보내다가 진료가능 시간에 문자를 받고 의사를 만나는 것으로 환자의 대기방식이 달라질 것이다. 의료서비스는 규모의 경제에서 질적 경쟁으로 바뀔 것이며 변화의 속도와 폭은 더욱 커질 것이다.

자료: 메디파나뉴스(2015. 8. 15.) 기사에서 발췌.

• 인공지능 의사

중국 의료플랫폼 핑안하오이성이 빅 데이터와 인공지능을 활용한 "1분 진료서비스"를 내놓았다. 무인병원은 진료난을 해결하고 의료업계의 판도를 변화시켰다. 이 서비스는 환자를 진찰하는 진료소와 처방된 약품을 공급하는 스마트 약품

자판기 2개 공간으로 구성된다. 단말기 앞에서 환자가 자신의 질환에 대해 간단히 설명을 하면 인공지능 의사가 1차 진단을 하고 진단결과 및 병력 등 정보를 전문의료진에게 보낸다. 전문의는 환자의 질환에 대해 추가진료를 하고 약품을 처방한다. 진료를 끝낸 환자는 스마트 약품자판기를 통해 100여 개 종류의 일반 의약품을 구매할 수 있다. 또 구비되지 않은 약품은 모바일 앱을 통해 인근의 협력약국이 1시간 안에 약품을 배송해 준다.

현재 핑안하오이성은 다수의 3차 종합병원 전문의와 1,000여 명의 자체 의료진을 확보했으며 협력병원도 5,000개에 달하고 있다. 인공지능 의사는 3억 건의 진료데이터를 바탕으로 세계적인 AI전문가 200명이 개발했다. 또 2,000여 질환에 대해 진단할 수 있고, 각종 질병에 대한 환자의 문의에 즉석에서 답변을 해준다. 전문가들은 무인진료는 혁신적 의료서비스로 향후 의약품 전자상거래공급망의 중요한 창구 기능을 하게 될 것으로 내다보고 있다.

자료: 뉴스핌(2018. 11. 7.)기사에서 발췌.

• 진료비 하이패스 시스템

일부 대형병원에서는 '진료비 하이패스'를 통해 진료비수납을 간소화하고 있다. 이 서비스는 고객이 신용카드를 등록하고 검사, 진찰을 받은 후 진료비를 자동 결제하는 서비스이다. 환자는 진료비 수납을 위해 순서를 기다리거나 수납창구까지 가는 불필요한 동선과 대기시간을 줄일 수 있다. 이 시스템을 도입한 K병원이 2015년 내원객 500여 명을 대상으로 고객만족도를 조사한 결과 병원이용절차의 편리성 항목은 전년도보다 3점 이상 높아졌다. 병원 관계자는 "하이패스 서비스도입 후, 수납절차 지연이나 대기시간에 대한 불만이 확연히 줄었다. 앞으로도 외래 진료프로세스 개선을 위해 노력할 것이다"고 하였다.

자료: 메디파나뉴스(2015. 8. 17.)기사에서 발췌.

• 환자안심병동

서울의료원은 간병인이나 보호자 없이 간호사가 직접 환자를 간병하는 환자안심병동을 운영하고 있다. 간호사들은 주사, 기도관리, 단순 드레싱, 욕창관리, 개인위생, 식사 보조, 운동, 환자의 목욕과 양치질까지 도와주는 환자에 대한 총체적 돌보미이다. 간호사가 24시간 전담함으로써 병원비보다 많은 환자나 보호자들의 간병비 부담을 덜어준다. 보호자들은 본인의 일상에 충실할 수 있어 만족스러운 서비스이다. 간호사, 간호조무사, 사회복지사가 협업하여 환자를 돌보며, 심리상담, 경제상담까지도 제공한다. 전문적 간병서비스로 입원 환자의 안전성과 진료성과도 높아졌고 중증환자의 회복도 빨라지고 있다. 간호·간병서비스를 실시한 이후 서울의료원은 욕창 발생률이 25% 이상 감소되고, 낙상률은 60% 이상 감소되는 등 서비스의 유효성이 증명되고 있다.

　병원들은 진료서비스의 품질을 높이기 위해 서비스디자인을 새로이 하고 있다. 환자들의 대기시간 줄이기, 진료비납부 하이패스, 환자안심병동 운영 등은 기존의 의료서비스를 보완하고 환자들의 진료대기 문제를 해결하기 위한 새로운 서비스디자인이다.

자료: 서울 KNEWS(2018. 11. 30.) 기사에서 발췌.

2. 서비스디자인 절차

　오늘날 과학기술의 발달은 제품이나 서비스의 개발속도와 수명주기를 단축시키고 있다. 특히 IT분야의 기술집약적인 제품과 서비스의 빠른 출시는 고객에게 다양한 기대와 선택의 폭을 넓혀주고 있다.

　여기서 서비스디자인과 개발에 대한 개념적 정의가 필요하다. 새로운 서비스디자인은 준비, 분석, 디자인, 개발단계로 수행된다. 따라서 서비스디자인은 개발의 한 단계로 볼 수 있다. 서비스디자인은 [그림 5-1]과 같이 아이디어 창출, 시장분석과 생산가능성 등 타당성 검토, 필요기술의 선택과 개발, 원형(prototype)개발과 시험 및 최종 디자인을 확정하여 본격적인 생산운영으로 이어진다.

① 아이디어 창출

　서비스디자인은 서비스 고유의 기능과 특징 등 서비스개념을 확정하는 것으로 서비스개발에 대한 새로운 아이디어로부터 출발한다. 새로운 아이디어는 기업의 연구개발이나 고객의 욕구, 경쟁자로부터 유용한 아이디어를 얻을 수 있다. 기존의 서비스에 대한 고객의 의견을 종합하여 서비스의 일부를 수정하고 기능을 보완하여 새로운 서비스와 서비스프로세스를 디자인한다.

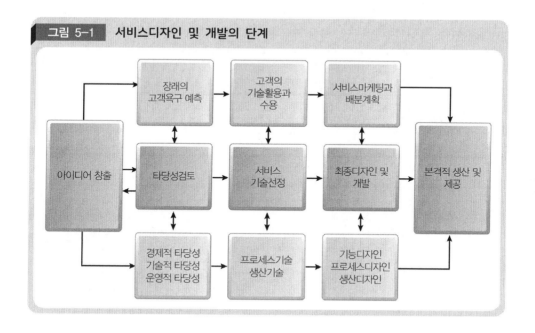

그림 5-1 서비스디자인 및 개발의 단계

② **타당성 검토**

　서비스디자인을 확정하기 위해서는 비용과 수익, 자본투자와 회수 등 재무성과 분석, 고객의 반응, 경쟁관계, 시장의 잠재력에 대한 타당성분석이 따라야 한다.

- 새로운 서비스는 충분한 수요가 있으며 예상되는 이익규모는 어느 정도인가?
- 적정한 서비스가격은 어느 수준이며 고객이 수용하고 시장경쟁력이 있는가?
- 서비스수요 변동 시 공급능력을 쉽게 조정할 수 있는가?

③ **기술선정**

　기술선정은 새로이 개발하는 서비스의 생산운영에 어떠한 기술이 필요하고 어떻게 기술을 확보할 것인가에 대한 결정이다. 아무리 훌륭한 아이디어로 서비스를 개발해도 서비스생산운영의 기술적 조건을 만족하지 못하면 새로운 서비스로 시장에 출시할 수 없다. 사업성이 있고 시장에서 성공할 수 있는 서비스는 고객차원에서 충분히 사용할 수 있는가의 기술수용에 대한 검토가 필요하다.

④ 최종디자인 및 개발

확정된 서비스개념이 주어진 기능과 특징을 발휘하는가의 시험을 거쳐 최종적으로 서비스를 개발한다. 즉 서비스 고유의 기능과 특징에 대한 기능디자인, 서비스기능의 진행순서를 나타내는 프로세스디자인, 서비스운영의 작업방법, 노동력, 서비스시설 및 자재투입 등 생산디자인의 3단계를 거친다. 각각의 단계는 독립적이기보다는 상호보완적인 과정을 거쳐 서비스를 개발하게 된다.

⑤ 본격적 생산운영

서비스생산과 고객에게 나타나는 문제를 종합하고 개선하여 서비스생산운영을 본격화한다. 새로이 디자인한 서비스에서 과다한 비용이 발생하거나 복잡성, 품질 문제, 서비스디자인 변경 등으로 추가비용이 발생하면 경쟁력을 약화시킬 수 있다. 따라서 서비스와 프로세스의 적절성, 인적자원의 확보와 교육훈련, 고객반응, 판매채널과 마케팅 전략 등을 검토하여야 한다.

3. 서비스디자인 요소

서비스디자인은 서비스개념과 프로세스를 구체화하는 것이다. 레스토랑의 웨이터와 웨이트리스의 서비스는 자기소개, 미소, 주문 재확인, 접촉 등 그들의 팁에 영향을 미치는 요소를 고려하여 고객접점 서비스를 디자인해야 한다. Metters 등(2006)은 오프라인 서점 Borders와 온라인 서점 Amazon의 예를 들어 서비스디자인 요소를 구분하여 설명하고 있다.

- 입지: 목표시장, 소비자의 근접성
- 시설배치: 서비스과업 수행의 기능적 효율성

- 서비스상품 디자인: 서비스제공과 서비스 패키지의 유형, 무형의 요소
- 일정계획: 서비스작업자 배치, 서비스시설 및 자원 이용의 효율성
- 작업자능력: 서비스전략과 개념, 고객접촉 수준, 산업화 수준
- 품질관리 및 척도: 고객의 욕구충족, 서비스품질 측정과 평가
- 서비스시간 표준: 서비스제공 시간의 정확성, 효율성
- 수요 및 공급능력계획: 서비스수요 변화에 맞추는 적시공급
- 산업화 수준: 자동화, 기계화 등 기술이 작업자의 노력을 대체하는 수준
- 서비스제공의 표준화: 서비스제공의 일관성
- 고객접촉 수준: 서비스전략, 고객만족 수준, 대인관계 기술
- 서비스제공자의 판단: 고객접촉의 융통성, 재량권
- 매출기회: 추가적, 보조적 서비스를 통한 판매기회
- 고객참여 수준: 서비스제공자의 노력을 고객에게 대체, 셀프서비스 수준

서비스디자인에는 서비스제공시스템, 서비스시설 디자인, 서비스시설 입지, 공급능력계획 등 서비스시스템의 구조적인 측면과 정보,

표 5-1 서비스디자인 요소

서비스디자인 요소	세부적 내용
기업목표	성장률, 경쟁력 수준, 이익, ROI, 기타 재무적 측정치
시장전략	시장분할, 서비스범위, 서비스믹스, 수요의 크기, 서비스 혁신수준, 표준화 vs. 고객화, 시장선도 vs. 시장추종
경쟁우위 요건	가격, 품질, 납품속도, 수요증가 폭, 서비스특성과 성향, 서비스범위, 디자인 선도능력, 기술적 지원
생산운영전략	프로세스선택: 대안적 프로세스, 프로세스 포지셔닝, 공급능력, 공급시기, 입지, 서비스프로세스에서의 재고 지원시설: 기능적 지원, 서비스운영계획과 통제, 서비스 품질경영, 시스템 엔지니어링, 작업구조 및 작업방식

자료: Hill, Terry(1989), *Manufacturing Strategy*, Irwin.

품질관리, 서비스 인카운터, 공급 및 수요관리 등 서비스기업과 서비스의 특성을 나타내는 요인들을 고려해야 한다. 서비스디자인 요소는 <표 5-1> 서비스운영관리의 세부적 기능을 포괄한다.

4. 기술혁신과 서비스디자인

오늘날 우리 주위에서 나타나는 변화의 큰 흐름은 기술혁신이다. 스마트폰은 우리의 일상생활과 환경을 바꾸어놓았다. 스마트폰으로 받을 수 있는 서비스와 부가가치는 하루가 다르게 확대되고 있다. 결국 기술혁신은 서비스혁신을 가져왔다.

급속한 기술혁신은 서비스의 기능과 역할을 확대하고 서비스영역을 넓혀나가고 있다. 제조기업에서도 운송, 보존, 기술개발, 정보관리, A/S 등 지원서비스가 기술혁신에 의해 새로운 수익모델을 창출하고 있다.

서비스프로세스에서 고객접점은 다양하게 변화하여 서비스혁신이 가속화되고 있다. 서비스혁신은 [그림 5-2]와 같이 서비스성과,

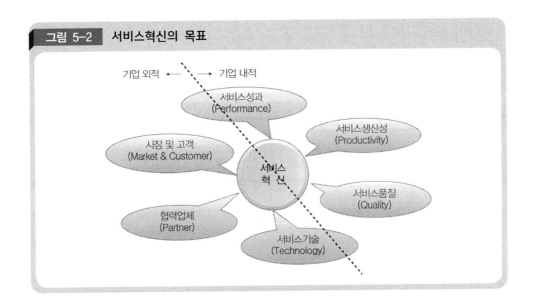

그림 5-2 서비스혁신의 목표

서비스생산성, 서비스품질, 서비스기술, 고객 및 시장, 협력업체 등 기업의 내적·외적인 면에서 혁신을 하고 있다.

서비스혁신은 서비스디자인과 서비스제공 및 이용에 이르기까지 서비스기업과 고객 모두에게 변화를 가져다주었다. 서비스혁신은 기술수준에 따라 점진적 혁신과 급진적 혁신으로 구분된다. 점진적(incremental) 혁신은 서비스의 본질은 그대로 두고 프로세스나 외형적 변화를 준다. 서비스의 미세한 변화도 고객의 인식, 태도, 생활에 영향을 미친다. 자동판매기, 현금입출금, 인터넷쇼핑, 내비게이션, 항공사의 탑승권 자동발급과 같은 단순·반복적인 기능의 서비스는 일상화되고 있다.

급진적(radical) 혁신은 4차 산업혁명을 주도하는 정보기술, 인공지능, 사물인터넷, 빅 데이터기술 등 첨단기술에 기초한 서비스들이다. 정보통신기술은 웨어러블 헬스케어, 스마트 홈케어, 원격진료, 드론서비스 등의 핵심기술이다. 급진적 서비스혁신도 사회시스템 전반에 확산되어 개인의 생활양식을 변화시키고 있다. 고객의 욕구가 커짐에 따라 새로운 서비스가 출현하고 서비스혁신의 속도가 매우 빨라져 서비스의 수명주기를 더욱 단축시키고 있다.

서비스혁신은 서비스의 신뢰성과 효율성을 높일 뿐 아니라 서비스의 어느 부분에 집중할 것인가를 결정하는 기준이 된다. McDonald의 샌드위치 출시는 샌드위치의 조리방식, 시설, 식자재관리 등의 변화와 함께 기존의 햄버거가 정크푸드(junk food)라는 소비자의 인식을 바꾸려는 노력이다.

5. 새로운 서비스개발

사례

서비스디자인과 개발전략

　기업의 기술혁신 경쟁이 성능전에서 속도전으로 변화하면서 기업의 새로운 서비스개발은 비용과 시간 면에서 병목요인(bottleneck)이 되고 있다. 특히 서비스에 대한 고객니즈가 고도화되고 생산기술이 상향평준화 및 융·복합화됨에 따라 복잡성은 더욱 확대되어 소요비용과 시간은 갈수록 증가하는데 비해 성과기대는 쉽지 않은 상황이다. 또한 서비스의 라이프사이클 단축으로 생산으로부터 판매에 이르기까지 완벽을 지향하는 것보다 빨리 디자인하고 빨리 시장에 출시하는 것 (fail fast, fail cheap)이 더 중요해졌다.

　새로운 서비스디자인이나 개발의 효율성을 높이기 위해서는 다양한 기법을 적극적으로 수용하고 기업이 처한 상황 및 개발과제의 특성에 맞도록 유연하게 운영해야 한다. 기존 서비스운영시스템의 생산성이나 효율성을 진단하여 속도정체나 비용증가를 유발하는 단계, 시장에서의 경쟁력이 떨어지는 원인을 정확하게 진단할 필요가 있다.

　서비스디자인과 개발에 다양한 혁신기법을 사용하여 서비스디자인의 근본적인 변화와 개선이 필요하다. Google, Facebook 등 세계적인 기업들은 고위험-고수익모험적 개발전략에서 새로운 기회를 찾고 그 이후에는 저위험-저수익의 활용형 개발전략을 사용하고 있다. 서비스디자인 및 개발을 위해 기업의 역량과 환경에 적합한 개방적 접근으로 1개 또는 복수의 전략을 혼합하여 사용할 수 있다. (D는 design & development를 의미한다.)

- C&D(connect & design): 기업 외부의 기술과 아이디어를 내부의 서비스디자인 역량과 연결시켜 새로운 서비스를 개발하는 개방형 기술혁신전략
- A&D(acquisition & design): 필요한 기술개발능력을 갖춘 서비스기업을 인수한 후 추가 개발을 통해 시장진출의 시기를 앞당기는 전략
- L&D(launching & design): 시제품의 서비스를 시장에 출시한 후 고객의 피드백을 받아 수정, 보완해 나가는 agile 전략

- S&D(seeding & design): 새로운 서비스디자인 및 개발 등 전략적 미래투자를 목적으로 유망 중소기업 또는 벤처기업에 투자하는 인큐베이팅 방식
- D&D(data-driven & design): 기존의 서비스프로세스에 디지털화 및 자동화기술을 적용하여 서비스의 생산성을 획기적으로 높이는 전략

자료: Accenture, '*Digital disruption in the lab: The R&D of tomorrow*', 2015.
박용삼, "R&D의 진화, 이제는 X&D 시대," POSRI 리포트(2017. 4.)에서 발췌.

　　우리가 일상적으로 사용하는 인터넷은 서비스의 점진적 혁신과 급진적 혁신의 면에서 새로운 수요를 창출하고 있다. 서비스혁신은 고객접촉, 표준화 정도, 산업화 수준 등 새로운 서비스디자인과 개발에 중요한 영향을 미친다.

　　서비스는 산업화와 표준화 정도에 따라 [그림 5-3]과 같이 구분할 수 있다.

　　서비스혁신으로 새로운 서비스가 개발되어도 성공확률은 매우 낮다. 신상품이 시장에 도입되어 성장기, 성숙기 쇠퇴기에 이르기까지 수명주기를 이어가는 성공비율은 2% 미만으로 실패율은 매우 높

그림 5-3   서비스혁신과 산업화 수준

산업화 수준	저	고
저 (대면전달)	현재서비스 shop at store 수리점에 컴퓨터를 가지고 감	점진적 서비스혁신 trunk shows at home 컴퓨터 서비스 센터에 전화
고 (기술기반)	기술 주도의 서비스혁신 body scanning technology 전화를 통해 컴퓨터를 진단	급진적 서비스혁신 의류의 온라인 주문, 맞춤제작

다. 이와 같이 높은 실패위험에도 불구하고 기업은 경쟁우위와 새로운 기회창출을 위해 신상품개발에 끊임없이 도전하고 있다.

서비스혁신을 목표로 하는 새로운 서비스디자인과 개발의 위험성을 줄이고 소요되는 비용, 시간, 자원의 절약이라는 과제도 함께 달성해야 한다. 또한 서비스는 물리적 실체성이 없고 소유의 개념이 낮지만 고객화의 비중이 높아 서비스개발에는 서비스사용의 영향을 고려해야 한다. 만일 인천공항의 자동출입국시스템의 정확성이 떨어져 오류가 발생한다면 어떤 결과가 나타날 것인가? 이것은 제품의 개발과는 다른 문제를 발생시킬 것이다. 새로운 서비스디자인은 단순한 엔지니어링 기능만이 아니라 생산운영, 판매, 자원조달, 투자 등 기업의 관리적 문제와 고객, 시장 등 사회적 영향을 종합적으로 검토해야 한다.

제 2 절 서비스디자인의 접근과 기법

새로운 서비스디자인은 서비스혁신을 가져온다. 널리 이용되고 있는 인터넷은 서비스의 점진적 혁신과 급진적 혁신의 모든 면에서 영향을 미치고 새로운 서비스를 가능하게 한다. 서비스디자인은 서비스프로세스, 고객접촉 수준, 서비스생산의 운영을 결정하는 데에 중요한 영향을 미친다.

1. 서비스프로세스와 포지셔닝

서비스프로세스란 서비스를 생산하여 고객에게 전달하는 과정이다. 서비스프로세스는 서비스의 표준화 정도, 고객접촉 방식, 서비스설비와 운영기술, 서비스공급능력과 수요특성 등 여러 가지 요인을 고려하여 디자인한다. 서비스디자인은 이러한 요인들의 영향관계를 분석하고 프로세스의 특성을 포지셔닝하는 것이다. 서비스프로세스의 포지셔닝은 고객화 수준과 표준화 정도에 따라 결정한다.

예를 들어 패스트푸드점의 서비스프로세스는 표준화가 높고 다양성이 낮은 위치에 포지셔닝하며 패밀리레스토랑은 표준화가 낮고 다양성이 높은 위치에 포지셔닝한다. <표 5-2>와 같이 패스트푸드점은 예약을 받지 않지만 패밀리레스토랑은 예약시스템을 운영한다. 예약을 통해 고객이 특정 좌석을 요구하거나 메뉴를 선택하는데 따라서도 서비스프로세스의 다양성과 복잡성은 높아진다. 패밀리레스토랑의 서비스프로세스는 전채요리, 샐러드, 주 요리의 조리방법, 디저트나 음료, 주문방법, 추가서비스, 대금 지불방법 등 서비스프로세스의 다양성과 복잡성 정도에 따라 포지셔닝되기 때문이다.

서비스기업의 포지셔닝은 어느 한 쪽만 선택하는 것보다 고객에 따라 다양성과 복잡성을 줄이거나 확대하는 전략을 동시에 사용한다. 항공사는 일반석 고객에게는 다양성과 복잡성을 줄여 표준화된 서비스를 제공하고 1등석 고객에게는 다양성과 복잡성을 높여 차별화된 서비스를 제공함으로써 가격프리미엄 효과를 얻는다. 저가항공사가 표준화된 기본적 서비스만을 제공하여 프로세스운영의 효율성을 높이는 것과는 차이가 있다. 은행서비스는 서비스프로세스 포지셔닝을 통해 일상의 반복적인 서비스는 ATM에 의해 표준화를 지향

표 5-2 서비스프로세스의 포지셔닝: 외식서비스의 예

패스트푸드 레스토랑 낮은 다양성-표준화	서비스디자인 요소	패밀리 레스토랑 높은 다양성-고객화
예약을 받지 않음	예약시스템	예약시스템 운영
좌석선택 없음	좌석 선택	특정좌석 지정
제한된 품목의 메뉴	메뉴 선택	개별적 메뉴 설명, 추천 메뉴
메뉴품목에 한정	주문 범위	단품, 세트메뉴 등 다양화
표준화된 조리	조리 방법	숙성정도, 주문에 의한 조리
제한된 범위 내에서 제공	주문 제공	다양한 샐러드, 음료
마일리지 적립	추가서비스	음료 및 와인 제공
현금 및 카드	대금 지불	현금 및 카드

하고 VIP고객에 대해서는 퍼스널뱅킹과 같이 전문화된 개인별 맞춤 서비스를 제공한다.

2. 서비스청사진

외식서비스의 프로세스는 고객이 도착하여 서비스를 받고 떠날 때까지 여러 가지 서비스가 단계적으로 수행된다. 서비스제공자는 서비스의 내용, 서비스제공 순서와 방법, 서비스프로세스의 담당 부서, 고객의 참여, 서비스실수 등의 문제를 검토한다. 새로운 서비스 프로세스 디자인을 위해서는 서비스청사진(service blueprint)기법을 사용할 수 있다.

서비스청사진은 [그림 5-4]와 같이 핵심 서비스프로세스의 단계별 절차와 특성을 객관적으로 기술한 것으로 서비스제공과정에서의 서비스기업, 서비스제공자, 고객의 역할과 고객접점의 관계를 도시적으로 나타내고 있다. 서비스청사진에는 서비스프로세스를 구성하는 모든 기능적 서비스의 흐름과 순서, 고객접촉 및 서비스제공방법이

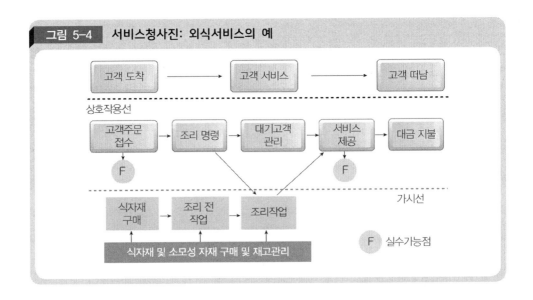

그림 5-4   서비스청사진: 외식서비스의 예

포함된다.

외식서비스의 경우 서비스청사진 맨 윗칸에 식당의 외관, 메뉴, 서비스제공자의 용모, 식탁의 청결도 등 고객이 볼 수 있거나 좌석안내, 주문대기, 음식의 맛, 실내분위기 등 고객이 경험할 수 있는 요인에 대하여 서비스프로세스 흐름의 순서에 따라 물리적 특징을 열거한다. 서비스의 물리적 특징(physical evidence)은 고객의 눈앞에 펼쳐지는 식당 내 환경으로 서비스풍경(service scape)라고도 한다. 물리적 특징은 외식서비스에 대한 고객의 기대와 경험 및 이미지에 영향을 주는 요인이다.

서비스제공에서 고객접촉에 관한 사항은 상호작용선(line of interaction)에 의해 고객접점을 표시하고 가시선(line of visibility)으로 서비스접점과 이를 지원하는 조직의 상호관계를 나타낸다. 상호작용선은 고객이 서비스를 구매하고 소비, 경험, 평가하는 일련의 과정에 따라 서비스제공자와의 접촉관계를 나타낸다. 가시선은 서비스가 수행되는 모든 상황을 고객이 파악할 수 있는 영역으로 고객이 볼 수 있도록 시각적으로 설계되어 있다. 가시선 아랫부분에는 주방, 식음료창고, 예약정보시스템 등 서비스지원시스템과의 관련성을 나타낸다.

서비스청사진을 이용하여 서비스표준을 설정한다. 이 서비스표준에 따라 서비스소요시간, 서비스시설, 서비스에 부수되는 자재, 특정 단계에서의 비용 등을 결정한다. 서비스제공의 표준시간 설정은 서비스가 수행되는 경로와 서비스시간을 분석하여 수익성을 판단하는 기준이 되며 서비스지연과 성과파악에 활용할 수 있다. 또한 서비스프로세스에 실수가 발생하는 과업(fail point)과 그 실수원인을 파악하여 실수방지를 위한 예방책(poka-yoke)을 수립할 수 있다.

서비스청사진을 활용하여 서비스를 디자인하는 경우 다음과 같은 관리적 요건을 고려해야 한다.

• 서비스시간 및 비용절감요인이 있는가?
서비스프로세스에서 불필요한 활동이나 서비스 지연요인을 사전에 제거한다.

- **고객서비스에서 실수가 발생할 가능성이 있는가?**

  고객접점에서의 실수가능부분을 예상하고 이를 사전에 예방한다. 서비스제공의 실수가 발생하면 적절한 회복 절차를 통해 고객의 불만을 최소화한다.

- **고객측면에서 서비스제공방법은 무엇인가?**

  서비스청사진의 상호작용선과 가시선을 통해 고객이 원하는 서비스를 직접 확인할 수 있도록 한다. 고객의 평가는 그들이 서비스를 선택하는 기준이 된다.

사례

IT 테마파크로 변신한 에버랜드

에버랜드가 최신 정보기술(IT)을 각종 놀이기구서비스에 도입하면서 IT 테마파크로 진화하고 있다. 올해 설립 42주년을 맞은 에버랜드는 연간 방문객이 800만 명에 이른다.

에버랜드가 삼성전자와 협력해 개발한 삼성갤럭시프렌즈는 방문객들이 자신의 스마트폰을 활용해 필요할 때마다 놀이시설과 관련한 정보를 손쉽게 확인할 수 있는 서비스다. 에버랜드에 방문한 방문객들은 에버랜드 전역에 설치된 약 100여 곳의 삼성갤럭시프렌즈 체험키트에 스마트폰을 갖다 대면 해당 기능을 이용할 수 있다. 예를 들어 동물원 앞에서 스마트폰을 태그하면 인근에서 볼 수 있는 동물에 관한 정보와 사육사의 설명을 동영상으로 볼 수 있다. 에버랜드 측은 "고객들이 자주 문의하는 정보들을 빅 데이터로 모아 분석해서 콘텐츠를 준비했다"고 설명했다. 기념품 매장 앞 키트에서는 해당 매장에서 판매하는 인기 상품 정보와 가격, 상품을 사용하는 동영상을 볼 수 있다. 에버랜드는 삼성전자의 스마트워치, 갤럭시워치 전용 애플리케이션(앱)도 선보였다. 갤럭시워치 사용자들은 에버랜드 전용 앱에서 에버랜드 이용권을 등록하면 놀이기구 대기시간, 공연 일정 등을 확인할 수 있다. 스마트워치를 이용하지 않는 관람객들도 스마트폰으로 종이이용권을 대체할 수 있다. 에버랜드 앱을 통해 이용권을 사고 게이트 입장, 놀이기구 탑승 예약까지도 한번에 가능하다.

에버랜드가 지난 7월 국내 중소 IT 기업들과 협업해 제작한 IT 놀이기구 슈팅고스트도 인기다. 이 놀이기구는 출시 3개월 만에 이용객 40만 명을 돌파했다. 슈팅고스트는 실내에서 차를 타고 이동하면서 사방에 나타나는 가상의 유령들을 진동 총으로 쏘아 맞추는 놀이기구다. 지난 1년간 진행된 슈팅고스트 개발 프로젝트에는 세계 최고 수준의 위치추적 기술을 보유한 스타트업 NC소프트와 중소기업 상화 등이 참여했다.

자료: 중앙일보 (2018. 11. 4.) 기사에서 발췌.

3. 서비스프로세스 디자인

▶ 생산라인 방식

생산라인방식의 서비스는 단순, 반복적이며 표준화가 높은 서비스로 서비스작업자의 노력을 기계설비나 기술로 대체함으로써 작업의 세분화와 분업화가 가능하다. 따라서 생산라인방식의 서비스는 작업자의 임의행동을 제한하고 한정된 범위내에서 순서적이고 일상적인 프로세스를 수행한다. 생산라인방식은 서비스운영의 효율성, 생산성에 중점을 두고 비교적 균일한 생산수준을 유지하는 서비스공장 유형의 서비스이다. ATM을 이용한 은행서비스, 패스트푸드점의 표준화된 조리방식은 생산라인 방식의 서비스이다.

▶ 고객과 공동생산

셀프서비스는 고객이 직접 서비스에 참여하여 서비스제공자의 작업노력을 분담함으로써 공동생산자의 역할을 수행한다. 패스트푸드점에서 고객이 냅킨, 케첩 등을 직접 가져다 사용하고 식사 후 식기반납, 식탁정리 등을 수행하는 것은 서비스를 공동생산하는 예가 된다. 고급식당의 샐러드 바는 고객의 취향대로 음식을 선택하게 하며 공항의 자동 출입국심사는 고객에 의해 수행된다. 셀프서비스는 서비스제공자의 노력을 고객이 분담함으로써 생산성을 높이고 성수기 수요를 평준화하는 역할을 한다.

▶ 고객접촉 방식

서비스디자인은 고객접촉 수준에 따라 달라진다. 골프장의 캐디 서비스, 환자진료서비스, 투자자문서비스, 고급호텔의 버틀러서비스, 1등석 항공서비스는 보다 높은 고객접촉을 필요로 하는 서비스이다. London의 Savoy호텔의 버틀러, 프론트직원, 도어맨, 식당이나 바의 웨이터 등은 유니폼을 착용하고 훈련된 절차에 따라 고객서비스를 수행한다. 그러나 식당의 주방, 정보처리부서의 시스템운영직원, 시설관리직원은 고객접촉의 기회가 거의 없다. 서비스기업의 고객접촉 수준의 차이는 서비스 내용, 서비스의 자동화나 정보기술 활용정도에 따라서도 달라진다.

웹사이트 서비스는 웹디자인기술이 중요한 요인이며 콜센터는 상담직원의 대화능력과 신속한 문제해결능력, 의료서비스는 환자에게 믿음을 줄 수 있는 뛰어난 의료경험과 진단능력, 대화기술을 요구한다.

4. 서비스디자인과 품질기능전개

고객의 요구와 취향에 맞는 서비스를 디자인하기 위해서는 품질기능전개(QFD, quality function deployment) 기법을 사용한다. QFD에 의한 서비스디자인은 고객이 필요로 하는 서비스속성을 서비스에 반영함으로써 고객만족을 높이고 서비스개발기간을 단축시킬 수 있다. 서비스의 디자인과 생산에 고객의 요구를 기술적 특성으로 변환하기 위해 품질의 집(house of quality)을 사용한다.

품질의 집은 [그림 5-5]와 같이 고객의 요구와 기술적 특성간의 관련성과 기술적 특성과 기술적 특성의 관계를 행렬의 형태로 표시하여 디자인하는 도구이다. 또한 품질의 집은 고객의 요구를 기술적 특성으로 나타낼 때 기술적 특성의 난이도, 중요도, 비용, 경쟁력 등을 분석하여 디자인의 우선순위 결정에도 사용한다.

서비스디자인에서 QFD는 고객의 요구를 파악하여 기술적 특성
과의 관계를 분석하고 각각의 기술특성을 비교, 우선도와 목표치를
설정함으로써 보다 고객지향적인 서비스 개발에 도움을 준다. 기술
특성의 비교치는 사용하는 기술, 비용, 시간, 성과 등에 대한 우위를
판단하는 기준이 된다.

그림 5-5 품질의 집: 정보시스템 디자인의 예

고객요구특성	중요도	용이성	신속성	대용량	보호성	충분성	호환성	확장성	고객 인지도 비교				
정확성	1			x					1	2	3	**4**	5
신속성	2		√						1	2	3	4	**5**
접속성	3			x			√		1	2	**3**	4	5
충분한 정보	4			√		√			1	2	3	**4**	5
이용 용이성	5	√							1	2	3	**4**	5
정보보호	6				√				1	2	**3**	4	5
저렴한 가격	7	√	x		x				1	2	3	**4**	5
시스템 호환	8						√		1	2	**3**	4	5
시스템 확장	9				x			√	1	2	3	**4**	5
비교치													
중요도	0.5	0.6	0.7	0.8	0.5	0.7	0.6						
목표치	0.9	0.8	0.9	0.9	0.7	0.9	0.7						

√ : 강한 정의 관계
√ : 중간 정도 정의 관계
x : 중간 정도 부의 관계
x : 강한 부의 관계

개ㅣ념ㅣ정ㅣ리 품질기능전개(QFD)의 적용

[단계 1] 고객요구속성 파악
서비스디자인을 위해 VOC, 설문조사, 면담, 전시회, 개발운영실험 등의 방법으로
고객의 요구속성(customer attribution)을 파악한다.

[단계 2] 기술특성 결정

서비스디자인에 반영될 고객의 요구를 기술적 특성으로 하여 정량적 측정이 가능
하고 고객의 지각에 직접적으로 영향을 주는 요인을 결정한다.

[단계 3] 고객요구속성과 기술특성과의 관계

고객의 요구속성과 기술특성과의 관련성을 행렬의 형태로 하여 품질의 집 몸체를
구성한다. 고객의 요구속성과 기술특성과의 관련성은 적합수준에 따라 정(+), 부
(−)로 나타내며 관련성의 정도에 따라 강, 중, 약으로 표시한다.

[단계 4] 기술특성간의 상호관계

기술특성간의 관련성 정도와 상충관계를 표시하며 품질의 집의 지붕에 해당한다.
서비스디자인과 운영의 기술특성간의 관련성과 상충관계는 실제로 서비스디자인
이 가능한지의 기준이 된다.

[단계 5] 고객의 인지도 비교

고객의 요구속성을 반영하여 디자인한 서비스와 경쟁기업의 서비스의 인지도를
비교한다. 고객의 인지도는 설문조사 등의 방법으로 측정하며(5점척도) 이를 그래
프화 하여 서비스품질의 포지셔닝전략으로 활용한다.

[단계 6] 경쟁자와의 기술특성 비교

각각의 기술특성치에 대하여 경쟁기업과 비교하여 우위부문을 확인한다. 서비스
디자인과 운영의 기술특성치는 실제 측정치로 한다.

[단계 7] 기술특성 목표치 설정

새로운 서비스가 고객의 요구사항을 가장 잘 만족시키도록 기술특성의 목표치를
설정한다. 기술특성의 목표치는 고객의 요구속성과 기술특성과의 관련성 정도, 고
객요구속성의 중요도, 또는 가중치, 기술특성간의 상호관련성에 따라 정한다. 가
장 높은 목표치의 기술특성이 가장 중요한 목표수준이 된다.

[단계 8] 선택적 항목 추가

서비스특성과 대상고객에 따라 고객요구특성과 기술특성을 추가할 수 있다. 이러
한 선택은 서비스유형, 서비스전략, 고객과 시장, 기술적 환경 등에 따라 달라지며
서비스운영의 기술적 난이도, 고객불만 등 마케팅정보에 의해 판단한다.

제 **3** 절 **서비스디자인의 관리적 고려사항**

1. 서비스수명주기 관리

서비스를 개발하여 시장경쟁을 극복하고 재무적 성과를 내기까지의 성공률은 매우 낮다. 새로운 서비스디자인과 개발의 성공을 위해서는 서비스의 수명주기에 따라 생산운영전략을 검토할 필요가 있다.

- **시장도입기(introduction stage)**: 시장경쟁은 낮은 편이지만 판매가 부진하고 마진이 적다. 서비스기업은 고객의 반응을 분석하고 광고 등 촉진활동을 통해 수요확대에 전념해야 한다.
- **성장기(growth stage)**: 서비스가 고객에게 넓게 수용되고 일상적 구매로 시장이 세분화된다. 시장경쟁의 우위전략과 비용절감을 통한 이익증대, 고객의 브랜드 선호도를 높이고 충성도를 유도하는 마케팅전략이 필요하다.
- **성숙기(maturity stage)**: 서비스수요가 대체수요나 반복수요에 그치므로 수요증가는 둔화되고 심한 경쟁으로 시장세분화가 뚜렷하다. 세분화시장을 목표로 집중화 전략과 새로운 서비스 개발을 계획하고 기존서비스를 보완, 또는 보조서비스를 추가하는 등 수요확대를 위한 시도가 필요하다.
- **쇠퇴기(decline stage)**: 수요가 현저하게 감소하고 경쟁이 떨어져 수요의 재활성화의 노력이 필요하며 궁극적으로는 적절한 시장철수시기를 결정해야 한다.

2. 서비스개발과 자원배분

서비스개발과정의 자원배분은 비용분석과 함께 서비스개발 기간을 통해 기술적 숙련(technical skill)이 어느 시점에 얼마나 필요하며 이에 대한 적절한 배분기능이 필요하다. 기술적 숙련은 소요되는 인적, 기술적, 물리적 자원으로 결정된다. 자원은 양적, 질적인 면에서 한정되어 있기 때문에 적절한 배분의 결정은 더욱 중요시된다. [그림 5-6]에서와 같이 기술혁신의 사이클 내에서 서비스개발에 소요되는 자원은 계획, 디자인, 모형화, 생산운영, 지원의 단계로 나누어 볼 수 있다. 서비스개발의 시간에 따라 기술적 숙련의 곡선은 각각의 단계에서 소요되는 인적, 기술적 자원의 크기에 대한 함수로 정의된다.

자원배분의 문제는 계획된 시간 내에 새로운 서비스개발에 소요되는 자원의 낭비적 요인의 제거를 목적으로 한다. 서비스개발의 목적을 달성하기 위해 시간, 비용의 표준을 설정하고 효과적인 자원배분을 위한 관리적 통제가 필요하다.

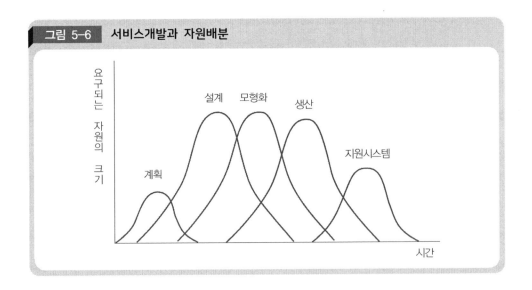

그림 5-6 서비스개발과 자원배분

3. 제조물책임

제조물책임(product liability)이란 제품의 생산, 유통, 판매 과정에 관여한 자가 그 제품의 결함에 의해 야기된 생명, 신체, 재산 및 기타 권리의 침해로 인해 생긴 손해에 대하여 최종소비자나 이용자 또는 제3자에 대해 배상할 의무를 부담하는 것을 의미한다. 제조물책임은 결함의 유형에 따라 다음과 같이 구분된다.

- **디자인결함(design defects)**: 디자인에 따라 생산하고 소비자가 적절히 사용해도 잘못된 디자인으로 인하여 신체, 재산의 손해가 발생하는 구조적 결함
- **제조결함(manufacturing defects)**: 본래의 디자인과 다르게 제조되거나 품질검사 단계에서 발견되지 않을 수 있는 결함
- **경고결함(warning defects)**: 제품에는 위험이 없지만 그 사용방법에 대한 적절한 지시내용이 결여되어 피해가 발생하는 경우의 결함

제조물책임은 제품에만 한정되는 것이 아니라 서비스에도 동일한 기준이 적용된다. 테마파크에서의 놀이기구 사고는 서비스의 디자인, 운영, 경고상의 결함이며 레스토랑의 식중독사고는 운영상 결함이다. 금융기관, 정보통신회사의 개인정보 유출, 골프장이나 레저스포츠시설에서의 사고도 제조물책임법이 적용된다.

서비스기업은 서비스가 용도에 적합하도록 운영하고 통상적 용도 이외의 방법으로 운영되어도 오류와 위험이 발생하지 않도록 서비스를 디자인해야 한다. 무리하게 서비스 운영하고, 운영방법에 적합하지 않거나 또는 고객의 부주의를 고려하여 이에 대비할 수 있는 안전장치가 필요하다.

예를 들어 금융계좌 개설에 아이디와 비밀번호 설정에 2회 반복 입력하는 것은 고객의 실수를 방지하기 위한 방법이고 커피점의 종이컵싸개는 뜨거운 커피에 데지 않도록 하기 위함이다. 항공기운항 중 기류가 불규칙하여 항공기의 흔들림이 심할 때는 승객의 안전을 위해 기내표시등과 안내방송의 2중 경고와 승무원의 개별적 확인을 통해 좌석벨트 착용을 유도한다. 이러한 것은 서비스프로세스에 발생할 수 있는 오류나 사고를 예방하기 위한 서비스제공자의 안전장치이다.

혁신적 서비스디자인

▶ AI 비서가 개인의 소비, 일정, 건강, 여가 데이터를 분석하고 사람과 대화하면서 대부분의 업무를 대신 처리해 준다. 이런 시나리오는 고객의 자산을 맡아 관리하며 금융상품을 운용해주는 은행서비스에서도 나타난다. 고객이 은행에 직접 가지 않아도 금융업무를 볼 수 있는 경로가 다양해지면서 은행브랜드의 중요도는 낮아지고 있다. 고객의 눈에는 여러 금융사의 상품과 서비스를 비교하고 선별해 다양한 비금융서비스를 제공하는 복합 플랫폼이 더 두드러질 것이다.

KPMG 보고서는 금융서비스와 자동결제 상점 'Amazon Go'를 선보인 아마존, 자동차 금융서비스를 제공하는 승차공유업체 우버 등을 예로 들며 앞으로 금융브랜드는 금융서비스보다 더 많은 것을 제공하는 기기나 서비스에 따라 선택될 수 있다고 분석했다.

미래의 금융은 고객과의 접촉이 이루어지는 플랫폼단계, 은행, 핀테크업체들이 그 플랫폼에 올라오는 금융상품을 공급하고 고객의 자산을 관리하는 제조단계, 소프트웨어기업들이 다양한 거래, 관리, 소비자 지원 등의 절차를 위탁받아 운영하는 처리단계로 분리될 것으로 보인다. 제조와 판매가 분리되는 금융판 '노브랜드'는 은행에 대한 신뢰도가 높은 우리나라에도 이미 다가오고 있다. 지금까지는 은행·증권·카드·보험 등 같은 금융그룹 계열사들끼리의 협업이 이루어졌지만 네이버 파이낸셜, 카카오페이가 금융업에 진출하고 금융당국 주도의 오픈뱅킹이 본격 시행되면서 개방범위는 더 넓어질 것이다.

제조업체의 상품을 '노브랜드'로 파는 이마트처럼 네이버도 네이버통장 출시를 선언했다. 앞으로 다른 회사의 상품을 자사의 브랜드를 이용해 판매하는 '화이트라벨링' 금융서비스가 활발해질 수 있다. 은행은 브랜드 파워를 키우는 것 못지않게 금융상품 자체의 경쟁력을 높이고 풍부한 고객 군을 확보한 판매 플랫폼과 제휴하는 방안을 찾아야 한다.

자료: 서울경제(2019. 11. 10.) 기사에서 발췌.

▶ 직장인들에게 아침 또는 점심 후 커피 한 잔은 필수가 되다시피 했다. 바쁜 출근길, 짧은 점심시간에 커피전문점 문을 열고 들어가지만 긴 줄을 서기가 망설

여진다. 이런 고객을 잡기 위해 커피전문점들이 '스마트 오더'를 경쟁적으로 도입하고 있다. 스마트폰 애플리케이션(앱)으로 미리 주문하고 매장에서 곧장 받아가는 시스템이다. 2014년 스타벅스가 처음 도입했다.

최근엔 다른 커피전문점들도 고객 혜택을 강화한 스마트 주문을 선보이고 있다. 매일유업계열의 폴 바셋은 이달 15일 크라운 오더라는 이름의 스마트오더시스템을 내놓았다. 폴 바셋 회원이면 누구나 가까운 매장을 선택해 클릭 한 번으로 미리 메뉴 주문이 가능하다. 폴 바셋 앱에는 메뉴 교환권 선물과 카드·쿠폰 선물 기능도 들어 있다. 매일유업 관계사 통합 멤버십 '매일두(Maeil Do)' 회원들도 폴 바셋 앱을 통해 크라운 오더서비스를 이용할 수 있다.

할리스커피는 지난 11일부터 스마트 오더 시범 서비스를 시작했다. 원하는 매장을 찾아 메뉴 주문과 결제가 가능하다. 자신의 취향에 따라, 음료를 배합할 수 있다. 투썸플레이스도 지난달 기존 모바일 앱을 전면 개편하면서 투썸 오더기능을 추가했다. 가까운 매장을 선택해 원하는 메뉴를 주문·결제할 수 있고 케이크 예약 서비스도 탑재했다.

스타벅스와 이디야커피는 이미 스마트 오더를 시행 중이다. 현재 스타벅스에서는 하루 평균 10만 건, 전체의 약 18% 주문이 스마트 오더로 들어온다.

자료: 조선일보(2019. 4. 23.) 기사에서 발췌.

토의문제

1. 서비스혁신이 서비스디자인과 개발과정에 미치는 영향은 무엇인가?
2. 서비스혁신은 고객의 요구를 반영할 수 있는가?
3. 위의 2가지 사례에서 기존 서비스의 변화와 개선점은 무엇인가?

참고문헌

김이태(2012), 호스피탈리티마케팅, 청람.

박용삼, "R&D의 진화, 이제는 X&D 시대," POSRI 리포트 2017.

유시정(2014), 서비스경영, 법문사.

Accenture, '*Digital disruption in the lab: The R&D of tomorrow*', 2015.

Chase, R. B. & A. J. Aquilano(1992), "A Matrix for Linking Marketing and Production

Variables in Service System Design," *Production and Operations Management (6th ed.)*, Irwin.

Fitzsimmons, James A. & Mona A. Fitzsimmons(2011), *Service Management, Operations, Strategy, Information Technology*(7th ed.), McGraw-Hill.

Hill, Terry(1989), *Manufacturing Strategy*, Irwin.

Johnston, Robert, Graham Clark, & Micheal Schulver(2012), *Service Operations Management: Improving Service Delivery*(4th ed.), Pearson.

Metters, Richard D., Katheryn H. King-Metters, Madelein Pullman, & Steve Walton(2006), *Service Operations Management*(2nd ed.), Thomson.

The Savoy, *Fairmont Managed Hotel*

뉴스핌(2018. 11. 7.)

메디파나뉴스(2015. 8. 17.)

서울경제(2019. 11. 10.)

서울신문 (2019. 5. 1.)

서울 KNEWS(2018. 11. 30.)

조선일보(2019. 4. 23.)

중앙일보(2018. 11. 4.)

www.barnesandnobleinc.com

www.borders.com

제 **6** 장

서비스
프로세스관리

서비스프로세스 배치는 고객 및 작업자의 대기, 서비스시간, 작업내용과 흐름, 작업자의 행동, 커뮤니케이션, 자동화와 정보화수준, 표준화수준 등 서비스프로세스의 운영특성에 좌우된다. 따라서 서비스운영의 환경적 특성이 달라지면 서비스프로세스는 이러한 변화에 적응할 수 있도록 수정이 가능해야 한다.

– 서비스프로세스의 배치

제 1 절 **서비스프로세스의 특징**

사례

서비스프로세스와 고객의 대기

　서비스제공에는 공간의 제약을 받는다. 따라서 서비스를 받으려는 고객은 좁은 서비스공간에서 대기해야 한다. 고객은 기차역이나 공항에서 매표 및 탑승수속을 위해 줄을 서서 기다린다. 이러한 현상은 병원의 진료, 은행창구, 커피전문점이나 패스트푸드점, 대형마트, 테마공원, 미술관, 박물관 등 일상적인 서비스 어디에서나 흔히 볼 수 있다. 고객은 기다리는 것을 싫어하고 서비스제공자는 매출을 조금이라도 더 올리려고 고객의 대기시간을 줄이려는 노력을 한다. 고객의 대기는 고객의 수, 서비스공간, 서비스시간 등의 문제로 발생한다. 서비스프로세스와 서비스방법에 문제가 있을 수 있다.

　Starbucks 등 대부분의 커피전문점에서는 주문창구에서 고객이 주문을 하고 수 분이 지난 뒤 벨 신호가 울리면 옆의 창구에서 음료를 찾아갈 수 있다. 티전문점 공차에서는 키오스크에서 주문과 계산이 끝나면 영수증을 발급받아 창구에 제시하고 잠시 후 주문한 차를 찾을 수 있다. 모두 고객의 수에 비해 매장의 규모가 작고 서비스창구의 수도 작은 편이다.

　남녀노소의 고객이 많이 찾는 에버랜드, 롯데월드와 미국의 Disneyland, Sea World 등 테마파크에서는 고객이 자유로이 시간을 보내며 즐길 수 있는 놀이와 시간이 정해진 체험놀이를 운영한다. 인기가 높은 곳은 고객이 3, 4시간을 기다려야 서비스를 받을 수 있다. 고객의 열이 긴 서비스는 사전 예약에 따라 우선입장 시스템을 통해 고객의 대기시간을 줄여주고 대기하는 고객의 수를 조정한다.

　영국의 대영박물관, 프랑스의 Louvre박물관, 미국의 Smithsonian박물관 등은 세계적인 걸작을 소장하고 있다. Louvre박물관에서 다빈치의 모나리자를 감상하는 것은 북적대는 관람객 사이에서 쉽지 않다. 걸작을 보기 위해 순서대로 열을 서서 기다리는 것도 아니다. 외국뿐만 아니라 우리나라 박물관이나 미술관도 한정된 공간에 최대한 많은 작품이나 전시물을 전시하려 한다. 주어진 공간 내에서 전시공간을 최대로 하고 관람객의 동선흐름을 원활하게 할 수 있는 공간배치를 검토해야 한다.

서비스제공자는 제한적이기는 하지만 고객 차별화, 서비스시간 조정, 자동화 등으로 서비스수요를 평준화할 수 있다. 그러나 물리적 서비스공간과 서비스프로세스를 조정하는 것은 매우 어렵다. 테마파크에서는 놀이와 체험 프로세스의 흐름에 대한 배치, 미술관에서는 전시공간을 최대화할 수 있는 배치, 대형매장에서는 무인계산대 등 서비스를 자동화하여 고객의 기다림을 줄여야 한다. 서비스에 고객참여 수준을 높이거나 서비스방법 및 프로세스를 변경하는 노력이 필요하다. 드라이브스루 서비스는 이러한 문제를 해결하는 방법이 될 수 있다.

1. 서비스프로세스의 유형

• 서비스프로세스의 다양성

서비스프로세스는 표준화가 될수록 다양성이 낮고 서비스의 내용과 과업이 한정되어 서비스가 일정 범위 내에서 운영된다. 고객에게 일상적, 반복적으로 제공하는 표준화된 서비스는 생산라인 방식의 대량생산에 적합하다. 반대로 고객화가 높은 서비스는 고객접촉 수준이 높아 서비스작업자의 높은 숙련도와 높은 대인관계기술을 요구한다. 표준화가 높은 서비스프로세스에서는 작업자의 숙련성이 낮아도 허용될 수 있으나 고객화가 높은 서비스프로세스에서는 고객과 충분한 정보 교환, 그리고 서비스에 대한 높은 판단력과 분석능력이 필요하다.

• 서비스의 대상

서비스는 고객, 고객의 재화, 정보 등을 대상으로 제공된다. 식음료, 미용서비스는 고객을 대상으로 하며 수리, 세탁, 부동산서비스는 고객의 재화를 대상으로 한다. 자료의 수집, 분석, 처리와 이미지제공은 정보를 대상으로 하는 서비스이다. 서비스가 고객의 편익이나 고객의 재화를 대상으로 해도 서비스프로세스와 기술, 처리능력 등이 필요하다. 고객의 요구가 다양해질수록 그 수준은 더 높아진다.

• **고객접촉 방식**

서비스는 고객접촉 방식에 따라 고객접촉이 없는 비대면서비스, 고객접촉이 직접적으로 이루어지는 서비스, 고객접촉이 간접적으로 이루어지는 서비스로 나누어진다. <표 6-1>에 고객접촉 방식과 서비스프로세스의 특징을 나타낸다.

표 6-1   서비스프로세스의 유형과 특징

고객접촉수준		표준화된 서비스	고객화된 서비스
고객접촉 없음		시설경비, 신용카드	자동차수리, 건축디자인
간접적 고객접촉		인터넷 계좌조회	정보서비스
직접적 고객접촉	셀프서비스	자동판매기, ATM, 헬스클럽	뷔페식당, 유료TV, 골프
	제공자서비스	레스토랑, 은행, 건강진단	해충구제, 초상화, 이미용

2. 서비스프로세스의 특징

서비스프로세스는 고객, 서비스상품, 서비스생산 및 공급의 흐름, 서비스 공급능력, 서비스기업의 입지, 서비스조직의 특성, 비용 등으로부터 영향을 받는다. 서비스프로세스의 운영특성을 파악하기 위해 다음의 요인을 분석해보자. <표 6-2>는 항공서비스와 호텔서비스의 프로세스운영과 특징을 비교한 내용이다.

• 서비스작업의 흐름: 서비스유형과 프로세스의 흐름, 작업자, 고객, 서비스자재, 문서작업의 이동, 프로세스 흐름의 지연 및 장애(bottleneck)
• 서비스 처리시간: 서비스프로세스 시간(processing time), 서비스제공 소요시간(throughput time), 지연 및 대기시간
• 고객 및 작업자의 대기: 서비스프로세스에서의 고객 대기시간, 서비스지연, 작업자 대기와 유휴시간
• 자동화, 정보화 수준: 서비스제공의 자동화, 정보화 기술과 수

준, 투자규모, 고객의 수용정도
- 표준화와 다양화: 서비스프로세스 및 서비스작업의 표준화와 다양화, 다른 프로세스와의 통합수준, 전문화 정도, 효율성
- 문서작업: 서비스프로세스, 고객접점, 서비스성과에 대한 보고서, 문서작업
- 작업보조자: 서비스 수요변화, 프로세스의 균형화
- 커뮤니케이션: 고객과의 커뮤니케이션, 커뮤니케이션 유형, 네트워크, 조직 내 커뮤니케이션과 장애, 계층별 의사결정
- 작업자의 행동반응: 작업환경, 숙련도, 작업의 난이도, 직무만족, 작업종료시간

표 6-2 서비스프로세스 운영의 예

프로세스 운영의 문제	호텔서비스	정보서비스
서비스작업의 흐름	check-in/out, 고객응대시간	자료수집, 분석, DB화
처리시간	고객수요 불균형	서비스내용에 따라 상이
대기시간	서비스지연, 고객, 작업자대기 고객 대기장소, 유휴시간 서비스별, 객실별 시간차이	서비스지연
자동화, 정보화 수준	회원정보, 고객요구정보	정보요구수준에 따라 상이
표준화, 단순화	표준화, 단순화와 고객화 시설, 기물의 공동이용	표준화, 단순화수준이 높음
문서작성	각종 보고서, 문서작성	필요정보의 축적(DB)과 검색
작업보조자	작업자 수, 작업시간, 추가노무비	자료수집과 입력, 작업자 수, 작업시간
의사소통	자율성 보장, 비상상황 대처	정보이용방법
작업자 행동반응	직무만족	직무만족

제 2 절 서비스프로세스와 배치

서비스디자인은 고객접점과 서비스프로세스를 계획하는 것이며 이에 따라 서비스의 기능적 프로세스와 물리적 설비를 배치하게 된다. 서비스의 기능적 프로세스와 물리적 설비의 배치는 서비스운영 목적, 서비스제공의 흐름, 고객이나 자재의 흐름, 주어진 서비스 공간, 서비스설비, 작업자 및 작업부서를 배열하는 것이다.

서비스프로세스 배치는 고객 및 작업자의 대기, 서비스시간, 작업 내용과 흐름, 작업자의 행동, 커뮤니케이션, 자동화와 정보화수준, 표준화수준 등 서비스프로세스의 운영특성에 좌우된다. 따라서 서비스 운영의 환경적 특성이 달라지면 서비스프로세스는 이러한 변화에 적응할 수 있도록 수정이 가능해야 한다.

서비스프로세스의 배치에는 [그림 6-1]에서와 같이 고객참여와 고객접점특성, 처리능력 등 서비스프로세스 특성, 서비스의 정보화 및 자동화 기술, 고객과 시장특성, 서비스스케이프 등 환경적 특성을 고려하여야 한다. 서비스프로세스 배치는 기능별 배치, 서비스별 배

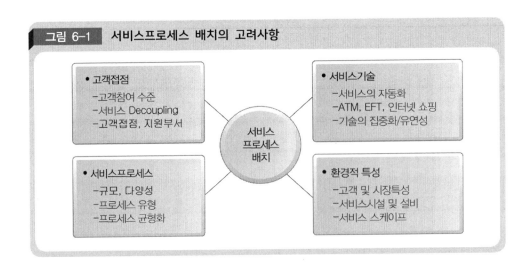

그림 6-1 서비스프로세스 배치의 고려사항

- **고객접점**
  - 고객참여 수준
  - 서비스 Decoupling
  - 고객접점, 지원부서

- **서비스기술**
  - 서비스의 자동화
  - ATM, EFT, 인터넷 쇼핑
  - 기술의 집중화/유연성

- **서비스프로세스**
  - 규모, 다양성
  - 프로세스 유형
  - 프로세스 균형화

- **환경적 특성**
  - 고객 및 시장특성
  - 서비스시설 및 설비
  - 서비스 스케이프

서비스 프로세스 배치

치, 고정형 배치, 셀화 배치 등의 형태로 구분된다.

1. 기능별 배치

기능별 배치(functional layout)는 같은 기능을 수행하는 작업자 또는 기계설비를 한곳에 모아 서비스프로세스를 배치하는 방법으로 프로세스배치(process layout)라고 한다. 기능별 배치는 서비스프로세스 흐름에서의 인적, 물적 작업부하나 이동거리, 소요시간, 배치공간을 고려하여 배치한다. 이 배치방법은 고객접촉 수준이 높고 다양한 서비스 경로를 갖는 잡샵(job shop) 형태이므로 서비스샵이나 전문적 서비스의 프로세스배치에 이용된다. 기능별 배치는 개별적인 고객필요에 따라 서비스가 제공되고 작업순서와 서비스프로세스의 흐름이 결정되므로 종합병원, 정비센터 등의 서비스에 적합한 배치형태이다.

2. 서비스별 배치

서비스별 배치(product/service layout)는 서비스가 생산 및 제공되는 프로세스순서에 따라 단위작업장과 서비스시설을 배치하는 방법이다. 자동차나 가전제품 등의 조립라인에서의 배치와 같이 건강진단, 카페테리아 등의 서비스는 개별서비스의 기능별로 프로세스가 연속적으로 이루어진다. 이 방법으로 프로세스를 배치하는 경우 대량생산이 가능하여 서비스작업의 표준화수준이 높은 반면 서비스작업의 유연성은 낮다.

또한 프로세스 내 각각의 작업에서 생산능력과 작업속도가 달라 프로세스흐름의 불균형이 발생할 수 있다. 프로세스흐름의 불균형은 상대적으로 작업시간이 긴 작업장에서는 서비스작업이 지연되는 병목(bottleneck)을 가져와 단위 프로세스에서 작업자의 유휴시간이나 고객의 대기가 발생한다. 고객의 대기시간이나 서비스의 지연을 해

소하기 위해서는 보조적 작업자나 서비스시설의 추가 등 서비스 제
공능력의 확대가 필요하고 궁극적으로는 서비스프로세스 배치를 수
정해야 한다. 서비스프로세스의 불균형을 해소하고 프로세스의 균형
을 위해 라인의 균형화(line balancing) 방법을 사용한다.

3. 고정형 배치

서비스는 주어진 작업기능이 일관된 프로세스흐름에 따라 생산
되지만 고정형 배치(fixed position layout)에서는 한 장소에 서비스작
업자와 서비스설비를 이동하며 서비스를 수행한다. 법률서비스는 일
정 장소에서 법률정보시스템이나 과거의 판례집, 기타 법률자료들을
종합하여 의뢰인에게 적합한 서비스를 제공하는 고정형 프로세스의
서비스이다. 고정형 배치에서는 서비스 작업자가 신속하고 작업이동
을 하고 서비스활동이나 시설에 용이하게 접근할 수 있도록 설계되
어야 한다.

4. 셀화 배치

셀화 배치(cellular layout)는 서비스의 유사 작업의 기능이나 같은
서비스설비를 이용하는 서비스프로세스의 흐름을 몇 개의 유형으로
나누어 이들 각 유형 별로 서비스 셀을 구성하여 프로세스를 배치하
는 방법이다.

제 3 절 서비스프로세스의 개선

서비스프로세스는 서비스상품은 물론 기술, 시장경쟁, 그리고 고
객요구의 변화에 따라 지속적으로 개선되고 있다. 서비스프로세스의

개선으로 원가, 품질, 납기, 유연성, 서비스 등 경쟁우위를 달성할 수 있어야 한다. 제조활동의 경우 프로세스개선은 자원의 투입, 투입요소를 산출물로 변환시키는 생산운영의 모든 기능적 단계를 대상으로 한다. 서비스는 고객에게 전달되는 고객접점까지로 보다 범위가 넓다.

서비스프로세스운영에서 효율성의 문제와 고객의 기대를 충족시키는 문제는 상충되는 목표이다. 서비스기업은 서비스프로세스의 효율화를 위해 표준화를 추구하고, 반면에 고객의 기대를 충족시키기 위해서는 고객화의 유연성을 확보해야 한다. 그러나 서비스프로세스의 개선을 위해서는 이 두 가지 문제 중 어느 하나도 소홀히 할 수 없다.

1. 서비스프로세스의 표준화

서비스프로세스의 개선에 생산라인 접근방법(production line approach)을 적용하는 것은 서비스운영의 효율성과 표준화를 지향하기 때문이다. 패스트푸드점이나 저가항공서비스는 서비스과업, 서비스작업, 서비스프로세스 등을 표준화하고 있다. 표준화된 서비스프로세스는 작업자의 재량권을 일정 범위 내에서만 부여하며, 분업화, 자동화기술 등 효율화를 얻을 수 있다.

① 서비스 표준화

생산라인 형태의 서비스프로세스는 표준화가 높고 일상적으로 반복되는 서비스이다. 맥도날드는 햄버거 등 불과 몇 가지 제품을 표준적 프로세스에 따라 대량 생산하여 고객에게 제공한다. 맥도날드를 찾는 고객도 명확히 정해진 서비스 흐름에 잘 적응하고 있다. 이는 제품, 작업방법, 작업 프로세스, 작업환경 등 서비스가 고도로 표준화, 전문화, 단순화 되어 패스트푸드서비스 특징을 생산라인의 성격에 부합시켰기 때문이다.

② 작업자의 임의행동 제한

표준화된 서비스는 생산라인의 작업흐름과 특성에 따라 운영되므로 작업자는 정해진 서비스의 내용과 과업, 서비스제공 시간 등의 일정 범위 내에서 한정적으로 작업을 수행한다. 대량생산 형태의 서비스프로세스는 고객화의 유연성보다는 표준화가 높아 프로세스의 운영에 작업자의 재량권을 제한하여 작업자의 불필요한 임의행동을 시스템적으로 통제한다.

③ 작업의 분업화

생산라인 접근방법에서는 프로세스흐름에 따라 서비스작업을 단순기능의 작업으로 세분화하여 표준화, 전문화, 단순화의 이점을 얻을 수 있으며 서비스작업의 세분화는 분업화를 가능하게 한다. 이미 오래 전에 분업의 효과는 증명되었지만 분업이 효과적으로 수행되기 위해서는 작업방법, 기계설비, 자재, 작업환경 등의 표준화, 전문화, 단순화가 전제되어야 한다.

④ 서비스인력의 기술대체

표준화된 생산라인 형태의 프로세스에서 작업자는 프로세스흐름에 따라 일관된 작업을 수행하는데 작업자의 작업기능은 범위가 좁고 높은 숙련도를 필요로 하지 않는다. 작업자의 작업이 반복적으로 수행되는 단순한 작업은 기계화, 자동화로 쉽게 대체될 수 있고 균일한 서비스품질을 유지할 수 있다.

2. 고객과의 공동생산

서비스프로세스에는 고객참여 수준을 높일 수 있다. 서비스운영에 고객참여 수준을 높여 고객과 공동으로 서비스를 생산함으로써 고객의 요구를 서비스에 반영하고 작업자의 작업노력을 고객에게 분담시켜 서비스수요를 평준화할 수 있다. 고객이 직접 서비스를 디자인하는 것도 고객화 수준을 높이는 방법이다.

① 셀프서비스

고객이 서비스프로세스의 일부 또는 전체에 참여하여 서비스작업자와 공동으로 서비스를 생산한다. 슈퍼마켓에서는 고객이 스스로 상품을 선택한 다음 계산대까지 운반하여 계산한다. 세차장에서는 화폐투입구에 소정 금액을 지불하고 비치된 세제와 세차도구로 고객 스스로가 세차를 한다. 패밀리레스토랑에서는 셀프서비스로 샐러드 바를 운영함으로써 고객화서비스를 강화하고 있다. 셀프서비스는 서비스프로세스 수행, 자원이용 등에 고객의 자율성을 높여 서비스 차별화 전략으로 사용되기도 한다. 서비스제공자는 작업성과나 생산성을 높일 수 있고 고객은 자신이 제공한 노력만큼 비용지불을 낮출 수 있다.

② 서비스수요의 평준화

외식서비스는 저녁시간에 수요가 급증하고 레저나 스포츠는 요일별 수요변동이 크며 스키장은 계절별 수요변동이 매우 크다. 서비스의 수요변동은 서비스프로세스에 과도한 부하를 주거나 반대로 유휴공급능력을 초래할 수 있다. 서비스수요변동은 프로세스의 안정화를 저해하는 요소이다. 서비스예약, 서비스가격인센티브 등의 방법으로 서비스수요를 평준화하는 것이 바람직하다. 미용실의 모닝펌, 영화관의 조조할인, 전화요금 심야할인, 주중 골프요금할인 등은 가격인센티브를 통해 성수기 수요를 비수기로 분산시키는 방법이다.

③ 서비스디자인에 참여

고객이 직접 서비스를 디자인하거나 서비스내용을 보완함으로써 서비스수준과 고객의 관심을 높일 수 있다. 기술집약적 서비스에서는 고객의 적응과 훈련이 필요하다. 고객화가 높은 서비스일수록 서비스제공자는 고객과의 원활한 정보교환이 필요하며 서비스에 대한 충분한 지식, 높은 판단력, 분석능력, 고객응대기술 등 높은 숙련성과 유연성을 갖추어야 한다. 고객접촉수준이 높은 서비스는 표준화가 낮은 반면 서비스제공자의 재량권 등 유연성이 높다. 이러한 서비스는 고객중심의 접근방식(customer contact approach)으로 고객화 수준을 높여 프로세스를 개선할 수 있다.

3. 고객접점의 운영

서비스는 서비스제공자와 고객의 대면접촉을 가짐으로써 서비스 접점(service encounter)이 만들어지고 서비스가 제공된다(Schmenner, 1995). SAS의 사례에서와 같이 결정의 순간(moment of truth)이란 용어는 서비스제공자와 고객 사이의 서비스접점의 중요성을 강조하고 있다(Normann, 1984). 서비스접점은 서비스품질이나 고객만족, 서비스성과 등 서비스기업의 경쟁우위를 결정하는 요소이다.

① 서비스접점 관리

서비스기업은 고객관리에 정보기술을 이용한다. 고객관련 빅 데이터와 IT는 수 많은 고객을 대상으로 하는 서비스기업의 가장 귀중한 자산이다. 따라서 고객관계를 향상시켜 고객의 충성도를 높이기 위해서 정보기술을 이용하는 것은 필수적이다(제10장 고객관리 참조).

② 고객접촉 수준

Schmener(1995)의 서비스프로세스행렬에서 서비스샵(service shop)과 전문적 서비스(professional service)에 해당하는 서비스는 프로세스에 고객이 물리적으로 참여하는 수준이 높다. 고객접촉 정도는 총서비스시간에 대한 고객의 서비스시스템 내에서 소비하는 시간의 비율로서 고객접촉 수준이 높으면 고객화도 높아진다. 고객접촉이 높은 서비스는 고객이 직접 대면함으로써 고객만족의 기준이 된다. 그러나 고객접촉도가 높은 서비스에서도 주된 서비스를 지원하는 보조서비스는 고객접촉 수준이 낮거나 거의 접촉이 없이 제공된다. 고객접촉 수준이 높은 의료서비스에서도 정보시스템이나 병리검사업무는 고객접촉도가 매우 낮아 생산라인접근방법을 사용하는 경우 프로세스개선을 기대할 수 있다.

③ 고객화와 디커플링

서비스프로세스는 고객접촉유형과 고객화 수준에 따라 운영과 개선방법을 달리 할 수 있다. 고객접촉의 수준에 따라 서비스의 디커플링(decoupling)이 결정되는데 이것은 서비스제공자와 고객 간의 관계를 나타낸다. 서비스의 디커플링은 고객접촉 수준, 편의성, 전문성, 비용 등의 영향을 받는다. 서비스의 정보화와 자동화수준이 높은 프로세스에서는 디커플링이 용이하며 전문적 서비스는 프로세스의 디커플링이 어렵다. 항공사의 기내서비스는 높은 고객접촉의 커플링으로 제공되지만 수하물서비스는 고객접촉이 거의 없는 디커플링으로 이루어진다. 의료서비스는 의사가 주요 의료프로세스를 통제하므로 충분한 재량권과 고객의 신뢰가 중요하다. 고객화를 중시하고 커플링된 서비스는 고객의 신뢰와 원활한 커뮤니케이션을 위해 서비스제공자의 대인관계 기술이 필요하다.

④ 판매기회와 서비스제공의 대안

서비스기업이 고객에게 서비스를 제공하는 데에는 여러 가지 대안을 사용한다. 은행은 고객에게 오프라인과 자동입출금, 홈뱅킹 등 온라인으로 서비스를 제공한다. 서비스제공은 서비스기업의 특성, 서비스유형, 서비스기술, 고객의 니즈, 시장의 경쟁상황 등을 고려하여 다양한 방법과 채널을 사용할 수 있으며 정보기술 등 서비스혁신기술의 발달 따라 더욱 다양하게 발전하고 있다.

사례

15초의 결정적 순간

Scandinavian Airlines System(SAS)는 1946년 스웨덴, 덴마크, 노르웨이의 국영항공사 컨소시엄으로 창업하여 2009년 현재 유럽, 아시아, 북미지역 노선에 매일 600여 편의 여객기를 운항하여 연간 2천만 명 이상의 승객을 운송하고 있다. SAS는 상용고객 우대전략으로 '유로보너스' 서비스를 제공하는 등 인터넷을 통해 온라인 좌석예약, 체크인과 타임테이블 서비스, 렌터카, 호텔, 여행정보, 엔터테인먼트, 여객의 편의를 위한 카페운영, 판매서비스를 제공하고 있다.

1979년 석유파동으로 세계항공업계가 큰 위기를 맞았을 때 많은 항공사들이 불황극복을 위해 비행기를 처분하여 단기적 수익개선에 나섰다. SAS도 1979년부터 2년 동안 3,000만 달러의 적자가 누적되어 경영위기를 맞았다. SAS는 유럽의 주요 항공사와의 치열한 경쟁에서 노선확대나 증편과 같은 보다 공격적인 전략을 전개하였으나 오히려 경영위기를 가중시키는 결과를 초래하였다.

CEO에 취임한 Jan Carlzon은 과거 공격적인 경영으로 상실한 상용고객시장의 탈환을 위해 서비스전달시스템의 개선을 가져올 방안을 모색하였다.

1986년을 기준으로 하여 SAS는 1,000만 명의 고객들에게 서비스를 제공하는 과정에 고객 당 5명의 직원과 접촉하며 1회 응대시간이 평균 15초 걸리는 것으로 분석되었다. 이것은 1년에 5,000만 번씩 고객접점에서 고객의 마음속에 SAS의 서비스에 대한 인상을 새겨주는 결정적 순간이 있다는 것을 의미한다. Jan Carlzon은 이 15초 동안의 짧은 순간에 "고객이 SAS를 선택한 것이 최선의 선택임을 고객들에게 입증해야 한다"고 강조하였다.

고객들의 최선의 선택은 고객서비스프로그램인 "Businessman's Airline"으로 고객의 특별한 요구를 기존의 요금으로 더 좋은 서비스를 제공해주는 것이다. 고객에게 지속적으로 만족을 주려면 경직된 규칙과 지시에만 의존하는 것이 아니라 고객접점직원이 15초 동안 고객들의 요구에 적절히 대응할 수 있는 아이디어를 내고, 대책을 강구하는 권한의 행사가 중요하다.

고객접점에서 고객의 마음잡기는 최소한 15초 이내에 결정되어야 하며 이를 결정의 순간(moment of truth)이라 한다. 결국 고객과 접촉하는 고객접점의 한 순간의 결정이 SAS의 전체 서비스 이미지를 좌우하므로 항공사의 성패를 결정하는 요인이라 할 수 있다. 이러한 MOT개념의 도입으로 SAS는 1년 만에 800만 달러의 적자로부터 7,100만 달러의 이익을 내는 계기가 되었다. SAS는 비즈니스맨이라는 목표시장을 설정하여 고객 중심적 서비스로 시장점유율을 높이고 이익창출을 실현하고 있다.

자료: Richard Normann(2001), *Service Management: Strategy and Leadership in Service Business*, John-Wiley. p.21.

4. 정보이용의 확대

오늘날 모든 기술혁신과 발전은 정보와 연관되어 있다. 항공, 운송, 통신, 의료, 도 · 소매, 금융, 레저, 건축디자인 등 고객화 수준이나 노동집약도의 수준을 불문하고 모든 서비스와 서비스프로세스는 정보기술과 밀접한 관계를 갖고 있다.

① 작업자의 정보이용

항공사의 고객 탑승기록, 병원의 환자진료기록, 백화점의 고객 구매정보 등은 서비스기업의 서비스운영이나 마케팅활동에 직접적으로 이용된다. 서비스작업자는 정보시스템을 통해 서비스계획, 의사결정, 서비스운영 등 모든 관리활동과 현장 업무를 실시간으로 처리하며 기업 내 다른 부서와 정보를 공유할 수 있다. 예를 들어 여행사는 항공편, 호텔, 식당, 렌터카, 관광 등을 예약을 하고 가격결정, 일정조정 등 패키지화하여 고객에게 서비스를 제공한다. 이때 서비스작업자가 정보시스템을 얼마나 많이 활용할 수 있는가는 서비스내용과 수행 방법, 서비스가격, 서비스프로세스의 운영에 영향을 미칠 수 있다.

② 고객의 정보이용

외국의 유명 관광지를 여행하려는 고객은 인터넷을 통해 항공편, 호텔, 관광 등의 여행계획을 세울 수 있다. 여행사의 여행상품보다 저렴한 비용으로 자유로운 여행이 가능하다. 호텔의 예약담당자와 직접 가격협상을 하여 호텔을 선택하고 현지 여행사의 여행상품도 고를 수 있다. 여러 인터넷 사이트를 통해 유용한 정보를 충분히 얻을 수도 있다. 따라서 고객이 활용할 수 있는 정보는 서비스프로세스 운영과 개선에 영향을 준다. 택배회사의 홈페이지를 통해 화물의 현재 위치와 배송여부, 언제 누가 수취했는지 등을 실시간으로 파악할 수 있다. 항공사 웹사이트에서 직접 항공기 좌석배치도를 보면서 좌석을 선택할 수 있다.

제 4 절 서비스프로세스의 운영기술

1. 서비스프로세스와 운영기술

서비스기술은 주로 서비스생산을 위한 프로세스운영과 고객접점 관리에 적용되는 기술이다. 서비스프로세스 운영기술은 서비스작업자의 단순 반복적인 작업자의 노동력을 대체하는 서비스제공에 사용되는 하드웨어와 그 절차에 관련되는 기술로서 서비스과업, 서비스 생산운영의 효율성을 목적으로 한다.

Hilton호텔의 사례에서와 같이 서비스기업은 보다 발전된 서비스 프로세스 운영기술을 통해 서비스혁신의 이점을 얻을 수 있다. 즉 서비스프로세스 운영기술은 서비스생산시간 단축, 서비스비용 절감, 서비스품질 향상 등의 성과를 높임으로써 시장경쟁의 우위를 확보하고 마케팅 능력, 브랜드이미지를 제고시킬 수 있다.

사례

Hilton호텔의 스마트 운영기술

Hilton호텔 계열의 골드멤버와 다이아몬드멤버들은 이 호텔의 웹기반 체크인 시스템을 통해 그들이 예약한 호텔방을 사전에 체크할 수 있다. 고객은 지급받은 패스워드로 계열사 중 한 호텔의 웹사이트에 접속해 그들의 욕구에 가장 충족하는 방을 선택하고 영수증을 프린트하면 된다. 이 시스템을 통해 고객의 온라인 계정에 고객의 정보가 자동으로 저장되기 때문에 호텔은 체크인 시에 중복되는 정보들을 수집할 필요가 없게 된다.

고객이 웹을 통해 체크인하면, 호텔은 체크인 한 고객이 곧 호텔에 도착할 것임을 예측할 수 있다. 그리고 호텔의 안내데스크는 그 고객을 맞을 준비를 하고 체크인 절차를 사전에 준비하여 고객의 키 카드와 등록확인서를 사전에 준비해 놓고 고객을 기다린다. 고객이 호텔에 도착하자마자 고객을 기다리고 있던 안내데스크에서 사전에 온라인에서 출력하였던 체크인 영수증을 호텔직원들이 준비해 놓은 키 카드와 교환하고 바로 호텔서비스를 이용할 수 있다. Hilton호텔체인은 이러한 프로그램을 통해 고객이 안내데스크에서 줄을 서서 차례를 기다리거나 하는 번거로움도 줄일 수 있다. 또한 고객이 원하는 객실의 특징이나, 세부옵션들을 매번 이야기하지 않아도 웹 시스템에 기록된 정보를 바탕으로 자동으로 추천해주기 때문에 Hilton호텔은 Computer World's가 선정하는 IT경영환경에 우수한 100대 기업에 선정되어 Category of Technology Award에서 Chain Leadership상을 수상하였다.

자료: www.sprocess.tistory.com

2. 고객접점관리와 운영기술

서비스기술의 발달은 서비스프로세스와 고객접점의 기능을 변화시키고 있다. 음악회나 연극, 항공기, 고속버스의 좌석예약, 좌석선택, 대금결제, 자동발권이 인터넷에 의해 일상화되었다. 금융서비스는 인터넷뱅킹, 텔레뱅킹을 통해 각종 금융거래가 가능하게 되었다. 교육도 피교육자가 강의콘텐츠를 선정하고 언제, 어디서든지 질의응답이 가능한 원격교육이 확산되고 있다.

서비스혁신은 서비스제공자의 비용절감과 고객의 서비스를 받기 위한 노력과 시간, 비용절약을 가능하게 하고 서비스제공자와 고객 간의 서비스접점도 변화되고 있다. [그림 6-2]에서와 같이 서비스접점에서 필요로 하는 기술에 대하여 Froehle와 Roth(2004)는 고객접점의 형태에 따라 기술의 활용정도를 설명하고 있다.

① 기술이 필요 없는 접점서비스: 소규모 판매점, 이발, 세탁, 컨설팅서비스는 고객과 서비스제공자가 물리적으로는 상호 대면을 하지만 서비스접점운영에 기술을 직접 사용하지 않는다.
② 기술지원형 접점서비스: 서비스제공자가 서비스전달이 용이하도록 정보시스템 등의 기술을 이용한다. 은행원이 컴퓨터시스

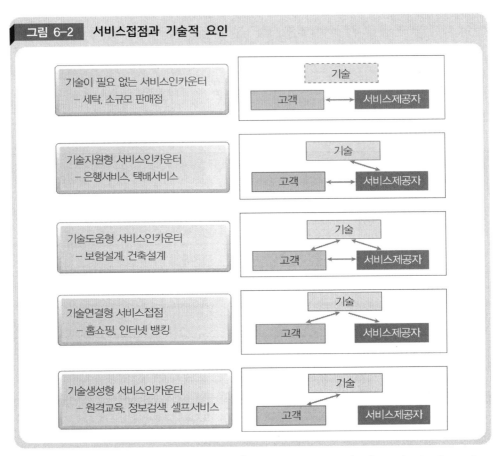

그림 6-2   서비스접점과 기술적 요인

자료: Craig M. Froehle & Aleda V. Roth(2004), "New Measurement Scales for Evaluating Perceptions of the Technology–Mediated Customer Service Experience", *Journal of Operations Management*, 22(1), p.1~21.

템을 통해 고객과 대면하여 서비스를 제공하지만 고객은 컴퓨터시스템을 직접 이용하지 않는다.

③ 기술도움형 접점서비스: 고객과 서비스제공자가 기술을 통해 접점을 이루어 제공하는 서비스형태이다. 보험설계사가 고객과 대면접촉을 하고 컴퓨터시스템 내의 정보를 활용하여 고객에게 맞춤서비스를 디자인하는 경우이다.

④ 기술연결형 접점서비스: 고객과 서비스제공자의 직접적인 대

면접촉이 없이 정보통신기술을 통해 서비스를 제공하는 경우
이다. 인터넷 홈쇼핑, 인터넷 뱅킹서비스, 인터넷 또는 화상통
신시스템을 통해 수리센터 전문가의 진단과 지시에 따라 컴퓨
터 등 기기를 수리하는 서비스이다.

⑤ 기술생성형 접점서비스: 서비스제공자의 관여가 없이 고객이
셀프서비스를 받는 방법이다. 고객은 정해진 프로세스에 따라
ATM을 이용하여 서비스를 받고 웹시스템을 통해 필요한 강의
를 찾아 원격교육을 받는다. 환자는 자가진단을 통해 일정한
프로세스에 따라 의료진단 및 처치를 받는 서비스이다.

사례

은행의 서비스프로세스 개선

▶ A은행은 고액거래 고객들을 대상으로 예약서비스를 운영하고 있다. 고액고객
들과의 상담은 장시간 이루어지는 경우가 많아 예약서비스를 이용하기 전에는
제대로 된 상담이 어렵고 고객들도 그냥 돌아가는 경우가 발생했다. 그러나 예
약서비스를 운영함으로써 상담자와 고객 모두 편안하게 업무를 볼 수 있게 되
었고 상담효과 및 상품가입에도 긍정적인 영향을 주었다.

▶ 대학가가 위치하고 있는 B은행지점은 국제현금카드를 발급받으려는 학생들로
인해 늘 창구 대기시간이 길었는데 워크벤치를 설치하여 신청서 작성을 창구
에서 하지 않고 직접 할 수 있도록 하여 창구에서 처리하는 시간을 단축시켰
고 이로 인해 대기시간과 대기열이 줄어들게 되었다.

▶ 대출서비스는 1천만 원이나 1억 원을 대출받거나 프로세스는 동일하다. 1천만
원 대출받는 고객은 프로세스가 너무 복잡하고 불편하다고 느낀다. C은행은 1
천만 원을 대출받는 고객의 구비서류는 간소화시키고 1억 원 대출받는 고객의
구비서류는 더욱 꼼꼼히 검토하도록 하였다. 그 결과 1천만 원 대출 받는 고객
은 서비스 간소화로 서비스시간이 단축되어 만족도와 재이용률이 높아졌고 1
억 원 대출서비스는 꼼꼼한 업무처리로 대출부실률이 낮아졌다.

자료: blog.naver.com 등에서 발췌.

3. 서비스프로세스 운영기술의 선택

서비스기업이 서비스프로세스 운영기술 확보해도 실제 서비스운영까지는 많은 시간과 비용이 소요되며 기술수준이 높을수록 소요비용은 더욱 확대된다. [그림 6-3]과 같이 서비스프로세스 운영기술의 선택에는 다음의 요건이 결정되어야 한다.

- 서비스프로세스 운영기술을 어떻게 확보하고 어느 정도 투자할 것인가?
- 서비스프로세스 운영기술을 내부에서 개발할 것인가, 외부에서 구입할 것인가?
- 서비스프로세스 운영기술을 어떻게 유지, 관리할 것인가?
- 서비스프로세스 운영기술의 개발을 선도할 것인가, 추종할 것인가?
- 서비스프로세스의 자동화 수준은 어느 정도 유지할 것인가?
- 서비스프로세스의 유연성을 어떻게 확보하고 어느 정도 유지할 것인가?

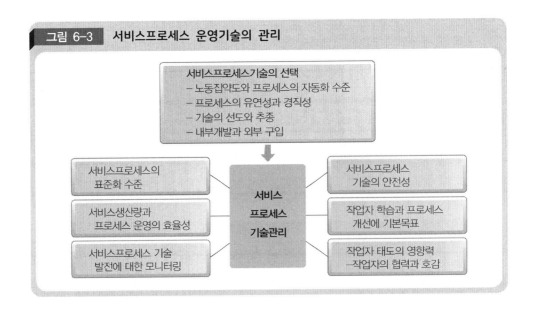

그림 6-3 서비스프로세스 운영기술의 관리

① 서비스프로세스 운영기술은 노동집약도와 자동화 정도에 따라 기술투자의 규모, 적시성, 경쟁관계 등 사업적 이슈와 프로세스운영기술의 비용, 품질, 기술적 특성 등 운영적 이슈, 작업자의 태도, 기술력, 조직분위기 등 조직적 이슈, 직무안전, 정보통신 이용 등 법률적 이슈 등을 고려해야 한다.

② 서비스프로세스의 운영기술과 서비스의 고객화 또는 표준화에 따라 유연성과 경직성이 달라진다. 고객의 다양한 요구와 수요변화에 대비하여 서비스생산의 모듈화 등 프로세스의 유연성을 확보할 수 있으며 또한 준비(set-up) 및 변환시간(changeover time)을 단축하여 비용절감을 시도해야 한다.

③ 서비스프로세스 운영기술을 다른 기업에 앞서 선도할 것인가 또는 다른 기업의 개발기술을 추종할 것인가의 결정은 기술투자의 위험성, 기술혁신의 속도와 수명주기, 기술이용의 연속성 등에 좌우된다. 최신기술의 산업화는 선도전략의 중요성을 강조하지만 빠른 혁신속도나 위험성을 고려해야 한다.

④ 서비스프로세스 운영기술을 기업 내에서 자체 기술로 개발할 것인가 또는 기업 외부에 개발을 의뢰할 것인가의 결정은 기술투자의 규모, 기술개발의 시간, 기술인력, 투자가능성 및 잠재적 비용을 비교분석하여 선택한다.

서비스프로세스 운영기술은 단기적 선택보다는 고객, 작업자, 시장경쟁, 비용, 프로세스의 효율성 등의 요인을 고려하여 전략적으로 선택해야 한다. 서비스프로세스 운영기술은 프로세스유형과 서비스특성에 따라 서비스-프로세스행렬을 통해 결정할 수 있다. 서비스프로세스의 유형은 프로젝트, 잡샵, 묶음생산, 반복적 흐름, 연속적 흐름 등으로 구분하고 서비스제품의 특성은 단일서비스, 다수서비스의 소량생산과 중규모생산, 다양한 서비스의 대량생산, 단일서비스의 대량생산 등 생산형태와 생산규모에 따라 분류한다.

[그림 6-4]의 대학학사관리의 서비스-프로세스행렬의 예와 같이

그림 6-4	서비스프로세스 운영기술의 선택: 서비스 – 프로세스행렬

프로세스 유형	서비스 특성				
	단일서비스	다수서비스 소량생산	다수서비스 중규모생산	다양한 서비스 대량생산	단일서비스 대량생산
프로젝트 프로세스	고객맞춤형 정보시스템				
잡샵 프로세스		병원의 응급실			
묶음 프로세스			대학의 학사관리		
반복적 흐름 프로세스				운전면허 신규발급	
연속적 흐름 프로세스					회계처리 시스템

학과별, 과목별 수강학생 수가 일정 범위 내에 한정되므로 다수의 중규모 서비스로 분류하고 수강신청, 강의진행, 출석관리, 평가 등 학사관리는 묶음프로세스에 해당하므로 이에 적합한 기술을 선택한다.

4. 서비스프로세스 운영기술의 평가

서비스가 반복적으로 수행됨에 따라 작업자의 숙련 등으로 서비스운영의 사이클타임이나 리드타임을 줄이고 운영성과를 높일 수 있다. 서비스프로세스 운영의 비용과 성과 관계를 나타내는 경험곡선 또는 학습곡선으로 작업수준이나 기술수준을 평가할 수 있다.

경험곡선(experience curve)이란 서비스프로세스 운영에 소요되는 단위비용과 총 비용과의 관계를 나타내는 곡선이다. 여기서 단위당 비용은 1회 고객의 주문, 서비스제공, 또는 콜(call)에 소요되는 비용이며 총 비용은 시스템 전체에 소요되는 비용이다. 학습곡선(learning curve)은 협의의 경험곡선으로 단위당 작업시간과 총 생산량과의 관계를 나타낸다. 노동집약도가 높은 서비스에서는 노무비의 비중이 커져 경험곡선을 학습곡선으로 대체하여 사용할 수 있으며 다음의 가정을 전제로 한다.

- 작업을 반복함에 따라 작업에 소요되는 시간은 점차 줄어든다.
- 작업에 소요되는 단위당 소요시간이 줄어드는 비율은 감소한다.
- 작업에 소요되는 단위당 소요시간의 단축패턴은 예측이 가능하다.

경험곡선은 서비스시스템 전체를 대상으로 하거나 서비스프로세스의 부문별, 요소별로 분석함으로써 서비스기술의 적용, 고객요구의 반영, 생산규모 변화에 대한 유연성 수준을 추정할 수 있다. 서비스프로세스 운영의 평가에서 경험곡선은 서비스제공에 소요되는 시간과 비용에 대한 분석, 특히 서비스제공의 횟수가 늘어남에 따라 반복되는 서비스작업의 숙련, 경험, 학습에서의 시간과 비용을 작업능률과 작업개선의 관점에서 평가할 수 있다.

사례

서비스기업의 경험곡선 개발과 활용

Boeing은 대형항공기 제작에 경험곡선을 이용하여 새로운 기술의 적용을 평가하고 있으며 고객의 요구에 따른 부분적인 설계변경, 반복적인 항공기설계, 생산계획, 원가관리에 활용하고 있다. Boeing은 대형항공기산업의 특징인 복잡한 엔지니어링 프로세스의 관리, 고비용, 낮은 생산효율성을 개선하는 효과를 평가하기 위해 경험곡선을 사용하였다. Boeing의 경험곡선 효과에서 볼 때 대형항공기의 단위당 제조비용은 누적생산량이 증가함에 따라 일정 비율로 낮아지는 것으로 나타났다. Boeing은 첫 번째 대형항공기제작에 5,000시간을 소요하였으나 두 번째에는 4,000시간, 네 번째에는 3,200시간 등 20%의 절감이라는 경험효과를 얻는 것으로 분석되었다. 즉 누적생산량이 2배가 되면 비용은 20% 정도 떨어진다.

이것은 누적생산량이 늘어날수록 비용은 낮아지고 수익성은 높아지는 것이다. 누적생산량 또는 판매량은 학습 등에 의한 누적경험의 크기를 의미하며 경험곡선은 기업의 경영전략을 구상하는 데 기초가 된다.

McDonald는 1990년대 시장경쟁의 우위를 지속하기 위해 기존의 서비스를 개선하고 여러 가지 서비스를 신규로 개발하는 조치를 취했다. 고객의 차량탑승 (drivr-through)주문, 새로운 햄버거의 출시 등 새로운 서비스상품의 개발과 서비스프로세스의 변경, 콜센터의 통합관리 등 관리적 문제에 대한 분석이 필요했다. McDonald는 새로운 서비스에 대한 개발초기의 효율성, 주문능률, 품질수준 등의 분석과 평가에 경험곡선을 이용하였다.

기업이 신제품을 개발하여 시장에 도입하는 초기에는 시장선점이 중요한 목표가 되지만 일정시간이 경과한 다음에는 경험곡선을 통해 기업의 이익을 나타내고 있는가를 파악해야 한다. 1990년대 말 삼성전자가 64메가D램을 최초로 개발하여 양산체제를 갖추었는데 경쟁자들의 시장참여가 늘어나 1990년대 중반에 300달러 하던 64메가D램 가격이 2000년대 초에는 10달러 미만으로 하락했다. 삼성전자는 생산규모와 가격결정을 위해 학습곡선을 활용하였다. 즉 학습곡선에 나타난 생산규모와 생산수율, 생산규모와 원가와의 관계 등을 분석하여 가장 큰 이익을 얻을 수 있는 생산규모 및 가격수준을 결정할 수 있었다.

자료: 삼성경제연구소 경제포럼(2008), "기업이익창출을 위한 전략"에서 발췌.

서비스프로세스 조정의 효과

▶ 삼일자동차공업사(용인시 수지구 소재)는 1급 자동차정비와 한국교통안전공단의 자동차검사를 대행하는 회사이다. 이 회사의 자동차검사는 오전 9시부터 시작하지만 오전 11시부터 오후 3시까지 자동차검사를 받으려는 고객이 집중한다. 이 시간에는 검사 대기차량이 밀려 좁은 공간에 주차하기가 어려울 뿐 아니라 차량정리, 주차안내 등으로 직원들의 검사업무가 지연되는 악순환을 거듭하고 있다.

이 문제를 해소하고자 2020년부터 모든 자동차검사는 예약을 받아 처리하기로 하였다. 또한 작업시간 단축에 초점을 맞추어 자동차검사를 대기하는 중에도 간

단한 정비점검을 하는 등 검사프로세스도 조정했다. 이 회사의 자동차검사 예약은 고객의 수요를 분산시키는 효과와 검사대기를 하는 차량의 주차공간 활용에도 여유가 생겼다. 또한 자동차검사를 기다리는 중에도 검사과정을 순차적으로 진행하여 고객이 도착하여 떠날 때까지의 시간을 30분 이내로 단축하여 고객만족도가 높아졌으며 일간 처리대수도 10% 이상 늘어났다.

자료: 네이버블로그(삼일자동차공업사).

▶ 최근 코로나-19의 세계적 유행으로 우리나라에도 대구·경북을 중심으로 환자가 폭발적으로 증가하는 등 전국적으로 확산되어 2020년 4월 초 기준으로 1만여 명 이상의 환자와 2%가 넘는 사망률을 보이고 있다.

정부는 감염여부를 검사하는 선별진료소의 효율적 운영을 위해 자동차 이동형(드라이브스루) 선별진료소의 표준운영지침을 마련했다. 드라이브스루는 검사 대상자가 자동차에서 내리지 않고 창문으로 문진, 발열 체크, 검체 채취를 시행할 수 있도록 운영하고 있다. 일반 선별진료소는 시간당 2건, 1일 20건 정도의 검체를 채취하는데 비해 드라이브스루 선별진료소는 소독과 환기시간을 절약하고 시간당 6건, 1일 60건까지 처리가 가능하다. 접수와 진료, 검체채취 및 교육에 총 10분 내외 소요되며, 실내에 별도의 공간을 준비하는 부담을 줄이고 검사대상자가 차에서 내리지 않아 대기자나 의료진의 교차감염 우려를 낮출 수 있어 시민들의 선호도가 높다.

운영지침에 따르면 선별진료소는 접수 → 진료 → 검체채취 → 소독 및 교육의 순으로 운영하고 기관별 상황에 따라 4단계 부스를 2단계로 줄일 수 있다. 드라이브스루 선별진료소는 행정인력 1-3명(접수, 교육, 시설관리, 차량통제), 의사 1-2명(진료), 간호인력 1-2명(검체채취), 방역 1명(소독) 등 4-8명으로 운영한다.

선별진료소의 검사업무는 전염병으로부터의 안전, 최소의 공간활용, 검사프로세스의 단순화와 신속성 등의 이점을 얻을 수 있다는 평가를 받고 있다.

자료: 정부 정책브리핑(2020. 3. 4.) www.korea.kr 참조.

▶ 미국 하와이 호놀룰루에 있는 McDonald의 드라이브스루 창구에서 차에 탄 채 마이크를 통해 햄버거를 주문한다. 이 주문은 점포 안의 직원이 주문을 받는 것이 아니라 캘리포니아의 콜센터 직원이 주문을 접수해 하와이 McDonald의 주방으로 송신하고 주방에서는 햄버거를 만들어 고객에게 전달한다.

고객의 주문을 창구에서 직접 접수하지 않고 캘리포니아까지 왕복하는 것은 비효율적으로 보이지만 여기에는 혁신적인 아이디어가 있다. McDonald가 드라이브스루를 운영한 초기에는 창구에 전담직원을 배치함으로써 추가 인력이 소요되고 주문과정에 실수도 발생하였다. 드라이브스루 창구에서 주문을 마친 고객이 음식을 받고 이동하기까지 걸리는 시간은 10~20초이다. 콜센터로 집중된 주문처리가 하나의 점포로서는 낭비이지만 여러 점포를 합치면 이익이 될 수 있다. 드라이브스루 주문을 콜센터로 집중시키면 대기시간이 단축되고 추가로 소요되는 인력과 실수를 줄일 수 있어 식사시간에 밀려드는 주문을 효과적으로 처리할 수 있다. 또한 드라이브스루 코너를 이용하는 고객들은 외국 관광객이 많아 부정확한 영어발음으로 생겨나는 잘못된 주문도 상당부분 해소했다. McDonald는 주문업무의 프로세스를 표준화하고 집중화해서 효율성을 높이는 성과를 가져왔다. McDonald가 햄버거라는 제품으로 글로벌시장에서 치열한 경쟁을 뚫고 살아남기 위해 서비스프로세스 개선 등 경영혁신을 끊임없이 추구한 결과이다.

자료: www.mcdonalds.com

토의문제

1. 삼일자동차의 검사프로세스의 장점과 단점을 비교하라.
2. 드라이브스루 선별진료소 운영의 장점을 설명하라.
3. McDonald의 드라이브스루 주문을 콜센터에 집중하는 경우와 그렇지 않은 경우의 프로세스를 비교하라.
4. 서비스프로세스 개선은 고객만족에 어떠한 영향을 미치는가?

참고문헌

고창헌 외(2016), 서비스경영의 이해, 법문사.

김길선 외(2011), 생산시스템운영관리, 법문사.

삼성경제연구소 경제포럼(2008), 기업이익창출을 위한 전략.

Froehle, Craig M. & Aleda V. Roth(2004), "New Measurement Scales for Evaluating Perceptions of the Technology−Mediated Customer Service Experience," *Journal of Operations Management*, 22(1), p.1~21.

Lynn Shostack, G.(1984), "Designing Service That Deliver," *Harvard Business Review*, 62(1), pp.133~139.

Normann, Richard(2001), *Service Management: Strategy and Leadership in Service Business*, John-Wiley.

Schmenner, Roger W.(1995), *Service Operations Management*, Prentice-Hall.

네이버블로그: (blog.naver.com)

www.mcdonalds.com

www.southwest.com

www.sprocess.tistory.com

제 **7** 장

서비스품질경영

- 서비스품질은 고객의 인지와 관련된 고객지향적 개념이다.
- 서비스품질은 지속적 판단과 태도 및 이와 유사한 개념이다.
- 서비스품질은 서비스제공 과정 및 결과에 대한 평가이다.
- 서비스품질은 탐색적 품질보다 경험적 품질의 특성을 갖는다.
- 서비스품질은 고객의 기대와 인지의 비교에 의해 결정된다.

– 서비스품질에 대한 Zeithaml(1988)의 정의

제 1 절 서비스품질의 접근

개|념|정|리 서비스품질의 중요성

제품이나 서비스의 품질은 왜 중요한가? Thomas Foster(2001)는 기업의 경쟁력 관점에서 품질의 중요성을 설명하고 있다.

- 고객충성도 향상: 고객에게 높은 품질의 제품과 서비스를 제공함으로써 고객만족 수준이 향상되며 반복구매, 구전 등 고객충성도를 높인다.
- 시장점유율 제고: 고객들의 구전효과로 새로운 고객을 창출하고 시장활동의 영역을 넓혀 준다.
- 투자수익률 개선: 기업의 이익구조와 투자수익률을 개선하고 투자자들의 투자의욕을 고취시킨다.
- 직원충성도 향상: 직원들에게 높은 품질의 제품과 서비스를 생산한다는 자부심을 줌으로써 직원들의 만족도와 생산성을 향상시킨다.
- 원가절감: 제품과 서비스의 높은 품질은 오류제거, 재작업 등의 노력을 줄이고, 폐기물 축소 등 원가절감의 효과를 얻을 수 있다.
- 취약성 극복: 품질우위로 제품 및 서비스를 바람직한 가격으로 판매함으로써 이익개선의 기회를 얻어 높은 생산성과 시장에서의 경쟁력을 높인다.

자료: S. Thomas Foster(2001), *Managing Quality: An Integrative Approach,* Prentice-Hall, pp.5~7.

---

1. 서비스품질의 특성

D. A. Garvin은 품질을 단순히 생산과정의 통제수단으로만 보지 말고 소비자의 요구와 선호도를 평가하는 기준으로 삼아야 한다고 하였다. 품질은 고객이 어떻게 느끼고 인식(perceived)하는가에 따라 결정된다는 것을 의미한다. J. M. Juran의 사용자 적합성품질(user-based quality)과 같은 품질정의라 할 수 있다. 제품이나 서비스는 소

비자가 요구하고 만족할 수 있는 수준의 품질을 갖추어야 한다.

서비스품질은 고객이 서비스를 이용할 때 고객의 기대와 인지한 수준에 따라 측정된다. Heskett 등(1997)은 서비스품질의 특성을 다음과 같이 설명하고 있다.

- 서비스품질은 절대적이기보다 상대적이다.
- 서비스품질은 서비스제공자의 판단이 아니라 고객이 결정한다.
- 서비스품질은 고객에 따라 다양하게 인식한다.
- 서비스품질은 고객의 기대를 충족하거나 기대를 넘어야 한다.

서비스품질에 대한 Zeithaml(1988)은 보다 광범위한 개념으로 설명하고 있다.

- 서비스품질은 고객의 인지와 관련된 고객지향적 개념이다.
- 서비스품질은 지속적 판단과 태도 및 이와 유사한 개념이다.
- 서비스품질은 서비스제공 과정 및 결과에 대한 평가이다.
- 서비스품질은 탐색적 품질보다 경험적 품질의 특성을 갖는다.
- 서비스품질은 고객의 기대와 인지의 비교에 의해 결정된다.

2. 서비스품질의 정의

Parasuraman 등(1985)은 서비스품질을 "훌륭한 서비스품질은 고객의 기대를 충족시키거나 기대 이상의 서비스를 제공하는 것"이라고 정의하고 있다. 또한 고객이 인지하는 서비스품질은 고객의 기대수준 및 욕구수준과 고객이 인지한 서비스의 차이(gap)로 나타낼 수 있다고 하였다. [그림 7-1]에서와 같이 고객이 인지한 서비스가 기대수준보다 높으면 서비스품질은 높다고 할 수 있으며 반대로 기대수준에 미치지 못할 경우 서비스품질은 낮은 것으로 평가된다. 고객의 기대수준은 구전, 개인적 욕구 및 과거의 경험으로부터 영향을 받는다.

여러 학자들의 품질에 대한 견해와 Garvin의 품질차원에 대한 정의, 서비스특성을 고려하여 서비스품질을 정의하면 다음과 같다.

> ○ 서비스품질이란 고객이 요구하는 서비스속성이 특정 서비스에 반영
> 되어 고객이 인식하는 정도이다.

그림 7-1　인지된 서비스품질 모형

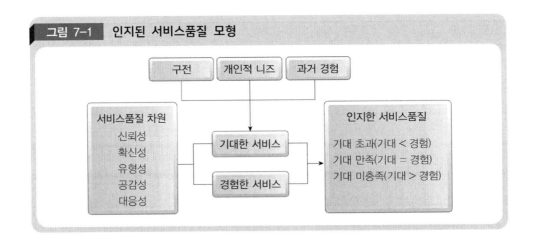

제 2 절　서비스품질의 측정과 평가

1. 서비스품질의 측정

서비스품질을 측정하는 것은 취약한 품질요건을 개선하는데 있다. 서비스품질의 개선은 구성원의 품질인식을 고취하고 고객만족, 시장점유율 향상, 투자수익을 개선 등 서비스기업의 경쟁우위를 확보하기 위해 필요한 조건이다.

서비스품질은 무형적 기능으로서 고객의 심리적 요인에 영향을 미치고 고객의 주관적 의지에 따라 결정된다. Zeithaml이 정의한 바와 같이 서비스품질은 고객접점이나 서비스의 과정만이 아니라 서비

스제공결과에 대한 평가가 필요하다. 홈쇼핑은 고객의 구매과정보다 구매결과가 더 중요하다. 의료서비스는 치료과정도 중요하지만 치료 후 완치되어야 한다. 서비스품질의 측정은 다음과 같은 서비스 특징에 영향을 받기 때문에 제품품질의 측정과 다른 접근이 필요하다.

- 서비스는 고객의 주관적 개념에 좌우되므로 그 평가도 개인에 따라 다르다.
- 서비스는 생산과 동시에 소비되므로 경험하기 이전에는 품질 평가가 어렵다.
- 서비스의 추상적 특징은 정확한 평가와 품질자료의 확보를 어렵게 한다.
- 서비스자원의 흐름과 서비스환경이 서비스품질 측정의 객관성을 저해한다.
- 서비스프로세스에 고객이 참여하므로 품질수준을 변화시킬 수 있다.

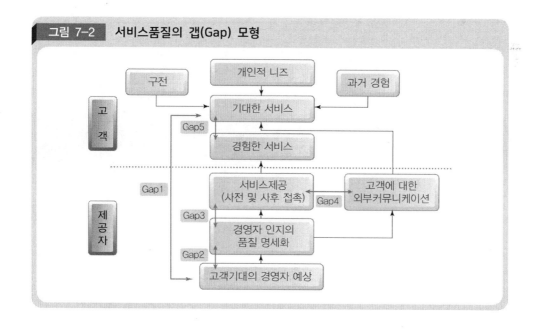

그림 7-2 서비스품질의 갭(Gap) 모형

[그림 7-2]와 같이 서비스품질은 Parasuraman 등(1988)의 갭(Gap) 모형을 통해 서비스에 대한 고객의 기대수준과 인지수준의 차이로 측정될 수 있다.

사례

병원의 서비스품질 평가

보건복지부-건강보험심사평가원이 주관하는 '의료서비스 환자경험평가'는 전국 500~700여 개 병원을 대상으로 하여 8개 영역 30여 개의 세부질환으로 나누어 인력, 시설운영체계, 관리활동 등 200여 개의 평가지표를 통해 조사원과 환자들이 평가한다. 병원평가는 의료법 등에 의무화 되어있고 전문병원 지정이나 의료서비스인증에 활용되며 일부 병원은 국가품질상이나 서비스품질 인증제도에 도전하여 평가를 받고 있다. 의료서비스는 의료기관의 특수성과 전문성을 고려하여 평가되지만 일반 서비스평가에 사용하고 있는 인적, 물적, 프로세스와 고객만족 등 서비스품질 측정지표의 평가항목을 포함하고 있다.

병원평가는 우리나라 의료기술을 세계적인 수준으로 끌어올렸으며 병원의 의료환경개선과 의료서비스의 질적 향상을 가져왔다. 특히 환자의 권리측면에서 누구나 차별받지 않고 진료를 받을 수 있는 의료평준화에 많은 기여를 해 왔다.

2018년의 평가에서 '빅5 병원'은 진료서비스, 병원환경 등은 매우 높은 점수를 받았으나 의사서비스, 환자권리보장 항목이 낮게 평가되었다. 5개 대형병원의 주요 평가항목별 비교결과는 <표>와 같다.

	간호사	의사진료	투약/치료	병원환경	환자권리	종합평가
가톨릭성모	90.65	82.43	84.35	92.56	83.59	88.49
삼성서울	91.16	80.90	84.23	89.83	79.92	88.28
서울아산	91.76	82.67	85.26	88.52	81.93	87.58
세브란스	89.96	79.60	82.24	91.29	80.80	85.60
서울대	90.20	77.14	80.78	77.93	79.99	83.48

가톨릭대 서울성모병원은 병원환경 92.56점(전체 1위), 전반적 평가 88.49점(4위), 투약 및 치료과정 84.35점(14위), 환자권리보장 83.59점(14위) 등 높은 점수

를 받았다. 삼성서울병원은 전반적 평가 88.28점(6위), 병원환경 89.83점(11위), 간호사서비스 91.16점(16위), 투약 및 치료과정 84.23점(19위)으로 상위권의 점수를 받았으나 의사서비스 80.9점(64위), 환자권리보장 79.92점(73위)으로 평가되었다. 서울아산병원은 간호사서비스 91.76점(9위), 전반적 평가는 91.76점(10위), 투약 및 치료과정 85.26(11위), 병원환경 88.52점(22위), 환자권리보장 81.94점(30위)으로 높게 평가되었다. 연세대 세브란스병원은 병원환경 91.29점(4위), 전반적 평가 85.6점(23위), 간호사서비스 89.96점(32위)이나 투약 및 치료과정 82.24점(49위), 환자권리보장 79.92점(56위), 의사서비스 79.6점(79위) 등 중위권에 머무르고 있다. 서울대병원은 4개 영역에서 다른 대형병원보다 낮았으며 특히 의사서비스, 투약 및 치료과정, 병원환경 항목은 전체 70~80위권의 낮은 순위로 나타났다.

자료: 약업신문(2018. 8. 10.) 기사에서 발췌.

2. 서비스품질과 갭 모형

서비스품질은 고객이 기대한 서비스와 인지한 서비스의 차이로 평가한다. 이를 갭(Gap)이론이라 하는데 갭 1~갭 4는 서비스제공자와 고객 간의 품질인식에 대한 차이이며 갭 5는 서비스제공자와 조직 내부요인 간의 차이이다. 갭 모형에서 갭의 번호매김은 서비스를 제공하는 흐름에 따라 고객요구 파악, 서비스내역과 디자인, 서비스 제공의 적합성, 외부 의사소통, 고객만족의 과정에서 나타나는 불일치성을 나타낸 것이다.

- **갭 1**: 갭 1은 고객의 기대수준과 경영자 인식의 차이(know-ledge gap)로서 고객의 서비스에 대한 인식과 요구를 이해하지 못하여 발생한다. 고객접촉 직원과 경영자 간의 의사소통을 개선하고 고객이 필요로 하는 서비스 속성이 무엇이고 이들 속성을 충족시킬 수 있는 서비스디자인과 운영이 필요하다.
- **갭 2**: 갭 2는 경영자의 인식과 서비스품질의 표준명세와의 격차(standard gap)로서 고객의 기대를 맞추기 위해 서비스품질

목표를 설정하고 품질규격을 표준화, 서비스제공 프로세스를 구체화하여 경영자의 인식부족을 줄여야 한다.

- **갭 3**: 갭 3은 서비스품질 규격의 명세와 실제 서비스제공에서의 불일치(delivery gap)에 의해서 발생한다. 서비스제공 과정에서 부적절한 직원의 배치, 훈련부족 등은 서비스절차, 기준, 규격을 충족시키지 못하므로 서비스제공과 관련된 직무설계, 효율적인 인적자원관리를 검토해야 한다.
- **갭 4**: 서비스에 대한 고객의 기대는 광고나 외부 의사소통으로 형성된다. 정보부족이나 과대정보는 고객에게 제공된 서비스가 고객의 인지와 일치하지 못하여 서비스제공과 외부 의사소통 간의 격차(communication gap)가 발생한다.
- **갭 5**: 갭 5는 서비스에 대한 고객의 기대와 인지수준의 차이에 의해 나타나며 서비스제공자가 제공한 서비스를 고객이 어떻게 인지하고 고객의 기대를 얼마나 충족되었는가를 나타낸다. 고객이 서비스의 성과를 어떻게 인지하는가는 서비스 품질 수준을 결정하는 기준이다.

3. 서비스품질의 측정: SERVQUAL

PZB(Parasuraman, Zeithaml, Berry, 1985)는 품질측정도구로서 SERVQUAL을 개발하였다. 이 서비스품질 측정모형은 신뢰성, 대응성, 확신성, 공감성, 유형성 등 서비스품질의 5개 차원에 따라 고객의 기대와 인지수준의 차이(gap)로서 서비스품질을 평가하고 있다. SERVQUAL의 다섯 가지 서비스품질차원의 내용은 다음과 같다.

- **신뢰성(reliability)**: 신뢰성은 고객과 약속된 서비스를 일관성 있고 정확하게 제공하는 능력이다. 의료서비스의 신뢰성은 입원환자에 대하여 정해진 시간에 회진하며 적시에 투약하고 진료기록을 정확하게 작성하여 관리하는 것이다.

- **대응성(responsiveness)**: 대응성은 고객의 요구에 따라 신속한 서비스를 제공하는 능력이다. 서비스실패 시 신속한 복구는 서비스직원의 의지로 가능하다. 항공기 출발이 지연되는 경우 대합실에 기다리는 고객에게 무료식권을 제공함으로써 고객의 불만을 어느 정도 해소시킬 수 있다.
- **확신성(assurance)**: 확신성은 서비스제공 능력, 고객에 대한 정중함, 원만한 의사소통과 진심어린 관심 등 서비스제공자의 개인적 능력이다. 서비스에 대한 지식과 대인관계기술이 충분한 직원은 고객으로부터 믿음을 높여준다.
- **공감성(empathy)**: 공감성은 고객을 기꺼이 돕고 충분한 배려와 관심을 보이는 자세이다. 공감성은 고객의 요구를 이해하기 위해 고객의 입장에서 생각할 수 있는 자세와 고객의 문제를 해결하려는 성실한 노력이다. 인터넷 쇼핑에서 고객이 주문을 잘못했을 경우 고객의 입장에서 이를 해결해 주려는 노력이다.
- **유형성(tangibles)**: 유형성은 서비스제공을 위한 물리적 시설, 장비 등의 상태와 청결도, 서비스제공자의 외모, 서비스시설 내에 있는 다른 고객 등을 포함한다. 서비스는 무형의 기능이지만 서비스에 부수되는 유형적 증거는 서비스의 수준을 인식하는 고객에게 영향을 준다.

SERVQUAL의 서비스품질측정에서 고객이 인지한 서비스수준이 기대한 서비스보다 높으면 고객은 서비스에 만족하는 것이며 그 반대의 경우는 불만을 나타내는 것이다. 따라서 고객이 기대한 서비스와 인지한 서비스의 차이는 서비스품질 수준을 평가하는 척도가 된다. <표 7-1>은 패스트푸드점 서비스의 SERVQUAL 질문문항과 척도를 나타낸 것이다.

서비스품질에 대한 고객의 기대와 인지의 차이가 클수록 서비스품질의 문제가 있다. 즉 측정된 SERVQUAL 점수가 부(−)의 값을 나타내면 서비스품질은 부정적이다. 서비스품질측정에 SERVQUAL의

표 7-1   SERVQUAL의 질문문항: 패스트푸드점 평가표

기 대							질문 문항	지 각						
전혀 아니다					매우 그렇다			전혀 아니다					매우 그렇다		
1	2	3	4	5	6	7	1. 간판 및 실내장식의 외관	1	2	3	4	5	6	7
1	2	3	4	5	6	7	2. 좌석, 집기, 설비기기와 외관	1	2	3	4	5	6	7
1	2	3	4	5	6	7	3. 직원의 용모 및 복장의 청결성	1	2	3	4	5	6	7
1	2	3	4	5	6	7	4. 메뉴, 안내서식의 외양	1	2	3	4	5	6	7
1	2	3	4	5	6	7	5. 주문 및 서비스시간 준수	1	2	3	4	5	6	7
1	2	3	4	5	6	7	6. 고객들의 문제해결을 위한 자세	1	2	3	4	5	6	7
1	2	3	4	5	6	7	7. 한번에 완벽한 서비스수행	1	2	3	4	5	6	7
1	2	3	4	5	6	7	8. 약속한 서비스제공의 적합성	1	2	3	4	5	6	7
1	2	3	4	5	6	7	9. 서비스제공의 실수	1	2	3	4	5	6	7
1	2	3	4	5	6	7	10. 정확한 서비스시간 약속	1	2	3	4	5	6	7
1	2	3	4	5	6	7	11. 신속한 대응과 서비스	1	2	3	4	5	6	7
1	2	3	4	5	6	7	12. 고객서비스에 대한 자발성	1	2	3	4	5	6	7
1	2	3	4	5	6	7	13. 고객요청에 대한 기꺼운 응대	1	2	3	4	5	6	7
1	2	3	4	5	6	7	14. 직원에 대한 고객의 확신	1	2	3	4	5	6	7
1	2	3	4	5	6	7	15. 고객들의 안정감	1	2	3	4	5	6	7
1	2	3	4	5	6	7	16. 직원의 친절정도	1	2	3	4	5	6	7
1	2	3	4	5	6	7	17. 직원의 업무지식과 숙련성	1	2	3	4	5	6	7
1	2	3	4	5	6	7	18. 고객 개인에 대한 배려	1	2	3	4	5	6	7
1	2	3	4	5	6	7	19. 고객이 편리한 시간대 조정	1	2	3	4	5	6	7
1	2	3	4	5	6	7	20. 고객에 대한 개인적 관심	1	2	3	4	5	6	7
1	2	3	4	5	6	7	21. 고객편의 우선	1	2	3	4	5	6	7
1	2	3	4	5	6	7	22. 고객요구에 대한 이해	1	2	3	4	5	6	7

질문항목이나 서비스품질 차원별 가중치를 부여함으로써 서비스품질의 항목별 중요도를 반영할 수 있다.

크로닌과 테일러(Cronin and Taylor, 1994)는 SERVQUAL이 지나치게 서비스의 과정중심에 초점을 두기 때문에 실제 고객들은 기대와 성과를 산술적으로 계산하여 비교하는 것이 어렵다는 점을 지적하고 기대품질보다는 결과품질 중심으로 측정하는 SERVPERF 모형을 제시하였다. 그들은 은행, 해충퇴치, 세탁소, 패스트푸드를 대상으로 조사했는데 SERVQUAL은 은행과 패스트푸드에서 모형이 적합한 것

으로 나타났고 SERVPERF는 4개 산업 모두 적합한 것으로 나타났다.

서비스에 대한 고객의 기대와 인지수준 및 그 변화추이를 파악하는 것은 고객만족도의 변화에 대응하고 고객세분화전략 수립에 활용할 수 있다. 기업 내적으로는 서비스이익사슬(service profit chain)에서와 같이 직원만족도 측정에 활용하거나 직원의 생산성 및 성과개선을 위한 동기부여방법으로 사용할 수 있다.

제 3 절 서비스품질의 디자인과 개선

1. 서비스품질경영

서비스품질은 고객에게 제공되는 서비스가 지니고 있는 모든 품질적 특성이다. 서비스품질의 디자인은 서비스에 포함되는 품질적 특성이 무엇이고, 이것을 서비스에 어떻게 반영하고, 어느 정도 반영시킬 것인가 하는 데 있다.

서비스품질의 디자인에 대한 Thomas Foster(2001)의 품질경영체계의 틀은 [그림 7-3]과 같이 품질철학, 직원 역량개선, 품질확신의 세 가지 측면의 품질기능 관계를 나타내고 있다. 서비스기업에 내재된 품질문화와 품질부서의 역할은 서비스품질 철학과 품질확신(quality assurance)의 관계를 형성하고 고객요구 등 정보분석과 획기적인 약진(breakthrough)을 하려는 노력에 의해 서비스품질철학과 직원역량개선의 영향관계가 만들어진다. 서비스품질목표 달성을 위한 전략개발과 품질전담 팀의 활동은 직원역량개선과 품질확신과의 관계이다. 이러한 모든 기능적 활동과 영향관계는 고객중심으로 운영되며 경영층의 리더십에 의해 계획되고 통제된다.

서비스품질의 디자인은 서비스시스템 디자인의 일부이다. 서비스시스템은 고객의 기대와 경험을 이끌어내는 과정이며 이 과정을 통

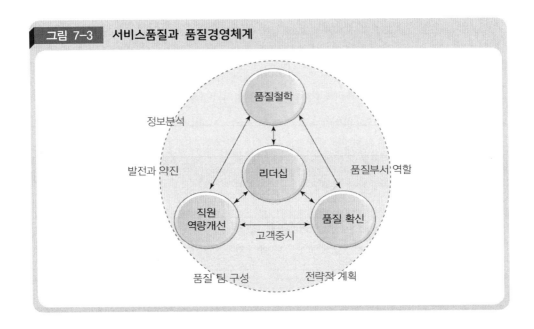

그림 7-3 서비스품질과 품질경영체계

해 서비스품질을 인식하게 된다. 서비스는 서비스 패키지(service package)라는 서비스기능을 묶음형태로 고객에게 제공함으로써 고객은 서비스가치를 쉽게 경험하게 된다.

서비스 패키지는 고객에게 제공되는 제품과 서비스의 묶음으로 서비스 패키지의 품질적 요건에 대하여 <표 7-2>에 항공사 기내서비스의 예를 나타낸다.

표 7-2 서비스 패키지의 품질적 요건

서비스 패키지 차원	품질적 요건
지원시설	항공기의 기종, 특징, 외관 및 내부시설, 좌석배치, 고객이용 정보기기 등 물리적 자원의 품질적 특성
촉진제품	기내제공 음료, 식사
정보	좌석예약, 요금체계, 목적지 여행정보
명시적 서비스	정시 출발 및 도착, 안전, 쾌적한 탑승
묵시적 서비스	친절한 응대, 서비스의 일관성

2. 서비스품질과 고객만족

서비스품질의 핵심은 고객

전 세계에서 최대 규모의 객실을 보유하고 있는 Intercontinental호텔은 시장세분화 전략을 통해 몇 가지 특별한 사업브랜드에 따라 서비스를 제공하고 있다. "우리는 고객의 선호에 따라 브랜드의 수준과 범위를 개발하고 세계 호텔시장의 수요에 따라 각기 다른 시장으로 구분하여 서비스를 제공한다. 우리의 서비스는 고객의 요구를 충족시키는 여행의 즐거움과 숙박의 경험을 담아 다양한 서비스를 효과적으로 제공하는 것이다." Intercontinental호텔은 사업브랜드를 통해 서비스 개념을 강조하는 호텔서비스가 무엇인가를 보여준다.

Holiday Inn Express는 경제적 가치를 중요시하면서 레저를 즐기는 고객이나 사업고객에게 한정된 범위의 서비스를 제공하는 전략에 초점을 맞추고 있다. 이 호텔은 테이블서비스 대신 가볍고 빠른 아침식사를 원하는 고객을 위해 전통적인 브렉퍼스트 바를 무료로 운영하여 저렴한 비용을 원하는 고객으로부터 호응을 받고 있다.

Holiday Inn Staybridge Suites는 장기투숙 고객을 대상으로 침실선택, 세탁, 도서대출, 아침식사, 식당 등 다양한 서비스를 제공하고 고객들은 필요한 서비스를 선택적으로 이용할 수 있다.

Crowne Plaza Hotel & Resort는 돈이 많은 여행객이나 국제적 성향에 따라 고객을 구분하여 최상급의 객실서비스를 제공하고 있다. 이 호텔은 5성급 시설을 갖추고 Intercontinental호텔의 수준에 맞는 서비스를 운영하고 있다.

Hotel Indigo는 브랜드의 개념을 고객의 "라이프 스타일"에 어울리는 경험을 제공함으로써 고객의 취향에 맞는 서비스를 차별화 하는 전략을 사용하고 있다.

자료: Robert Johnston & Graham Clark(2008), *Service Operations Management: Improving Service Delivery*(3rd ed.), Prentice-Hall. p.63에서 발췌.

건물 로비에 "우리 회사는 고객만족을 최우선으로 합니다."라는 문구를 크게 걸어놓은 기업이 있다. 이 회사뿐만 아니라 비슷한 문구를 자주 볼 수 있다.

　Heskett 등(1997)은 [그림 7-4]와 같이 서비스품질을 중심으로 구성원의 역할과 목표시장에서의 고객만족과 충성도 통해 서비스이익사슬(service profit chain)을 설명하고 있다. 서비스이익사슬은 서비스기업의 내적 서비스전달시스템, 품질에 의한 서비스가치, 고객만족, 고객충성도 및 이익요소 간의 개념적 흐름을 연결시킨 것이다. 여기서 고객만족은 서비스의 품질적 가치의 결과이며 고객충성도는 고객만족에 의해 결정되는 일련의 관계를 나타내고 있다.

　고객이 지각하는 서비스의 품질수준이 높으면 고객만족도가 높아지고 서비스품질 수준이 낮으면 고객의 불평과 불만이 커진다. 그러나 서비스품질과 고객만족 간의 비례가 항상 성립되는 것은 아니다. 최창복 등(2012) 등은 서비스품질과 고객만족은 고객의 지각 차에 의해 달라진다고 설명하고 있다. 즉 고객만족의 판단기준이 평균적인 서비스품질보다 낮은 경우에는 그 수준이 낮다고 해도 고객이 만족하는 구간이 나타난다. 반대로 고객만족의 판단기준이 평균적 품질수준보다 높은 경우에는 품질수준이 높다고 해도 고객이 만족하

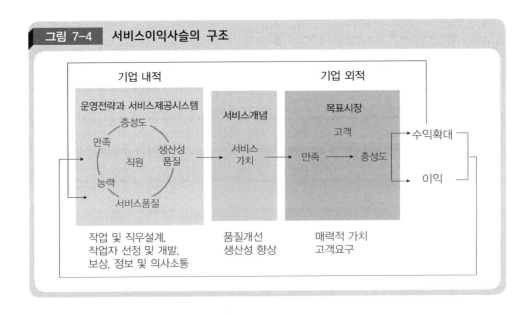

그림 7-4　서비스이익사슬의 구조

지 못하는 구간이 나타난다. 서비스품질과 고객만족의 판단기준 관계를 그림으로 나타내면 [그림 7-5]와 같다.

Oliver(1997)는 서비스품질과 고객만족의 개념을 <표 7-3>에서와 같이 고객의 경험, 고객만족의 특성, 기대 및 지각 등의 영향요인에 따라 설명하고 있다.

그림 7-5 **서비스품질 수준과 고객만족 판단기준**

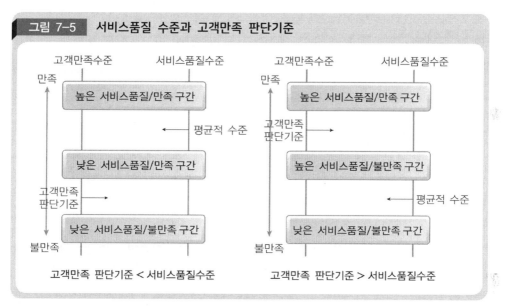

자료: 최창복, 홍성태(2012), 고객중시 마케팅, 청람, p.108.

표 7-3 **서비스품질과 고객만족의 개념차이 비교**

	서비스품질	고객만족
경험의존성	불필요: 외부적, 매개적	필요
속성/차원	구체적 특성, 속성에 의존	잠재적 속성, 차원
기대/기준	이상적, 우월성	예측, 규범, 욕구
지각/감정	지각에 의함	지각적, 감정적
개념적 선행요인	외부적 단서: 가격, 명성, 다양한 의사 소통이 원천	개념적 결정요인: 공평, 후회, 감정, 귀인 요소
시간적 요인	장기적: 전반적, 요약된 것	단기적: 거래, 접촉과 관련

자료: R. L. Oliver(1997), *Satisfaction: A Behavioral Perspective on the Consumer*, McGraw-Hill, pp.47~51.

Southwest항공의 서비스이익사슬

1994년 10월 16일, USA투데이에 다음과 같은 내용의 전면광고가 실렸다.

허브, 감사합니다.
모든 직원들의 이름을 일일이 기억해 준 것을,
추수감사절에 수화물 적재를 직접 도와준 것을,
모든 사람들에게 키스해 준 것을,
우리가 하는 말에 관심 있게 귀 기울여 준 것을,
유일하게 흑자를 내는 항공사를 경영해 준 것을,
휴일날 파티에서 노래를 불러 준 것을,
직장에서 반바지와 운동화를 신게 해 준 것을,
할리 데이비슨 오토바이를 타고 사우스웨스트 본사에 출근한 것을,
보스가 아니라 친구가 되어 준 것을,
경영자의 날을 맞아 16,000명의 직원들이 진심으로 감사를 드립니다.

Southwest항공 16,000명의 직원들이 보스의 날을 맞이하여 허브 켈러허 회장에게 감사의 편지를 실은 것이다. 16,000명의 직원들이 돈을 모아 회장을 위한 광고를 실었다는 점도 놀랍지만, 광고내용은 켈러허회장뿐만 아니라 광고를 접한 많은 사람들에게 감동을 주었다. 이 광고는 Southwest항공의 어떤 광고보다 더 큰 효과를 냈다.

Southwest항공의 급성장에는 켈러허의 펀(Fun) 경영철학이 있으며 펀 경영의 핵심은 직원이다. 직원이 행복해야 고객이 행복할 수 있다는 것이다. 그는 입버릇처럼 "자신의 일에 헌신적인 직원이 회사 성공의 열쇠를 쥐고 있다"고 했다. 그는 지난해 포춘과의 인터뷰에서 '어떻게 직원들이 헌신하는 직장을 만들었냐'는 질문에 "직원들이 그런 직장을 만들었다. 나는 지켜보기만 했다"고 했다. 직원을 믿고 자율성을 보장하면 직원들의 성과가 더 커진다는 것이 그의 생각이다. 2001년 퇴임 직전까지 그는 전 직원의 이름을 외워 마주치는 직원들에게 이름을 부르며 인사했다. 회사와 직원 사이의 믿음은 강했다. Southwest항공은 창사 이래 걸프전, 9·11 사태 등으로 회사가 힘들 때도 한 번도 정리해고를 하지 않았다. 비용

절감 등으로 흑자경영을 통해 꾸준히 보유 현금을 확보하고 직원들도 보너스를 반납하는 등 회사와 고통분담을 했기 때문이다.

자료: www.southwest.com

3. 서비스실패와 회복

고객접점에서 서비스실패는 가끔 일어난다. 공항, 슈퍼마켓, 호텔, 식당 등 고객이 많이 찾는 서비스일수록 서비스실패의 빈도는 높다. 서비스실패는 서비스제공자의 능력보다는 주의부족과 예기치 못한 지연, 서비스자재의 부족, 품질문제, 서비스설비의 고장 등 서비스작업의 방해요인에 의해 발생한다.

서비스실패는 <표 7-4>에서와 같이 서비스제공자 측면의 실패와 고객 측면의 실패로 나누어볼 수 있다. 서비스제공자의 실패는 서비스과업과 과업의 처리과정, 서비스시설, 서비스제공자 등 서비스환경으로부터 발생하며 고객 측면의 실패는 서비스준비과정, 고객접점 및 서비스의 마무리과정에서의 부주의에 기인한다.

표 7-4 서비스실패의 유형

	서비스제공자 실패		고객 실패
과업	부정확한 업무처리 불필요한 업무처리 부적절한 업무처리 업무처리 지연	준비	필요한 자료를 구비하지 않음 서비스제공, 역할의 이해부족 올바른 서비스를 찾지 못함
처리	고객을 인지하지 못함 VOC를 이해하지 못함 적절하게 대응하지 못함	접점	프로세스절차의 혼동 시스템흐름을 따르지 않음 서비스에 대한 설명이 불충분 지시를 따르지 않음
외양	서비스시설이 불결함 제복이 깨끗하지 못함 서류교정의 보완이 미비함	마무리	실패의 징후를 인식하지 못함 경험을 활용하지 못함 고객기대를 조정하지 못함 실패에 대한 수정이 없음

서비스제공에 있어서 서비스실패가 필연적이기는 하지만 서비스
기업은 서비스실패에 대한 회복방안과 절차를 가지고 있어야 한다.
Miller 등(2000)은 서비스실패와 회복(service recovery)에 대하여 실
증적 분석을 하였는데 이들이 제시한 서비스실패와 회복프로세스의
구조는 [그림 7-6]과 같다.

Hart 등(1992)은 서비스실패의 회복은 일상적인 서비스보다 전문
적인 서비스에서 더욱 중요하다고 했다. 서비스회복은 고객불만에
대하여 사안별로 개별고객에게 대응하는 방법, 일정한 기준을 시스
템화하여 처리하는 방법, 고객이 인지하기 전에 조기 개입하는 방법,
대체서비스를 제공하는 방법 등을 고려할 수 있다.

서비스실패를 사전에 방지하기 위해서는 안전장치가 필요하며,
서비스실패가 발생하면 신속하게 회복하는 방안을 마련해야 한다.
패스트푸드점에서는 직원이 고객의 주문내용을 복창함으로써 주문
오류를 방지하며, 프렌치프라이를 담는 주걱은 위생상태를 보여주는
증거의 하나이다. 서비스제공자의 단정함을 수시로 점검할 수 있도

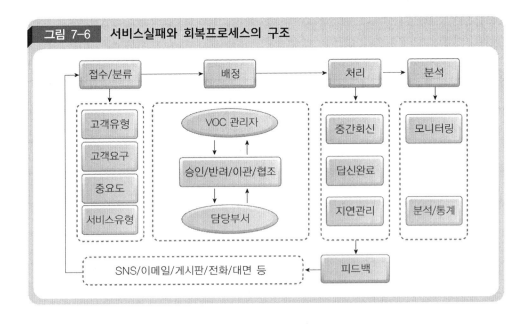

그림 7-6   서비스실패와 회복프로세스의 구조

록 전신거울을 부착하거나 ATM서비스는 이용단계마다 반복적 확인을 거쳐 고객의 실수나 예기치 못한 금융사고를 방지한다.

서비스실패로 고객의 기대를 미치지 못하거나 고객의 불만을 가져오는 경우 가능한 한 신속하게 시정하고 환불, 보상금 등을 주는 방법을 사용한다. 항공서비스에서 탑승권을 발급한 다음 예상하지 못한 지연이 발생하면 식사쿠폰을 제공하거나 초과예약으로 탑승하지 못하는 고객에게는 좌석등급을 높여주고 호텔 숙박을 제공하여 서비스회복의 대안으로 한다.

서비스실패에 대하여 환불, 금전적 보상과 같은 회복조치보다는 사전적 예방조치로 서비스프로세스에 안전장치를 마련하는 것이 더 중요하다. 서비스실패의 사전적 예방을 위해 Taguchi의 견고성설계(robust design), Shingo의 실수방지(poka-yoke)의 방법을 적용하는 것이 효율적이다.

사례

Volkswagen, Audi의 서비스리콜

Volkswagen이 불법 배출가스 조작이 이뤄지고 있다는 내부기술자들의 경고를 무시한 것으로 나타났다. 독일 일간 프랑크푸르트 알게마이네존탁스 차이퉁(FAS) 등 외신에 따르면 Volkswagen 감독이사회에서 이사들에게 첫 내부조사 결과 보고서가 제시됐다. 보고서 속에서 Volkswagen 소속 한 기술자는 2011년 상급자에게 배출가수 조작 행위가 이뤄지고 있으며 이는 법에 저촉된다고 보고한 것으로 전해졌다. 그러나 어느 선까지 보고가 이뤄졌는지, 이에 따른 후속조치가 따르지지 않았는지에 대해서는 명확한 해명이 이뤄지지 않은 것으로 나타났다.

앞서 Volkswagen그룹이 미국에서 배출가스 조작 혐의로 약 48만여 대의 리콜 명령을 받았다. 미국 환경보호청(EPA)은 Volkswagen과 Audi 디젤승용차가 검사를 받을 때 배출가스 저감장치를 정상적으로 작동하도록 하고, 실제 도로주행 때는 꺼지도록 했다고 발표하면서 48만2천 대의 디젤차량에 대한 리콜 명령을 내렸다.

우리나라에서도 2016년을 전후해 Volkswagen과 Audi의 파장이 확산되었다.

이 두 회사는 불법 소프트웨어를 이용해 디젤차량 배출가스처리방식으로 대기오염물질 배출량을 조작하여 소비자들로부터 손해배상청구소송을 당한 것이다. 재판부는 Volkswagen과 Audi가 배출가스 조작과 관련하여 차량금액의 10%를 배상하라는 판결을 내렸다. 이들 회사가 최대 40배가 넘는 오염물질을 배출하는 대신 연비성능이 향상된 것으로 조작하고 친환경성, 고연비성으로 광고한 것은 거짓, 과장, 기망성으로 소비자를 오인시키고 공정거래를 저해하는 광고에 해당한다고 판결하였다.

자료: 한국경제(2019. 7. 25.) 기사에서 발췌(www.hankyung.com).

4. 서비스 실수방지

Shigeo Shingo는 제품이나 서비스의 실수방지(poka-yoke)와 관련하여 고객에게 서비스를 제공할 때 실수가 발생하는 것은 서비스제공자의 미숙련, 서비스프로세스, 서비스시설과 자재 등의 문제 때문이라 하였다. 따라서 서비스기업은 이러한 실수를 미리 방지하는 서비스품질관리가 필요하다.

서비스에서 실수방지의 예는 여러 유형의 서비스에서 찾아볼 수 있다. 서비스제공자는 고객에게 서비스를 제공할 때 항상 단정함을 유지해야 한다. 이를 위해 직원휴게실 입구에 거울을 부착하는 것은 고객에게 불쾌감을 주지 않으려는 예방조치이다. 고객이 정보시스템을 통해 서비스를 받을 때 고객의 아이디나 비밀번호를 입력하는데 이때 오류방지를 위해 2회 반복하여 입력하게 함으로써 오류를 방지할 수 있다. 놀이기구의 높이를 제한하는 경우 바(bar)를 설치하고 주차의 안전을 위해 바퀴받침대를 부착하여 안전을 유지하게 하는 것 등도 실수방지의 한 방법이다.

개ㅣ념ㅣ정ㅣ리	다섯 가지의 왜?

　　JIT시스템의 창시자이자 Toyota부사장을 지낸 Taiichi Ohno(大野耐一)는 "다섯 가지의 왜"라는 순차적 탐색기법을 통해 문제의 해결방안을 찾을 수 있다고 하였다. Toyota직원들은 아래와 같이 다섯 가지 질문을 한다.

　　－ 첫째, 왜 그런가?
　　－ 둘째, 이 정도로 괜찮은가?
　　－ 셋째, 무언가 빠뜨린 것은 없는가?
　　－ 넷째, 당연하게 생각하는 것들이 정말 당연한가?
　　－ 다섯째, 좀 더 다른 방법은 없는가?

　　다섯 가지의 왜라는 질문을 통해 답을 찾으면 웬만한 문제는 그 본질을 파악하고 해답을 찾을 수 있다. 어떤 문제의 근본원인을 찾을 때까지 반복적인 질문을 하는 것은 아무나 쉽게 따라할 수 없는 초일류를 만드는 것이다. 품질활동에서 다섯 가지의 왜라는 질문은 실수방지(pokayoke)의 수단이 된다. 항공기 조종사가 비행 전 시동을 걸고 운항준비를 할 때 매뉴얼에 맞추어 계기판 하나하나를 반복적으로 조작하는 것도 만일의 실수를 사전에 예방하는 방법의 하나이다.

---

5. VOC 관리

　　VOC(voice of customer)는 SNS, 이메일, 전화, 대면 등을 통해 접수되는 고객요구와 고객불만을 실시간으로 처리하고 서비스에 대한 인식, 불만, 시정에 대한 의견을 수집하는 기업의 개선창구이다. 고객의 불만처리를 [그림 7-7]과 같이 체계적으로 관리하고 함으로써 고객서비스를 개선하고 향상시킬 수 있다.

　　VOC는 외부고객만 아니라 내부고객, 지점, 협력사 등 중간고객까지 포함하여 그들의 요구를 서비스나 고객유형, 중요도에 따라 등급을 나누어 체계적인 대응을 한다. 때로는 고객불만에 대하여 최고경영자에게 즉각 보고하여 신속하게 대응함으로써 VOC는 고객활동에

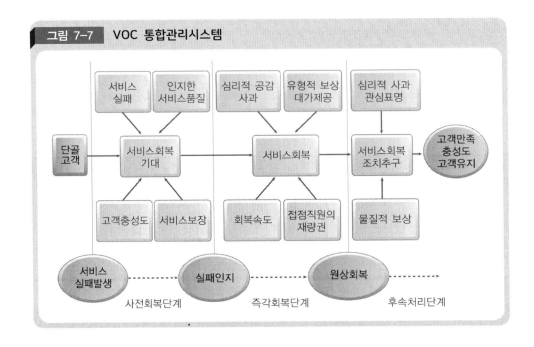

그림 7-7 VOC 통합관리시스템

있어 중요한 기능이 된다. VOC의 외부 커뮤니케이션은 시장변화, 고객요구와 기대파악, 고객들로부터 예상 밖의 아이디어와 문제점을 조언 받아 이를 개선점으로 활용할 수 있다.

종합
사례

패스트푸드식당의 MBNQA상 수상

2010년 서비스부문에서 MBNQA를 수상한 K&N Management는 Rudy's Country Store & Bar-B-Q라는 패스트푸드식당을 운영하고 있다. 이 회사는 1929년 Texas Austin에서 창업을 하여 현재 미국 남부지역에서 34개 점포를 운영하고 있다.

Rudy는 품질의 탁월성을 앞세워 고객을 손님(guest)이라 부르며 "세계 최고의 서비스로 손님 한 분 한 분에게 기쁨을"이라는 비전으로 고객과 좋은 관계를 유지한다. Rudy의 고객관계형성은 고객이 좋아하는 메뉴개발, 음식의 질을 높이려는 노력과 고객을 대상으로 하는 최상의 환대에 의한 결과이다. 또한 서비스시설의 청결유지, 빠른 서비스속도는 고객의 서비스가치를 높이기 위한 구체적 실천의 결과이다. Rudy가 표방하고 있는 "손님에게 기쁨"이라는 문구는 고객의 기대를 뛰어넘는 수준의 혁신과 기술로 서비스를 제공하고 이를 지속적으로 유지하고 있음을 고객들이 믿게 하는 심볼이 되고 있다.

고객들은 웹사이트와 EyeClick과 같은 소셜미디어를 통해 식당서비스와 이벤트에 대한 정보를 다른 고객들과 공유하고 있다. 경영자들은 휴대용단말기(PDA)를 이용해 고객의 조언이나 불평을 기록하고 이를 일일 성과로 활용하고 있다. 상급관리자들은 서비스현장에서 주요고객의 요구와 고객의 소리를 경청하여 서비스 개선노력을 하고 있다. 또한 이 회사는 주요 고객들의 요구를 체계적으로 수집하여 고객접점 직원들과 서비스품질을 높이기 위한 방법을 찾는 등 폭넓은 대화를 하고 있다. 서비스계획을 통해 설정한 목표와 성과 간의 차이를 줄이고 서비스의 기회를 적절하게 집중하는 등 전략적 계획의 문제를 해결한다.

Rudy 경영자들과 서비스접점 직원들의 노력으로 판매에 있어서도 지역 경쟁자 또는 이들의 전국적 점포망보다 앞서는 현격한 성과를 올리고 있다. 탁월한 서비스와 고객만족을 목표로 하는 Rudy의 서비스는 음식의 질, 고객환대, 청결, 서비스속도, 서비스가치 등의 고객만족도의 모든 평가항목에서 5점 만점에 4.7 이상의 높은 점수를 받고 있다. 이 점수는 경쟁자 중 최고의 점수일 뿐 아니라 패스트푸드점도 미국의 국가품질상에 도전하여 수상할 수 있다는 가능성을 열어놓았다는 점에서 높이 평가되고 있다.

자료: *MBNQA Application Summaries of the K&N Management*, 2010.

토의문제

1. Rudy의 서비스품질 개선을 위한 노력은 무엇인가?
2. Rudy의 서비스품질을 높이기 위해 보완해야 할 점이 있는가?
3. Rudy의 서비스품질철학과 전략에 대하여 토의하자.

참고문헌 N

김길선 외(2011), 생산시스템운영관리, 법문사.

서창적 외(2013), 경영품질의 이해, 박영사.

유시정(2014), 서비스경영, 법문사.

최창복 외(2012), 고객중시 마케팅, 청람.

Cronin J. Joseph, Jr., Steven A. Taylor(1992), "Measuring Service Quality: A Reexamination and Extension," *Journal of Marketing*, 56(3), pp.55~68.

Feigenbaum, A. V.(1991), *Total Quality Control*, McGraw-Hill.

Garvin, D. A.(1988), *Managing Quality*, The Free Press.

Hart, Christopher W. L., Leonard A. Schleginger & Dan Maher(1992), "Guarantees Come to Professional Service Firms," *Sloan Management Review*, 32(1), pp. 19~30.

Heskett, James L., W. Earl Sasser, & Leonard A. Schlesinger(1997), *The Service Profit Chain*, The Free Press.

Johnston, Robert, & Graham Clark & Micheal Shulver(2012), *Service Operations Management: Improving Service Delivery*(4th ed.), Pearson.

Miller, J. L., C. W. Craghead, & K. R. Karwan(2000), "Service Recovery: A Framework and Empirical Investigation," *Journal of Operations Management*, 18(2), pp. 387~400.

Oliver, R. L.(1997), *Satisfaction: A Behavioral Perspective on the Consumer*, McGraw-Hill.

Parasuraman, A. V. A. Zeithaml, L. L. Berry(1985), "A conceptual model of service quality and its implications for future research," *Journal of Marketing*, 49(3), pp.41~50.

Shigeo Shingo(1986), *Zero Quality Comtrol: Source Inspection and the Pokayoke System*, Productivity Press.

Thomas Foster, S.(2001), *Managing Quality: An Integrative Approach*, Prentice-Hall.

Zeithaml, V. A.(1988), "Consumer perception of price, quality and value: a means-end model and synthesis of evidence," *Journal of Marketing*, 52(3), pp.2~22.

약업신문(2018. 8. 10.)

MBNQA Application Summaries of the K & N Management, 2010.

www.southwest.com

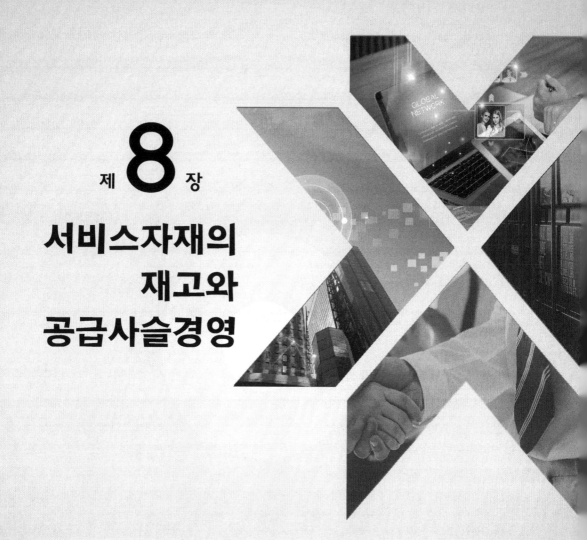

제 **8** 장

서비스자재의
재고와
공급사슬경영

우리나라의 주요 제조기업은 중국으로부터의 부품공급 비중이 매우 크다. 최근 중국의 코로나 바이러스감염증 대유행으로 부품공급의 차질이 생겨 국내 기업의 조업에 영향을 주고 있다. 현대자동차는 이달 초 자동차 전선 뭉치 '와이어링 하니스'란 부품이 부족해 완성차를 조립하는 일부 공장은 일주일 넘게 문을 닫았다. 굴지의 대기업 공장이 멈추자 협력업체들도 도미노처럼 멈춰섰다. 수입 와이어링 하니스 중 87%를 차지하는 중국산이 들어오지 못하자 이 부품 하나 때문에 수만 명이 일손을 놓을 수밖에 없었다.

– 뉴스핌(2020. 2. 5.) 기사에서

제 1 절   서비스와 재고

사례

재고관리시스템은 진화하고 있다

재고관리시스템은 구매, 생산 및 판매시스템과 통합되거나 이를 대체할 수도 있다. 물류에서 바코드 스캐너나 RFID 판독기 사용이 보편화되고 중소기업용 재고관리시스템, 조직 내 온프레미스(On-premise)나 클라우드에서 실행되는 소프트웨어, 그리고 ERP시스템 내 재고관리 모듈이 이를 뒷받침하고 있다.

재고관리 소프트웨어는 기본적으로 보충되는 재고를 더하고 판매, 도난, 폐기된 재고를 차감한다. 재고부족이 발생하지 않도록 하고 재고를 보관할 공간을 지정해 주기도 한다. 재고시스템을 운영하는 소프트웨어는 판매실적 등의 과거 데이터에 기초해 재고가 창고에서 반출될 시간, 새로운 보충이 되기까지의 시간, 협력업체의 납품시간 등을 예측할 수 있다.

재고관리시스템은 단순히 재고수량 파악을 넘어 훨씬 더 많은 기능을 제공할 수 있다. 재고관리 소프트웨어는 판매 시점에 재고수준을 자동으로 업데이트하고 재고변화에 대한 보고서 작성, 판매를 최대화할 수 있도록 원자재를 주문하고 재고수준이 낮아지면 자동으로 재주문을 한다. 계절수요를 예측하는 등 생산계획을 수립하는 것도 가능하다.

현재 다수의 엔터프라이즈 소프트웨어 업체가 자사 플랫폼을 위해 재고관리를 제공한다. 예를 들어 Oracle Inventory Management는 오라클의 구매, 재고, 및 공급망 소프트웨어와 통합하여 클라우드 또는 온프레미스로 이용할 수 있다. SAP는 방대한 ERP시스템을 통해 각종 재고관리시스템을 제공한다. OpenBravo, OFBiz, Odoo, Zoho 등은 ERP 또는 재고시스템을 제공하는 소프트웨어회사이다.

인공지능은 예측능력을 보강하고 재고기록의 정확성을 높여준다. 기업의 회계시스템과 통합함으로써 구매주문서와 청구서를 작성하는 등 업무자동화를 할 수 있다. 거래현장에서 주문을 받거나 견적을 작성하는 경우 인도 가능한 기일을 약속할 수 있도록 재고관리를 지원한다. 재고품목이 협력업체 창고에 있든 자사의 창고가 여러 장소에 산재해 있어도 추적은 중요하지 않다. 식당에서 특별 메뉴로 바비큐를 제공할 때 언제, 어떤 날씨에 바비큐를 만들어 파는 것이 좋은지 알려주고 어떤 메뉴를 언제 팔 것인지를 분석해준다. 입고되는 자재를 검사하여 주문과 납품시기가 일치하도록 한다.

바코드 스캐닝은 구멍가게에서조차 필수적이다. RFID 태그 처리는 한 단계 높은 수준으로 어떤 제품이 출하되거나 판매되는지를 추적하고 개별 품목을 일일이 식별한다. 재고관리는 사물인터넷(IoT)을 발전시킬 수 있는 환경을 제공한다. 물품에는 이제 일상적으로 RFID 태그가 붙는다. 따라서 재고수준이나 저장위치를 정확하게 추적할 수 있다. 저장위치까지의 거리와 어떤 온도에서 보관되고 있는지를 용이하게 파악할 수 있다.

자료: www.ciokorea.com 등에서 발췌.

1. 재고의 기능과 특성

자동차조립에는 2만여 개의 부품이 소요된다. 이 중 단 하나의 부품이라도 재고가 없으면 완성차를 조립할 수 없을 뿐 아니라 전체 공정이 중단된다. 서비스의 경우도 마찬가지이다. 이것을 재고의 위력이라 한다.

서비스는 형체가 없는 무형의 재화로서 생산과 동시에 소비되어 재고를 유지하기 어렵다. 따라서 서비스에서는 재고관리가 필요 없다고 할 수 있으나 도·소매서비스는 취급하는 모든 상품을 대상으로 재고를 관리하는 것이 필요하다. 항공사, 호텔, 은행, 병원에서는 서비스에 이용되는 보조자재를 재고로 보유하고 이들 품목에 대한 수량관리와 재고시스템의 운영이 필요하다.

재고(inventory, stock)의 기능에 대하여 Riggs(1981)는 재고는 장래의 수요에 대비하여 보유하는 유휴자원으로 일정기간 동안 보유하고, 저장하고, 기록 유지하는 것이라 정의하고 있다. 재고의 대상은 자재, 부품, 구성품 및 프로세스 중에 있는 재공품(in-process inventory)이나 완성품 등이며 광의의 개념으로는 토지, 현금, 노동력,

기계설비, 정보 및 서비스 등 기업이 보유하는 모든 자원을 대상으로 한다.

재고는 구매, 제조, 판매 또는 프로세스 내에서 조업과 조업을 연결해주는 기능을 수행하며 고객이 필요로 할 때 자재를 제공해 주는 서비스기능을 수행한다.

Tersine(1994)은 재고의 기능에 대하여 다음과 같이 네 가지로 설명하고 있다.

① 구매, 제조, 판매에 소요되는 시간적 갭을 연결하는 기능
② 구매, 제조, 판매의 불연속성(discontinuity)을 해소하는 기능
③ 예측오차, 고장, 파업, 지연 등 생산차질과 같은 불확실성에 대처하는 기능
④ 경제적 주문량, 수량할인 등 비용요인에 의해 유지하는 재고 등

서비스는 재고를 유지할 수 없으나 서비스에 부수되는 자재나 서비스시설 등은 서비스프로세스가 진행되는 단계에서 재고를 필요로 한다. 따라서 서비스자재나 시설은 서비스가 수행되는 동안에만 필요로 하므로 서비스재고는 시한성을 갖는다. 신문이나 잡지, 신선도를 유지해야 하는 식품, 의약품, 혈액과 같이 사용기간이 한정된 품목에 대해서는 별도의 재고관리가 필요하다.

2. 종속수요와 독립수요

재고대상품목의 수요가 종속적인가 독립적인가에 따라 재고시스템은 구분된다. 종속수요는 완제품의 조립이나 생산에 사용되는 하위부품 또는 구성품의 최종의 완제품의 수요에 따라 결정된다. 예를 들어 자동차 타이어의 수요는 완제품인 자동차의 수요에 종속적이다. 승용차의 수요가 500대라면 타이어수요는 2,000개가 된다.

완제품과 같은 최종제품은 독립수요의 특징을 갖는다. 독립수요의 품목은 다른 프로세스에 투입되는 것이 아니라 최종 소비자의 수

요를 위해 생산되어 판매된다. 서비스의 수요는 독립적이지만 서비스에 부수되는 소모품의 수요는 종속적이다.

3. 재고의 유형

• 프로세스 재고

자재는 주문 후 입고될 때까지, 생산을 시작하여 완제품이 만들어질 때 까지 재고가 필요하다. 즉 프로세스가 수행되는 리드타임 중에도 자재의 재고를 필요로 하는데 이러한 재고를 프로세스재고(process inventory)라고 한다. 프로세스재고는 작업의 흐름에 따라 작업과 작업을 연결해 주는 재고로서 그 크기는 단위시간당 소요량×프로세스연결 시간으로 결정된다. 즉 어떤 프로세스에서의 단위시간당 소요량이 30단위이고 프로세스 연결시간이 5일이라면 프로세스재고는 30단위×5일=150단위이다.

• 럿사이즈 재고

서비스기업은 일정량의 서비스를 지속적으로 생산하여 판매하는데 이를 위해 자재주문과 생산을 반복한다. [그림 8-1]과 같이 1회 주문량이나 생산량만큼을 일정 시간 동안 보유하는 재고를 럿사이즈 재고(lot-size inventory)라 한다. 럿사이즈 재고는 반복적인 주문, 생산, 수송으로 발생하므로 순환재고(cycle stock)라 한다.

• 변동재고

재고는 수요변동에 대비하여 사용할 수 있어야 한다. 수요예측을 정확하게 해도 수요변동에 따라 오차가 발생한다. 보유하고 있는 재고보다 수요가 클 경우 고객에 대한 서비스는 차질이 생길 수 있다. 변동재고(fluctuation stock)는 불확실한 수요변동에 대비하여 보유하는 재고로 안전재고가 여기에 해당된다.

• 안전재고

새로운 소요량이 발생하는 경우 이 소요량을 충족시키기 위해서는 구매, 생산, 운송 등 일정 시간이 필요한데 이에 소요되는 시간을 리드타임(lead time)이라 한다. 안전재고(safety stock)는 리드타임 동안 발생하는 최대수요에 대비하기 위해 보유하는 재고이다.

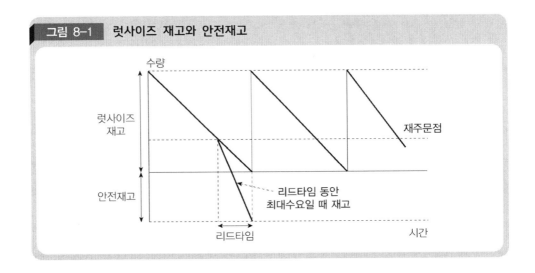

그림 8-1 **럿사이즈 재고와 안전재고**

제2절 서비스기업의 재고관리

개 │ 념 │ 정 │ 리   **서비스재고**

항공사의 상품은 비행기의 좌석이다. 300개의 좌석을 가지고 있는 비행기에 250명의 승객이 탑승했다고 하면 출발과 동시에 50개의 좌석은 서비스상품으로서의 가치를 상실한다. 서비스는 제품과 달리 시한성의 제한을 가지고 있으므로 재고를 유지할 수 없기 때문이다. 만일 400명의 탑승수요가 발생했다면 100명으로부터 얻을 수 있는 이익의 기회는 사라지게 된다. 수요증가에 대비하여 충분한 여유의 좌석을 유지해야 한다.

제조기업과 같은 수준은 아니라도 항공사의 재고관리가 필요한 이유가 또 있다. 항공사는 비행 중 승객에게 식사, 음료, 냅킨, 종이컵, 또는 치약, 칫솔, 화장품 등 소모품이나 담요, 베개, 도서 등 다양한 서비스관련 물품이 필요하다. 특히 장거리노선에는 충분한 양의 물품을 준비해야 승객에 대한 서비스를 차질 없이 수행할 수 있다. 항공사는 물론 호텔, 은행, 병원 등 거의 모든 서비스기업에서는 서비스에 이용되는 보조재화를 재고로 보유하고 있다. 재고품목의 보유는 비용을 발생시킨다. 따라서 보유하고 있는 재고품목에 대한 수량관리와 재고시스템의 운영전략이 필요하다.

소모품 중에서도 어떤 품목은 승객의 요구가 많아 빨리 소비되어 서비스가 중단될 수도 있다. 재고가 떨어져 서비스가 중단되면 승객의 기대를 충족시키지 못하여 불만요인으로 작용할 수 있다. 반대로 거의 사용되지 않거나 수요가 적은 품목은 불필요한 재고를 유지해야 한다. 품목에 따라서는 다음번 비행에 사용할 수 있는 품목이 있는가 하면 1회성으로 한 번의 비행으로 폐기해야 하는 품목도 있다. 불필요한 재고, 과다한 재고는 보관하고 취급하는데 비용, 장소, 노력이 소요되고 폐기할 경우도 비용을 발생시킨다.

항공사의 재고품목은 탑승한 승객의 수만큼 필요할 수도 있고, 그 이상이나 그 이하만큼 필요할 수도 있다. 이러한 품목들의 소요량은 비행거리나 탑승한 승객의 요구에 따라 달라질 수 있다. 많은 노선을 운항하는 항공사로서는 서비스에 부수되는 자재의 재고로부터 발생하는 비용을 줄여야 한다.

일찍이 재고이론을 쓴 T. M. Whitin은 "과다한 재고는 기업의 묘지"라고 규정했다. 과다한 재고는 불필요한 재고비용을 부담해야 한다. 반대로 재고부족은 생산활동을 위축시켜 서비스율을 낮추고 이익의 기회를 잃게 된다. 항공사가 충분한 재고를 유지하면 재고비용을 발생시키고 재고부족은 서비스수준에 큰 영향을 미친다. 항공사의 재고관리는 이러한 문제를 해결하기 위한 관리적 노력이다.

서비스는 재고를 유지할 수 없다는 특징을 가지고 있기 때문에 재고관리는 주로 제조기업의 문제로 생각한다. 그러나 서비스기업의 경우도 생산능력을 초과하는 수요가 발생하면 공급부족으로 납기를 지연시키는 미납주문의 재고개념을 갖는다.

서비스기업이 고객에게 서비스를 제공할 때 서비스에 부수되는

자재와 서비스시설, 설비, 공간 등이 소요되고 재고관리의 대상이 된
다. 이들 품목들은 외부의 공급자에게 주문하여 입고·보관하고 수
요가 발생하면 소비된다. 따라서 자재들의 품목 수와 품목별 수량,
주문, 운송, 저장공간, 비용 등의 재고문제가 발생한다.

1. 수요변동

서비스의 생산량과 수요량의 차이는 수요의 불확실성이나 수요
예측의 부정확성에 기인한다. 공급능력이 수요를 초과할 때 제품은
그 차이만큼 재고를 유지하여 차기의 수요를 충당할 수 있지만 서비
스는 재고유지가 불가능하여 수요불확실성에 의한 손실비용이 더욱
크게 발생한다. 반대로 수요규모가 공급능력보다 커지면 서비스는
판매기회를 잃게 되어 기회비용이 발생한다. 수요변동에 따라 공급
능력을 확대하기 위해서는 초과조업, 교대근무, 하청 등의 방법을 사
용할 수 있다.

서비스공급능력을 확대하면 추가적인 투자비용이 소요된다. 서비
스공급능력을 확대한다면 어떠한 방법으로 어느 정도 확대할 것인가
의 문제와 확대하지 않는다면 납기지연(back ordering)의 문제를 해
결해야 한다.

2. 품목 수와 수량

특급호텔의 외식서비스에 사용하는 자재는 식음료 자재, 설비 및
집기, 식기류, 소모성 자재 등으로 구분되며 서비스에 제공되는 품목
은 약 6천 종에 달한다. 오프라인서점인 Barnes & Noble이 판매하는
서적은 40여 개 분야의 약 17만 종으로 백화점, 대형 할인점보다 많
은 품목을 취급하고 있다. 이 서점에서는 서적 이외에도 영화, TV프
로, 음악, 카드, 어린이 장난감 등 다양한 품목을 판매하고 있으며
200만 종의 Amazon의 온라인판매에 대응하여 70만 종 이상의 디지

털서적 판매도 시작했다.

서비스제공에 부수되는 자재의 품목 수와 각 품목의 수량은 재고품 저장공간과 시설운영, 주문활동에 비용을 발생시킨다.

3. 재고비용

재고모형에서 고려되는 비용은 주문비용, 재고보유비용, 재고부족비용 등이다.

- 주문비용: 주문량 결정, 송장준비, 검사 등 주문과 관련하여 발생하는 비용
- 재고보유비용: 보관 및 취급비용, 파손 및 도난비용, 진부화비용, 보험료, 이자, 재고투자의 기회비용 등 재고를 보유함으로써 발생하는 비용
- 재고부족비용: 수요가 공급을 초과할 때 판매기회를 상실하여 발생하는 비용

서비스제공에 필요한 자재는 제조기업에 비해 시한성을 갖는 품목이 많다. 외식서비스에서 제공되는 식품류와 신문, 잡지의 수명은 매우 짧아 한시적으로 재고를 유지하는 단일기간 재고모형으로 관리한다. 이러한 품목은 주문이 자주 이루어지므로 주문비용이 높은 편이다.

청과물, 육류 등 식품류와 같은 부패성품목(perishable item)은 특수 보관시설을 필요로 하고 품목 수와 주문량의 크기가 커질수록 재고를 유지하기 위해 재고보유비의 부담이 크다. 고객화 수준이 높은 서비스는 표준화된 서비스보다 서비스자재의 다양성을 높여야 하므로 재고준비비용과 재고보유비용이 증가한다. 고객화가 높은 패션품목은 짧은 수명주기와 진부화로 인한 재고보유비용이 발생한다.

4. 재고모형

재고관리의 목적은 고객에 대한 서비스수준과 적정한 재고비용을 유지함에 있다. 이것은 언제, 얼마나 주문하는가에 대한 의사결정이다. 대형할인점에서는 4만~6만 종의 상품을 취급하는데 각각의 품목에 대한 주문, 입고, 판매 등 거래발생으로 모든 품목에 대한 재고추적과 주문량, 주문시점을 통제하는 것은 불가능하다.

기본적으로 재고모형은 경제적 주문량(EOQ, economic order quantity)에 대한 결정이다. 경제적 주문량의 결정은 연간수요, 재고비가 일정하다는 가정 하에 주문비용(재고준비비)과 재고보유비 등 총재고비를 최소로 하는 주문량을 결정하는 모형이다. 이 모형을 응용하여 경제적 생산량(EPQ), 수량할인을 고려한 주문량, 다수품목의 재고모형, 단일기간 재고모형, 수요변화의 확률적 특성을 고려한 재고모형 등으로 확장할 수 있다.

사례

Zara의 재고관리

1975년, Amancio Ortega는 독일 도매상에게 대량의 여성 속옷 주문을 판매하는데 실패한 후 다량의 재고처분을 위해 Zara라는 점포를 개점하였다. Zara는 연평균 20%의 매출액 성장을 하였고 스페인 패션회사인 모기업의 Inditex 매출의 70%를 차지하고 있다. 2015년 Zara는 전 세계적으로 90여 개 나라 2,000개의 점포에서 150억 유로 이상의 매출을 올렸다.

Zara의 성공비결은 '스피드'이다. 그 스피드는 디자이너, 공장, 창고, 매장이 톱니바퀴처럼 맞물려 빠르게 돌아가는 시스템에서 나온다. 고객이 원하는 물건을 적시에 적재적소에 배치하는 능력이 Zara의 핵심 경쟁력이다.

Zara는 고객의 욕구충족을 위해 최신의 패션의류를 저렴한 가격으로 판매했다. Zara는 SCM을 통해 상품개발과 주문을 충족시키는 프로세스를 획기적으로 개선했다. 신속한 패션상품을 개발하기 위해 La Coruna에 위치한 디자인 센터에서

디자이너, 제품, 구매, 생산부문의 관리자들이 모여서 상품기획과 디자인을 하고 이를 인트라넷을 통해 Zara 공장과 하청 생산업자에 보내서 며칠 동안을 재단, 염색, 다림질 등을 한 후 몇 주 이내에 Zara 매장에 새로이 진열하고 있다.

Zara의 신상품 생산은 2주로 거의 실시간으로 유행을 따라잡는다. 예를 들어 5종류의 의류를 출시한 후 일주일 동안 고객들의 반응을 살핀다. 오프라인 매장은 고객의 반응을 취합하고 시장정보를 획득하는 창구가 된다. 고객의 반응을 종합하여 사내 인트라넷을 통해 스페인 본사의 Zara 디자이너들에게 전달된다. 그리고 다음 주에는 5종류 중에서 많이 팔리는 옷 2~3종류만 더 생산한다. 잘 팔리지 않는 옷을 대체할 새로운 디자인의 상품도 함께 선보인다. 이런 과정을 거쳐 Zara는 매주 2차례 새로운 상품을 매장에 진열한다.

고객들이 Zara 매장에 들어서서 가장 먼저 보는 것은 매장 한가운데에 마네킹이 입고 있는 옷이다. 매장에 디스플레이 된 옷이 마음에 들어 구매를 결정하는 고객이 적지 않다. 그러나 옷은 마음에 드는데 맞는 사이즈가 없다면 고객은 해당 브랜드에 대해 부정적인 생각을 갖는다.

이를 해소하기 위해 Zara는 소, 중, 대의 대중적인 크기의 옷만 진열장에 전시한다. 진열된 옷의 재고가 사람들이 잘 찾지 않는 사이즈만 남으면 그 옷은 진열장에서 치운다. 그리고 충분한 재고가 확보될 때까지 전시하지 않는다.

이것은 'Zara에 가면 원하는 옷을 쉽게 찾을 수 있다'라는 고객의 긍정적인 생각과 고객의 재방문을 유도하고 재고가 많은 옷의 판매를 촉진하기 위함이다.

어떤 매장에 어떤 옷이 얼마나 필요한지 결정하는 권한을 본사의 디자이너와 관리자들이 갖는다. 만일에 어떤 옷이 인기가 있다고 하면 각 매장에서는 그 옷을 많이 확보하기 위해 최대한 많은 수량을 주문하려고 할 것이다. 이 경우 예상 판매량보다 옷을 더 주문할 수도 있고 따라서 각 매장에 재고가 쌓이는 결과를 초래한다. 이를 막기 위해 Zara는 본사에서 미리 수요예측을 하고 이에 따라 각 매장에 옷을 공급하는 시스템을 구축했다. 결국 본사에 있는 디자이너가 각종 정보를 종합해서 경영진에게 전달하고 생산업자에게도 제공한다.

패션기업에서는 정보를 한곳에 신속히 수집하고 전달하고 공유할 수 있는 중심축이 반드시 필요하다. Zara는 디자인, 생산, 판매의 수직적 가치사슬의 SCM을 중심축으로 하여 속도의 패션기업을 운영하고 있다. 어떤 옷을 얼마나 생산할지 결정하더라도 필요한 옷을 원하는 물량만큼 정해진 시간 안에 생산하는 것은 쉽지 않다. SCM 내에 단순히 많은 수의 협력업자를 확보하는 것만으로는 부족하다. 이를 위해서 Zara는 생산업자와의 좋은 파트너십을 유지하고 있다.

경쟁 의류업체는 신상품 개발과 출시에 9개월이 소요되지만 Zara는 이 모든 과정에 최장 6주가 걸린다. 대부분의 패션기업들은 계절별 유행을 미리 예측해 옷을 대량으로 만들어 놓는다. 만약 유행을 잘못 예측하면 옷은 팔리지 않고 기업은 재고를 부담해야 하고 재고처리를 위해 옷을 할인된 가격에 팔고 이익을 거두지 못하는 악순환이 계속된다. 여기에 날씨도 큰 영향을 미친다.

Zara의 생산과 배송시스템은 도요타의 Just in Time을 도입하여 재고가 매출액의 10% 정도에 그치도록 최소화하고 있다. 경쟁업체들은 평균적으로 14~15%에 이른다. Zara는 1주일에 2회 각 점포로 신상품을 배달하고 있으며, 점포 내 진열 상품의 재고 회전율도 매우 빨라서 고객들의 방문도 빈번하다. 따라서 특별히 광고를 할 필요가 없다. 경쟁업체가 수입의 3~4%를 지출하는 광고비용을 Zara는 0.3%밖에 사용하지 않는다.

자료: Weekly Biz(2015. 8. 29.), www.zara.com 등에서 발췌.

제 3 절 공급사슬경영

1. 가치사슬과 공급사슬

기업은 제품이나 서비스생산에 필요한 자재, 기술 등 자원을 조달하고 생산한 재화를 소비자에게 판매하기 위해 네트워크를 형성하고 있다. 이러한 네트워크는 자재의 공급자로부터 생산자, 고객에 이르기까지 재화의 흐름을 나타내는 가치사슬(value chain)이다.

오늘날 자원조달과 소비자시장이 글로벌화되고 세분화됨으로써 가치사슬의 네트워크는 더욱 복잡해지고 있다. 제품 및 서비스생산 기술의 발달, 치열한 시장경쟁, 고객요구가 증대함에 따라 기업은 가격, 품질 개선만이 아니라 자원조달과 제품 및 서비스의 전달과정에서도 혁신적인 노력이 필요하다.

Porter(1998)가 제시한 바와 같이 가치사슬의 구조는 자원을 조달하는 안쪽 물류(inbound logistics), 재화의 생산 후 이를 고객에게 전달하는 바깥쪽 물류(outbound logistics), 마케팅활동으로 연결되어 있다. 그의 가치사슬 개념은 [그림 8-2]에서와 같이 핵심적인 가치활동과 이를 지원하는 가려진 작업장(hidden factory)에서의 지원활동을 포함하고 있다. 즉 기업의 생산현장을 중심으로 핵심적 가치활동과 생산기반시설 관리, 인적자원 관리, 기술관리 등 가려진 작업장의 지원활동으로 가치사슬이 이루어진다. 기업 외적으로는 운송, 보관 등 지원기능이 가치사슬에 포함된다.

서점의 가치사슬 활동의 예를 들어보자. 서점은 각 출판사로부터 서적을 사들여 이를 소비자에게 판매하는 단순한 기능을 수행한다. 출판사는 서적의 제작을 위해 종이 등 자재공급업자와 인쇄업자, 그리고 저자와 연계를 한다. 가치사슬 내의 판매업자인 서점은 저자, 서적에 대한 정보, 서가의 배치, 재고정보, 고객의 주문과 구매특성, 고객정보, 오프라인 또는 온라인판매, 그리고 주문과 배송 등을 효율적으로 관리하여야 한다. 공급사슬이 길어질수록 재고, 품질, 서비스

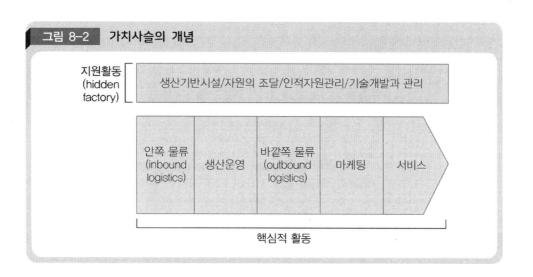

그림 8-2 **가치사슬의 개념**

문제가 일어난다. 가치사슬의 효율적인 관리란 자재의 공급, 서적생산, 서적을 고객에게 전달하는 네트워크의 각 단계에서 일어나는 문제를 해소하는 것이다.

공급사슬은 완제품이나 서비스의 생산업체는 원료 및 자재의 공급업체로부터 공급을 받아 생산한다. 생산된 완제품이나 서비스는 도매상, 중간상, 소매상, 대리점 등의 유통단계를 거쳐 소비자에게 전달된다. 이러한 공급사슬에는 각 단계별로 운송, 창고, 유통기능을 담당하는 업체가 참여한다.

공급사슬경영(SCM: supply chain management)은 [그림 8-3]에서와 같이 공급사슬 내의 각 부문별, 기업별 최적화 노력을 공급사슬 전체의 관점에서 통합적으로 운영함으로써 공급사슬의 흐름을 개선하고 효율성을 목표로 하는 시스템이다. 따라서 SCM은 원재료 공급업체로부터 소비자에 이르기까지 제품, 서비스, 정보의 흐름을 통합관리함으로써 다음의 이점을 얻을 수 있다.

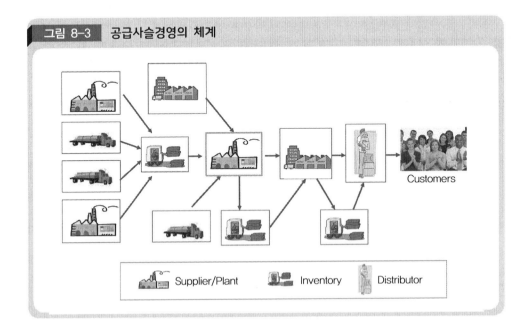

그림 8-3 공급사슬경영의 체계

- 각 단계에서 최적한 재고 유지
- 리드타임 단축과 납기준수
- 높은 품질의 제품과 서비스 생산

2. 공급사슬경영의 계획과 접근

SCM은 공급자, 생산자, 최종 소비자 등 여러 단계의 공급네트워크를 통합적으로 관리함으로써 경쟁력을 높이고 수요의 불확실성을 극복하기 위한 시스템이다. 수요변동과 불확실성은 채찍효과(bullwhip effect)에서 찾아볼 수 있다. Lee 등(1997)은 [그림 8-4]에서와 같이 공급사슬 내에서 고객의 작은 수요변화도 유통업자, 생산자로 갈수록 그 폭이 커진다는 것을 알아냈다. 채찍효과는 수요예측의 수정, 묶음식 주문, 가격변동, 구매방법의 순환 등에서 자주 나타난다. 예를 들어 고객이 주문량을 약간 늘여도 공급사슬의 전 단계에서는 구매방법이 달라져 변동 폭이 확대되고 공급사슬의 전 단계로 갈수록 그 영향은 더욱 크게 나타난다.

기업의 공급네트워크의 구축에 수요변동의 불확실성과 공급체계의 복잡성, 제품과 서비스에서의 SCM의 이슈가 새롭게 대두되고 있다.(<표 8-1>, [그림 8-5] 참조)

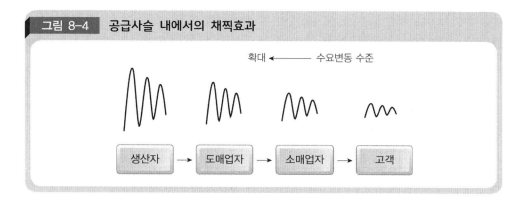

그림 8-4 공급사슬 내에서의 채찍효과

확대 ← 수요변동 수준

생산자 → 도매업자 → 소매업자 → 고객

표 8-1	공급사슬경영의 관리적 문제
SCM체계	해결해야 할 과제
공급업체	원재료 및 부품의 공급계획과 관리, 재고, 품질, 물류 및 운송
생산업체	생산운영: 서비스의 개발, 생산의 표준화, 고객화, 신축성, 친환경성, 제조용이성, 운송의 편리성 등 재고관리: 프로세스 유형, 생산방법과 일정계획, 재고시스템
고객과 유통업체	물류센터와 창고의 수, 위치, 유통방법과 단계, 운송수단, 고객의 주문관리, 고객관계관리

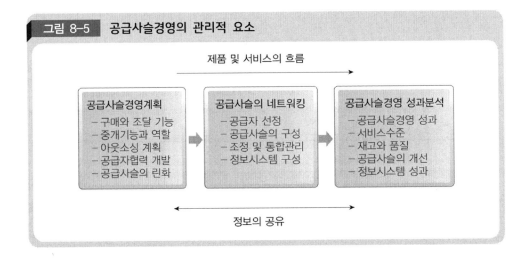

그림 8-5   공급사슬경영의 관리적 요소

제품 및 서비스의 흐름

공급사슬경영계획
- 구매와 조달 기능
- 중개기능과 역할
- 아웃소싱 계획
- 공급자협력 개발
- 공급사슬의 린화

공급사슬의 네트워킹
- 공급자 선정
- 공급사슬의 구성
- 조정 및 통합관리
- 정보시스템 구성

공급사슬경영 성과분석
- 공급사슬경영 성과
- 서비스수준
- 재고와 품질
- 공급사슬의 개선
- 정보시스템 성과

정보의 공유

3. 공급사슬경영의 실행

사례

의류매장의 공급사슬경영

　　Zara와 Uniqlo는 각각의 고유브랜드로 영업을 하는 대형 의류업체로 생산에서 판매에 이르기까지의 전 과정을 가치사슬로 연결하고 있다. 기업의 가치창출에는 원자재 공급으로부터 최종제품을 생산하고 판매하는 활동에 많은 기업이 협력업체로 참여하고 있다. SCM은 이러한 일련의 과정에서 기업의 가치창출 활동을 효율적으로 관리하고 고객에게 가치를 제공한다. 오늘날 기술혁신과 글로벌화가 확산됨에 따라 기업은 SCM을 유용하게 활용하고 있다.

일반적으로 의류는 판매부진으로 재고를 발생시키기보다는 재고부족의 경우가 많다고 한다. 의류는 패션, 사이즈, 브랜드에 따라 수요변동이 매우 크며 인기 있는 신제품은 공급부족으로 팔지 못하고 재고가 발생하면 이월상품으로 할인판매를 한다. 재고부족인 경우 기회비용이 발생하고 브랜드 이미지가 저하될 수 있다. 재고가 남는 경우 창고확보 등 보관 및 취급비용과 가격할인에 의한 손실이 발생한다. 어느 쪽이든 재고부족이나 재고유지의 비용이 발생하는데 기업은 재고비용을 최소화해야 한다.

Zara와 Uniqlo는 물류의 기본 틀을 SCM에 의존하고 있으나 운영방식은 정반대이다. Zara의 운영방식은 다품종 소량, 공급사슬의 속도에 있다. 정보시스템을 통해 어떤 상품이 잘 팔리는가를 신속히 파악하여 비슷한 형태의 상품을 디자인, 생산해 불과 수주만에 매장으로 보낸다. 속도를 주무기로 하는 Zara는 공급사슬 내 활동을 직접 수행하고 물류도 항공편을 이용한다. 경쟁기업은 신상품을 시즌에 한두 번 출고하는데 비해 Zara는 패션에 민감한 젊은 층의 여성을 대상으로 매주 2회 정도 신상품을 출고한다.

이에 비해 Uniqlo는 소품종 대량생산으로 공급사슬 내 하청(outsourcing)비용을 줄이는 등 공급사슬 효율성에 운영의 목표를 두고 있다. Uniqlo는 대상고객을 가격에는 민감하지만 기능이나 품질을 우선하는 청소년부터 노인층까지로 하여 대량판매 전략을 사용한다. Uniqlo의 이러한 전략은 상품의 재고를 높게 유지하고 상대적으로 긴 보충주기를 활용하고 있다.

현재 정보통신기술의 혁신적 발달에 따라 네트워킹과 빅 데이터 이용영역이 확장되고 원자재 구매, 생산, 물류 등 공급사슬의 안쪽 물류보다 판매, 서비스 등 바깥쪽 물류의 데이터 양이 더 많이 축적될 것으로 전망되고 있다. SCM은 구매, 제조, 물류를 중심으로 활용되었으나 앞으로 판매, 서비스로 확장되어 활용될 것으로 보인다.

자료: 김진백, 자라와 유니클로의 공통점은? 성공한 브랜드의 핵심전략, SCM, LG CNS(2014. 9. 22.) blog.lgcns.com 참조.

서비스기업의 SCM은 서비스제공능력, 고객의 대기시간, 유통채널, 서비스품질에 영향을 미치는 문제를 해결하는데 목표를 두고 있다.(Wisner 등, 2002)

SCM은 공급사슬 계획과 공급사슬 네트워킹, 성과측정으로 단계로 운영하며 정보시스템을 중심으로 공급사슬 각 단계의 기능을 통합, 조정한다. SCM실행의 주요 내용은 다음과 같다.

• 공급사슬경영의 실행계획

SCM의 실행계획, 공급사슬 네트워킹, 성과측정에 대하여 자재의 흐름, 재고, 품질, 정보의 활용, 공급자와의 협력관계, 고객만족, SCM 운영성과, 비용 등 관리적 면에서 어떠한 점을 중시할 것인가에 따라 결정한다.

• 공급사슬경영의 이슈 발견

SCM은 공급네트워크와 복잡성을 각 단계에서 조정하고 정보, 자재 및 서비스 흐름의 적시성을 유지하는 기능이다. SCM의 주요 이슈는 ① 공급네트워크 단계에서 재고 줄이기와 서비스수준 최대화, ② 복수의 공급네트워크에서 상호연계성 확대와 복잡성을 줄이기, ③ 다수 공급자 참여와 품질문제 등이다.

• 정보시스템의 역할

SCM은 공급사슬의 각 단계 간 정보교환에 의해 운영된다. 정보교환의 효율성과 신뢰성은 비용, 정보량, 정보전달 시점 및 위치에 따라 결정된다. 공급사슬의 운영효과는 정보시스템의 적시성과 정확성에 바탕을 두고 복잡한 각 단계의 협력관계를 어느 정도 유지하는가에 좌우된다.

• 재고의 역할

SCM은 원재료 등 자재의 공급으로부터 완제품의 판매까지 프로세스의 흐름을 통합적으로 관리한다. 이러한 프로세스 흐름에 따라 공급되는 재공품재고의 공급과 조달, 완제품을 고객에게 어떻게 전달하는가는 SCM의 핵심기능이다. 공급사슬에서는 정확한 수요예측과 각 단계에서 필요로 하는 재고수준, 적정한 안전재고는 고객만족과 재고감축을 가져온다.

• 공급자개발

공급자개발은 공급자의 수, 공급자 평가 및 선정, 공급자 감사 및 구매활동으로 이어지는 협력체계를 구축하는 것이다. 자원시장이나 거래의 특성에 따라 단일(sole sourcing), 또는 다수의 구매원을 대상으로 할 것인가를 택하여 공급자를 평가하고 선정한다. 공급자선정에는 재무상태, 인적 숙련, 생산성, 품질활동, 지속적 개선노력, 가치공유 인식 등에 대한 정성적, 정량적 기준을 적용한다.

• 공급자협력관계 강화

공급자협력관계(partnership)는 공급자 개발과 네트워크 형성의 전제가 되며 운송, 창고, 도소매업자 등을 포함한다. 공급자협력관계를 통해 고객에의 접근성, 지역적 협력관계, 전문성 확보, 서비스수익성 개선, 공급능력 부족의 극복 등의 효과를 얻을 수 있다. 공급자협력관계에는 공급자 및 고객 간의 협력범위와 수준, 불만에 대한 효율적인 대처, 제한된 자원공급의 조건 등이 중요한 요인이다.

• 공급네트워크의 린화

린(lean)사고의 원리는 고객에게 제공되는 제품이나 서비스생산의 흐름에서 불필요한 요소를 제거하고 지속적으로 완벽성을 지향하는 가치창조의 흐름이다. 공급네트워크의 린화는 재고보유의 낭비적 요인을 제거하고 효율적인 재고수준을 유지하는 것이다. 즉 수요에 의한 풀(pull)시스템은 밀어내기식 생산방식의 푸시(push)시스템에 비해 필요한 재고만큼을 생산함으로써 과다한 생산작업과 재고보유의 낭비적 요인을 최소화할 수 있다. 오늘날의 정보기술은 SCM 내 각 객체 간 정보소통을 원활하게 하여 공급네트워크의 린화를 추구하고

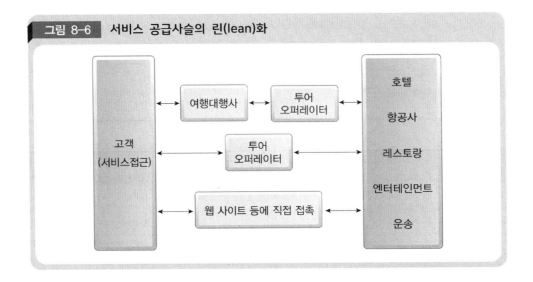

그림 8-6   서비스 공급사슬의 린(lean)화

있다. [그림 8-6]과 같이 서비스기업의 고객접점은 직접 접촉보다는
정보기술에 의해 간접적 또는 비대면 서비스가 늘어나고 있다.

4. 공급사슬경영의 성과측정

효과적인 SCM운영을 위해서는 공급업체, 생산업체, 유통업체 및
운송, 창고와 같은 아웃소싱업체 등 전체 공급사슬에 대한 성과측정
이 필요하다. SCM의 성과측정은 프로세스 흐름의 불합리적 요소를
제거하고 낭비적 요인을 줄이는데 있다. 성과측정에는 주요 비용절
감요인, 재고수준, 생산성, 품질요인, 공급자협력관계, 시장변화에 대
한 대응수준, 고객서비스수준 등 정성적 요인과 계량적 지표를 활용
한다.

SCM의 성과측정지표는 기업의 유형에 따라 차이는 있겠지만 공
급사슬을 형성하는 기업을 대상으로 재무지표, 생산운영지표, 프로세
스운영지표, BSC성과지표 등을 사용하여 측정한다. SCM의 주요 성과
측정지표와 내용은 <표 8-2>와 같다.

표 8-2 공급사슬경영의 성과지표

성과측정지표	내용
재무지표	매출액, 수익률, 시장점유율, 성장성지표
생산운영지표	생산원가, 재고비용, 재고수준, 주문처리, 리드타임, 생산주기시간, 생산성, 유연성, 품질수준, 개선활동수준, 납품성과, 서비스수준, 시장변화에 대한 대응수준, 시장경쟁력, 공급자협력관계
프로세스 운영지표	공급사슬의 각 단계에서의 재고수준, 생산성, 유연성, 생산주기시간, 주문처리 등 리드타임, 고객서비스수준
BSC성과지표	재무성과지표, 프로세스성과지표, 인적자원성과지표, 고객활동성과지표

Starbucks의 공급사슬

'Starbucks effect'라는 새로운 용어를 창출하며 고급 커피업체의 이미지를 대변하는 브랜드로 성장한 Starbucks는 세계 최고의 커피전문회사이다. 1987년 11개의 점포로 시작하여 8년 연속 60% 이상의 성장을 이루어 현재 전 세계 60여 개국 1만8천여 매장에서 20만여 명의 직원들이 근무하고 있다.

Starbucks의 성장전략은 관리기술의 지원을 바탕으로 하고 있다. Starbucks는 전 세계적인 커피유통망을 보유하고 있는데 여기서 가장 큰 문제는 물적 유통체계와 유통기간 및 재고에 대한 문제이다. 재고에 대한 문제는 원두, 볶은 커피, 그리고 각 매장에서 판매하는 커피관련 기기나 비품을 대상으로 한다.

Starbucks는 이용고객이 CD카드로 결재를 하는 경우 포인트 혜택을 받을 수 있도록 Starbucks Duetto Visa카드와 T모바일처리를 위해 고속무선인터넷접근을 가능하게 하고 있다. 이것은 고객들의 구매횟수를 늘이는 역할을 한다. 이에 대응하여 Starbucks는 푸라푸치노음료, 아이스크림, 티(tea)소매점인 Tazo Tea의 매수 등 제품 다각화와 새로운 제품개발에 많은 노력을 기울이고 있다. 제품이나 서비스가 늘어날 때마다 재고와 공급사슬의 문제는 더욱 확대되고 있다.

Starbucks의 공급사슬은 전문성, 고객과의 직접 연결, 소매 및 벤처의 활용이라는 세 가지 요소로 구성되어 있다. 즉 Starbucks는 United Airline이나 Nordstrom과 같은 전문 소매점과 제휴관계를 맺고 있으며, 직접 판매를 위해 DM을 적극적으로 활용함으로써 고객과 긴밀한 접촉을 하고 있다. 또한 벤처 기업을 활용하여 자사의 브랜드를 혁신적인 제품 출시로 연결하고 있다. Starbucks는 공급사슬을 유기적으로 연결하는 통합된 SCM 운영체계를 유지하고 있다.

또한 Starbucks는 커피라는 아이덴티티를 유지하기 위해 커피의 보관, 분쇄, 추출에서 물의 양까지 엄격한 관리를 하고 있으며 1주일이 경과한 커피는 폐기하고 미리 만들어진 커피는 절대로 팔지 않고 있다. 제대로 된 커피의 맛을 유지하기 위해 직영점 판매체제를 고수하고 있다.

Starbucks는 공급사슬을 통해 원재료 재고, 공장의 생산 및 안전재고 현황 등을 리얼타임으로 파악하고 있으며 원재료 구매의 적절성을 위해 각 점포의 일일 매출 및 보유재고 현황을 온라인으로 관리하고 있다. 또한 정확한 수요예측을 위하여 고객이 원하는 모든 유형의 수요에 대응하는 방법보다는 Starbucks가 고객에게 직접 제공하는 제품위주의 공급계획을 수행하고 있다. 이러한 전략을 통해 커피제조 프로세스를 완벽하게 제어할 수 있는 시스템을 갖추게 되었으며 제품의 품질을 향상시키고 효율적인 자원 이용과 불필요한 재료비, 제조간접비 등의 절감을 도모하고 있다.

자료: 월간B2B(2016. 7-8.), www.starbucks.com 등에서 발췌.

토의문제

1. 서비스기업에서 재고와 SCM의 중요성은 무엇인가?
2. Starbucks의 재고와 SCM의 특징은 무엇인가?
3. Starbucks의 원두커피 등 원료의 유통과 재고에 대하여 토론하자.

참고문헌

김길선 외(2011), 생산시스템운영관리, 법문사.

유시정(2014), 서비스경영, 법문사.

Lee, H. L., V. Padmanabhan & S. Whang(1997), "The Bullwhip Effect in Supply Chains," *Sloan Management Review*, 38(3), pp.93~102.

Porter, M. E.(1998), *Competitive Strategy: Techniques for Analyzing Industries and*

Competitors, The Free Press.

Riggs, James L.(1981), *Production Systems: Planning, Analysis, and Control*(3rd ed.), McGraw-Hill.

Tersine, Richard J.(1994), *Principles of Inventory and Materials Management*(4th ed.), Prentice-Hall.

Wisner, Joel D., G. Keong Leong, & Keah-Choon Tan(2002), *Principles of Supply Chain Management*, Thomson.

LG CNS(2014. 9. 22.) blog.lgcns.com 참조.

뉴스핌(2020. 2. 5.)

월간B2B(2016. 7-8.)

Weekly Biz(2015. 8. 29.)

www.biz.chosun.com

www.ciokorea.com

www.starbucks.com

www.zara.com

제 **9** 장

서비스
인적자원관리와
조직 활성화

내부고객만족시스템은 직원들에게 동기부여와 마음을 움직이게 한다. 이는 직원의 마음을 알아주고 칭찬으로부터 시작된다. 에버랜드 임원들이 직원들에게 칭찬 사연을 적어서 전하는 '서비스 앰버서더 카드'는 유니폼 안주머니에 품고 다니는 행운의 부적이 되었다. "백만 불짜리 미소가 멋지네요." "당신의 웃는 모습은 국보급입니다."라는 부적 한 장으로 직원들은 스스로 자부심을 느끼고 감동의 마음을 고객에게 전달하는 힘이 되고 있다.

– 에버랜드의 서비스 스토리(2009) 중에서

제 1 절 서비스인적자원관리

사례

Zappos의 직원 기(氣) 살리기

'직원도 왕'이라는 인재관리로 성공을 거둔 기업이 있다. 직원들의 자율성을 보장하고 직급에 관계없이 민주적인 기업문화가 직원들의 만족도를 높이고 다양한 사업 아이디어와 서비스품질 향상으로 이어진 덕이다. 인재관리 전문가들이 대표사례로 꼽는 기업은 미국 온라인쇼핑몰 Zappos이다. 이 회사는 세심한 사내 복지·인재관리정책이 직원들을 감동시켜 경쟁사와 차별화되는 고객서비스를 실현했다는 평가를 받는다.

Zappos에는 재미공학자(Fungineer)와 문화자문위원(Culture Adviser) 겸 통찰력 총괄임원이 있다. 재미공학자는 직원을 위한 다양한 특별 행사를 기획하고 진행하는 일을 총괄하는 록밴드의 드럼 연주자 출신이 맡고 있다. 문화자문위원 겸 통찰력 총괄은 Zappos의 핵심가치와 문화를 관리하고 그에 맞는 인재를 채용, 관리한다. Zappos는 적합한 업무능력을 갖춘 '재미있고 약간 독특한' Zappos의 인재상에 맞는 직원을 찾아내기 위한 것이라고 설명하고 있다.

Zappos는 입사를 포기하는 사람에게 위로금을 준다. 이 회사의 신입사원은 총 160시간의 서비스교육을 받는데 이 기간에도 월급을 100% 지급한다. 일주일 만에 퇴사해도 일주일치 임금과 위로금 2천 달러를 준다. 10명 중 1명은 입사 초기에 위로금을 받고 그만둔다. Zappos는 회사에 남는 사람들이 사업을 성장시키는 것이라며 회사와 맞지 않는 사람은 초반에 그만두는 편이 서로 이익이라는 판단이다.

Zappos는 각종 직원 우대정책만큼이나 고객을 감동시킨 사례들이 소문을 타며 성장했다. 온라인 검색창에 Zappos를 입력하면 'Zappos 고객서비스 사례들'이란 검색어가 뜬다. 이러한 사례도 있다. 이삿짐을 싸던 남편이 아내의 보석 장신구들을 상자 속 핸드백 안에 넣었다. 문제는 그 상자는 아내가 Zappos에 반품하려던 것이었다. 아내는 상자를 Zappos에 돌려보냈고, 한바탕 소동을 벌인 뒤 상황을 파악한 부부는 Zappos에 연락해 가방 안에 든 보석을 돌려달라고 요청했다.

Zappos의 고객서비스 담당자는 값비싼 물품을 택배로 보내면 부부가 안심할 수 없다고 생각해, 항공편으로 직접 찾아가 보석들을 돌려줬다. 부부가 저녁을 대접한 것은 물론 평생 Zappos를 이용하겠다며 소문을 냈다. 친구 결혼식 날 신기 위해 주문한 신발이 예정된 날짜까지 배송되지 않았다는 고객의 연락을 받자 전액 환불과 함께 무료로 새벽 배송해준 사례도 잘 알려져 있다.

　세심한 서비스가 가능하도록 하위 직원들에게 재량권을 준 것이 이 회사 서비스의 비결이다. 미국의 온라인 유통 대기업 아마존이 성장 잠재력을 높이 사 지난 2009년 인수했지만 Zappos의 고유한 기업문화는 훼손되지 않았다. 2013년 관리자 직급을 없애고 일반 직원들이 동등한 위치에서 업무를 수행하는 일종의 자율경영시스템인 홀라크러시(Holacracy)를 도입했다. 홀라크러시는 위계질서에 따라 위에서 아래로 지시가 전달되고 상사가 부하 직원의 업무를 관리하는 기업들과 대조되는 수평적인 시스템이다.

자료: Weekly Biz(2019. 1. 11.) 기사에서 발췌.

1. 서비스인적자원관리의 목표

　기업의 관리기능이 기술 중심으로 심화될수록 인간의 존엄성과 개인적 역할은 더욱 중요하다. 기업은 경영목표를 달성하기 위해 기업이 보유하고 있는 인적자원을 활용하는데 기업의 인적자원관리는 개인의 인격을 존중하고 동기부여에 의해 그들의 능력을 발휘하게 하여 기업의 목표를 달성하는 관리기능이다. 따라서 직원을 대상으로 하는 인적자원관리는 기업의 활동과 경영관리의 중심이 된다.

　기업의 인적자원관리는 기업 전체의 관점에서 직원에 대한 관리를 종합적으로 계획, 조정, 지원하는 스태프의 역할을 수행하는 것이다. 서비스특성을 고려해 볼 때 서비스기업이 지향하는 인적자원관리의 목표는 다음과 같다.

① **인간중심적**: 오늘날 우리 사회는 경제적, 사회적, 문화적 수준이 매우 높아졌고 사람들의 의식수준도 높아졌다. 따라서 기업의 인적자원관리는 직원의 개인지향적인 측면에서의 욕구를 충족시킴으로써 직무만족을 달성할 수 있도록 해야 한다.

② **행동지향적**: 직원의 잠재적 능력은 주어진 환경에 따라 욕구, 태도, 만족이 달라지고 만족수준에 따라 직무수행에 대한 창의성도 달라진다. 전통적으로는 직원이 수행하는 업무의 절차나 규칙에 중점을 두었지만 현대적 인적자원관리는 직원의 능력개발과 능동적인 기능발휘를 통해 행동적, 실천적 성과달성을 목표로 한다.

③ **미래지향적**: 우리 사회의 경제적, 사회적, 문화적, 기술적 환경의 변화는 개인의 사고와 행동, 사회규범을 변화시키고 있다. 기업은 미래지향적인 관점에서 보다 효과적인 인적자원관리를 전개해야 한다.

서비스는 서비스제공자, 고객, 또는 시스템 내의 다른 고객 등 사람의 관여가 매우 높다. 서비스품질과 고객만족을 목표로 하는 서비스기업은 고객접점에서의 직원의 역할이 매우 중요하다.

2. 서비스인적자원관리의 내용

기업의 인적자원관리는 경영자 및 각부서 관리자들의 리더십, 동기부여, 갈등해소, 인간관계 등을 대상으로 한다. Haksever 등(2000)은 서비스기업에서 인적자원관리를 효율적으로 수행하기 위한 조건으로 다음의 사항을 들고 있다.

- 직원의 생산성을 달성하기 위한 동기부여
- 직원의 성과확대를 위한 기회제공이 가능한 직무구조
- 개인적 직무수행의 직접적 효과를 위한 의사결정에 참여
- 개방적 커뮤니케이션과 안정된 작업일정

- 충분한 감독과 조직적 유연성
- 직무성취에 대한 경제적·비경제적 보상
- 조직내외에서의 발전에 대한 기회
- 고객과 직원의 욕구에 대한 이해와 격려하는 문화

제 2 절   서비스인적자원관리의 전개

서비스기업의 생산운영관리를 지원하는 기능으로서 인적자원관리는 다음의 문제를 해결해야 한다.

○ 서비스생산과 제공에 필요한 직원을 어떻게 확보하고 배치할 것인가?
○ 서비스목표 달성을 위해 직원의 교육훈련과 능력개발은 어떻게 할 것인가?
○ 직원의 사기진작을 위한 동기부여와 보상은 어떻게 할 것인가?
○ 노동조합과 관련되는 문제는 어떻게 해결할 것인가?

1. 서비스인적자원의 충원

• 인적자원계획

인적자원계획(human resource planning)은 기업의 과업수행에 필요한 인력을 확보하기 위한 계획과정이다. 우수한 인적자원을 필요할 때마다 적시에 확보하기가 어려우므로 소요되는 인력과 전문성, 숙련, 기능 등을 고려하여 장기적 관점에서 인적자원의 계획이 필요하다.

• 직무분석

직무분석(job analysis)이란 직무에 포함된 과업, 과업수행의 권한과 책임, 다른 직무와의 관계, 기대되는 성과달성에 필요한 직원의 개인적 능력, 직무환경 등을 체계적으로 분석하는 것이다. 직무분석은 직원이 수행할 직무의 내용, 구체적 권한과 책임, 작업조건 등을 기록하는 직무기술서(job description)와 직원의 교육수준, 기능 및 숙련, 경험 등 직무수행에 가장 적합한 작업조건을 명시하는 직무 명세서(job specification)에 의해 정의된다.

• 서비스인적자원의 모집과 선발

서비스인적자원의 모집과 선발로 필요 직원을 충원한다. 모집(recruitment)이란 인적자원계획에 따라 직무기술서와 직무명세서의 요건에 부합되는 능력, 숙련, 인성 등 자격을 가진 인적자원을 확보하는 과정이다. 선발(selection)은 만족스럽게 직무를 수행할 수 있는 능력과 동기를 가지고 있다고 판단되는 인적자원을 선택하는 과정이다. 직원의 선발은 과거의 경험 등 개인적 배경과 신체적 기능, 의식 성향 등에 대한 평가를 통해 이루어진다.

개│념│정│리 아웃소싱과 오프쇼어링

서비스기업 내 지원부문의 아웃소싱이 늘어나고 있으며 글로벌기업은 오프쇼어링(offshoring)을 선호하고 있다.

- 아웃소싱: 외부기업과 계약에 의해 기업내부의 직무를 수행하게 하는 방법
  외부의 기업의 전문성을 활용하여 신속한 반응, 높은 품질유지
  예 빌딩관리유지, 자재운송, 구내식당 운영, 급여계산
- 오프쇼어링: 고객을 위해 다른 나라에서 서비스직무를 수행
  대면서비스는 오프쇼어링이 불가능하지만 커뮤니케이션기술, 정보시스템 운영기술의 발달로 오프쇼어링 영역이 확대되고 있음
  예 콜센터, 운송, 홈쇼핑, 전자경매, 정보시스템개발과 운영

2. 서비스인적자원의 활용

기업에 채용된 인적자원은 효과적으로 기업활동을 수행하여 경영목표달성에 기여할 수 있도록 해야 한다. 또한 개인의 만족감과 생산성을 높이기 위해 인적자원의 합리적 배치, 공정한 고과와 승진, 합당한 보상이 전제되어야 한다.

• 서비스인적자원의 배치

배치(placement)란 직원이 수행해야 할 직무를 부여하는 것이며 이동(transfer)은 배치된 직원을 필요에 따라 다른 직무로 바꾸어 재배치하는 것이다. 배치결정은 다수의 직무와 직원 간의 관계를 조화롭게 연결하여 그들의 만족감을 높이고 기업의 목표를 달성하도록 해야 한다. 배치와 이동은 적재적소주의, 실력주의, 인재육성주의, 균형주의의 원칙을 따라야 한다.

• 보상과 복리후생

보상(compensation)은 임금의 형태로 직원의 노동의 대가로 지급하는 기본급, 수당, 상여금 등 일체의 금품과 복리후생비를 포함한다. 임금은 금전적 보상이라는 점에서 직원만족에 영향을 미치지만 오늘날 경제적 보상의 범위를 넘어 삶의 질(quality of life)의 관점에서 복리후생의 중요성이 강조되고 있다.

복리후생(welfare benefits)은 직원의 노동에 대한 금전적 대가지불과 그 가족을 위한 경비로서 의료보험, 재해보험 등 법률에 정해진 법정복리후생, 그리고 기업이 자발적으로 제공하는 교육, 문화, 취미, 오락, 휴가 등에 지급되는 비 법정복리후생으로 구분된다. 직원에 대한 복리후생의 규모가 늘어날수록 직원의 생산성과 만족수준이 높아지는 것으로 파악되고 있다.

3. 서비스인적자원의 교육훈련

• 교육훈련

기업이 신규 채용한 인적자원은 실무경험이 부족하여 직무수행에 필요한 교육훈련이 필요하다. 기존의 직원들도 직무수행에 필요한 기술, 경영방법 등이 변화하기 때문에 지속적으로 교육훈련을 통해 새로운 환경에 적응해야 한다.

교육훈련은 필요성과 목적에 따라 교육훈련의 내용, 방법, 대상자, 예산, 평가 등 교육훈련계획이 필요하다. 또한 전문 교육기관과 원격교육은 다양한 교육훈련의 내용과 방법을 경험하게 하며 장소적·시간적 편리성을 높여준다.

• 경력개발

경력개발(career development)은 기업이 필요로 하는 우수한 인적자원을 확보하고 효율적으로 배치하여 기업의 목표와 개인의 욕구가 일치하도록 하여 이들의 성취동기를 유발하는 인적자원관리활동이다. 경력개발은 직원들에게 승진과 보상 등 자기발전을 위한 명확한 목표를 준다. 이러한 목표달성을 위해 직원들은 보다 높은 충성도를 발휘하게 된다. 결과적으로 경력개발은 직원들의 조직과 직무에 대한 만족을 높여주며 직무성과 향상과 개인의 욕구달성으로 조직의 유효성을 높인다. 경영자는 경력개발을 통해 훌륭한 후계자를 양성함으로써 직원들에게 조직 내에서의 발전하는 기회를 마련해주는 계기가 된다.

사례

Ritz-Carlton호텔의 차별화된 서비스는 직원이 만들어낸다

1992년과 1999년 Ritz-Carlton호텔은 서비스부문에서 MBNQA를 수상하였다. 리츠칼튼의 수상은 직원의 서비스역량집중, 고객중심의 서비스와 재무적성과를 목표로 하는 서비스전략이 다른 호텔과 차별되기 때문이다.

대부분의 호텔은 임파워먼트, 임금, 작업환경 등 인적자원관리 면에서 많은 문제를 안고 있다. 예를 들어 영업직원이나 고객의 입실과 퇴실, 영접이나 시중을 담당하는 직원들은 고객접촉이 가장 많음에도 불구하고 낮은 임금, 최소한의 의사결정권한과 책임, 낮은 교육기회, 근무환경의 열악성 등을 면치 못하고 있다.

Ritz-Carlton호텔은 고객에 대한 서비스역량을 집중시키기 위해 인적자원관리의 문제를 극복하는데 역점을 두어왔다. Ritz-Carlton호텔의 차별화된 고객서비스는 직원선발과 교육훈련에서부터 찾아볼 수 있다. 선발된 직원은 호텔서비스의 핵심적인 업무내용과 인사성, 정확한 대화법, 예절바른 태도 등 고객접촉과정에 필요한 모든 서비스수행지식과 능력개발에 대하여 상급자의 지도와 조언으로 훈련을 받는다. 새로이 채용된 직원들은 고용의 책임과 권한을 가진 각 부문별 관리자나 품질리더로부터 현장 오리엔테이션을 통해 Ritz-Carlton호텔의 가치와 서비스방법을 배운다. 신규 직원들은 입사 3주가 지나면 교육성과에 대한 필기와 실기시험을 거쳐 각각의 직무에 배치된다.

이 호텔의 인사담당자나 훈련담당자등 호텔서비스리더들은 새로이 채용된 직원들에게 서비스의 중요성을 폭넓게 인식시키고 있다. Ritz-Carlton호텔의 직원들은 고객서비스에 대해 무엇을 해야 할 것인가를 결정하고 어떻게 하면 가장 효과적인 결과를 얻을 것인가에 대해 스스로 터득한다. 예를 들어 객실담당 직원은 단지 침대정리와 비품교체, 청소만이 아니라 고객서비스 경험을 통해 고객의 기호에 맞는 서비스를 어떻게 제공할 것인가에 대한 계획을 세운다.

Ritz-Carlton호텔의 직원들은 지속적인 교육훈련을 통해 서비스능력을 개선하여 목표를 달성하고 있다. 100시간 이상의 다양한 서비스교육훈련은 직원 스스로가 문제해결, 목표정립, 새로운 아이디어 창출 등의 능력을 고양함으로써 최상급의 고객서비스 전문가가 된다. 모든 훈련과정을 거친 직원들은 비로소 문제해결을 위한 회의참석, 고객만족 활동에 2,000달러의 비용지출 권한, 영업의사결정이나 계획수립, 문제해결에 대한 제안과 발표기회를 갖는다. 수준 높은 서비스로 고객을 만족시키는 직원은 서비스성과에 상당하는 임금혜택을 받는다.

이 호텔의 서비스성과는 여러 분야에서 찾아볼 수 있는데 Ritz-Carlton 방식의 인적자원관리는 호텔업계의 평균보다 낮은 노동회전율을 나타내고 있다. 또한 Ritz-Carlton 호텔은 80만 건 이상의 고객이용특성 정보를 축적하여 Guest Profile

System을 유지하고 있다. 데스크 직원은 고객의 성향, 까다로운 점, 흡연여부, 어떤 비누를 사용하고 어떤 베개를 선호하는지 또는 크레디트 카드 사용성향 등을 파악하여 가능한 한 고객의 개인적 취향에 맞는 서비스를 제공한다.

고객이 느끼는 서비스수준은 고객접점에서 직원이 제공하는 진정한 서비스가치에 의해 좌우된다. 서비스의 차별화는 고객이 기대수준 이상의 서비스가치를 제공받는다고 인식할 때 이루어진다. Ritz-Carlton호텔의 서비스는 고객이용특성을 서비스에 반영하여 서비스가치를 실현하여 얻은 결과이다.

자료: MBNQA Application Summaries of the Ritz-Carlton Hotel(1999)에서 발췌.

4. 서비스인적자원의 평가

기업이 우수한 인력을 적소에 배치하거나 직원의 승진 및 승급을 결정함에는 직원들의 능력과 성과에 대한 공정한 평가가 필요하다. 인사고과는 직원의 능력과 성과를 평가하는 기준이 된다. 인사고과는 생산성, 매출액, 작업량과 작업시간 등 정량적 평가요소와 직무난이도, 직무환경, 고객만족, 근무태도, 잠재적 능력 등 정성적인 평가요소로 구분된다.

인사고과의 평가방법은 기업의 필요성과 고과목적에 따라 다양하게 사용할 수 있다. 예를 들어 직원의 보상을 목적으로 평가할 때는 실제의 성과를 대상으로 하고 직원의 승진을 목적으로 하는 경우에는 보다 광범위한 지표에 의해 평가하는 것이 합리적이다. 서비스기업에서 팀워크나 조직분위기 조성, 직원의 권한과 임파워먼트 확대에 중요성을 두는 경우는 수평적 평가와 하급자에 의한 상향평가 등 다면적 평가방법을 유용하게 사용할 수 있다.

인사고과에 있어서 승진과 승급은 공정성과 객관성을 전제로 해야 한다. 조직 내에서의 발전이라는 관점에서 승진과 승급은 직원만족과 직무의욕을 고취시키는 동기부여의 수단이 된다. 승진은 기업내에서 보수, 권한, 책임의 영역이 넓어져 직무서열 및 자격서열이

상승되는 것을 의미한다.

승진제도에는 ① 직무수행 능력, 경험, 숙련 등에 따라 직계승진 제도, ② 근무연수, 학력, 경력, 연령 등 사람중심의 연공서열승진제 도, ③ 이 두 가지를 절충한 자격승진제도가 있다. 승진제도는 직원 의 사기저하나 불만족을 해소하여 근로의욕 자극하고, 유능한 인재 유출을 피하고 조직구조 개편에 사용할 수 있다.

사례

인사평가제도는 합리적인가?

취업포털 잡코리아가 최근 직장인 1930명에게 재직 중인 회사의 인사평가 제 도에 대한 의견을 묻는 설문조사를 실시했다. 잡코리아에 따르면 설문에 참여한 직장인 중 '사내에 업무 성과를 평가하는 제도가 있다'고 답한 응답자는 64.3%로 기업의 규모가 클수록 '사내에 평가제도가 있다'는 응답이 90%에 달했다.

자신의 업무성과에 대한 회사의 평가가 불합리하다고 생각하는 것으로 나타났 다. 응답자 중 56.3%가 불합리하다는 부정적인 답을 했으며, '전혀 받아들일 수가 없다'는 의견도 7.9%에 달했다. 인사평가 결과에 대한 불만은 경력연차가 높을수 록 더 높았다. 재직 1년 미만의 경우 '불합리하다'는 의견이 50.2%였으나 10년 이 상 재직자는 71.1%에 달해 재직기간이 길어질수록 불만이 높았다. 특히 회사에 평가제도가 없는 경우 인사평가 결과에 대한 불신이 높았다. 사내에 평가제도가 없다고 답한 응답자 그룹에서는 '다소 불합리(65.2%)' 및 '납득할 수 없음(10.3%)' 등 불합리하다는 의견이 74.5%에 달했다.

고과등급제로 평가한다고 답한 그룹에서는 '불합리하다'는 의견이 54.8%, 그렇 지 않다고 답한 그룹에서는 70.2%로 불만이 높았다. 업무성과를 평가하는 제도가 있어도 평가결과를 받아들이는 재직자의 반응은 크게 다를 수 있다는 지적이다.

회사가 직원의 성과를 적절히 관리하고 보상하는가의 질문에 63%가 '아니다' 라고 답했고 긍정적인 응답은 36.6%로 낮았다. 성과관리가 제대로 되고 있다는 응답자는 평가제도가 도입된 경우(42.8%) 그렇지 못한 경우(25.4%)보다 높았으 며, 평가제도가 고과등급제로 운영되는 경우(45.8%) 성과관리가 제대로 이루어진 다고 평가하는 것으로 나타났다.

한편 '인사평가 결과가 합리적이고 합당하다'는 응답자들의 직장만족도는 100점 만점의 76.0점으로 나타났다. 반면 '회사의 평가를 전혀 받아들일 수 없다'는 그룹의 만족도는 평균 43.3점으로 큰 점수차를 보였다. '합당한 편'이라 응답한 응답군의 만족도는 평균 72.1점, '다소 불합리한 편'이라 답한 응답군의 만족도는 평균 58.6점이었다.

자료: 잡코리아 2018년 조사자료(www.jobkorea.co.kr)에서 발췌.

제 3 절 서비스인적자원의 고취

사례

에버랜드의 내부고객만족시스템

서비스직원의 감정은 고스란히 고객에게 전해진다. 모든 고객만족 활동은 내부고객인 직원이 회사와 업무에 만족을 느껴야 그 만족을 토대로 외부고객에게 즐거움과 감동을 전하는 서비스를 제공할 수 있다. 그리고 외부고객의 만족을 통해 더욱 풍부한 서비스 노하우를 터득한 직원은 양질의 서비스를 제공하려는 동기부여로 열정이 샘솟게 된다.

내부고객만족시스템은 직원들에게 동기부여와 마음을 움직이게 한다. 이는 직원의 마음을 알아주고 칭찬으로부터 시작된다. 에버랜드 임원들이 직원들에게 칭찬 사연을 적어서 전하는 '서비스 앰버서더 카드'는 유니폼 안주머니에 품고 다니는 행운의 부적이 되었다. "백만 불짜리 미소가 멋지네요." "당신의 웃는 모습은 국보급입니다."라는 부적 한 장으로 직원들은 스스로 자부심을 느끼고 감동의 마음을 고객에게 전달하는 힘이 되고 있다.

특히 신입직원은 관심의 대상이다. 인간관계나 사회 경험이 부족한 직원들에게 수많은 고객을 응대하는 일과는 스트레스의 연속이다. 이럴 때일수록 조직 리더의 세심한 코칭과 그에 맞는 교육이 필요하다. 조직 리더의 1대 1 코칭이나 '명품 서비스맨 만들기' 교육으로 자신의 비전을 찾아 가는데 성공한 직원들이 많이 있다. 입사 100일을 맞은 직원에게 에버랜드 프로서비스맨으로 인정해 주는 100일 파티를 열어준다. 이 파티의 목적은 신바람나게 즐겁게 일할 수 있도록 하는 동기부여와 함께 그들이 에버랜드를 퇴사한 후 언제든지 에버랜드를 찾아 올 수 있는 고객이 될 수 있기 때문이다.

에버랜드에서 근무하는 직원들은 노동부가 인증한 12주 과정의 전문가 양성과정을 이수하면 취업에 도움이 될 수 있도록 에버랜드에서 인정한 인증서를 발급받는다.

내부고객에서 고객으로, 고객에서 직원으로의 만족의 선순환은 결국 기업경영의 성공으로 되돌아온다. 서로의 역량을 최대한 발휘할 수 있는 충실한 코칭과 생활화된 칭찬의 문화가 서비스변화를 이끌어내는 가장 큰 힘이 된다.

자료: 에버랜드(2009), 서비스 스토리에서 발췌.

1. 서비스리더십

우리나라의 국가품질상이나 미국의 MBNQA 평가기준의 첫 번째 항목은 경영자의 리더십이다. 리더의 강력한 카리스마와 뛰어난 리더십은 조직에 큰 영향을 미치고 조직의 발전을 가져다주는 원동력이 된다는 믿음을 가지고 있다.

Kotler(1990)의 정의에 의하면 리더십은 경영자가 의도하는 목표를 달성하기 위해 다른 사람에게 영향을 주고 동기를 부여하고 지시하는 능력이다. 기업이 공식적인 조직구조와 명령체계를 갖고 있더라도 조직구조가 불완전하면 과업추진이 불합리하고 환경변화에 적응하기 어렵다. 리더십은 이러한 문제를 해결하고 조직 내 갈등요인을 조정, 해소하거나 직원에 대한 동기부여를 위해 필요하다. 리더십은 다음과 같은 특성을 지니고 있다.

- 리더십은 부하나 추종자와 같은 사람들을 포함한다.
- 리더는 조직의 목표달성을 위해 권한(power)을 사용할 수 있어

야 한다.
- 리더는 권력을 통해 부하들에게 상당한 영향을 미치고 의도하는 성과를 얻는다.
- 리더는 권력만으로 권한행사를 하는 것이 아니라 동기부여를 통해 구성원들이 과업수행에 집중할 수 있는 여건을 조성해야 한다.

서비스기업의 경영자가 갖추어야 할 리더십 요건은 다음과 같다.

① **권력(power)**: 리더가 부하들에게 권력을 행사할 때는 직원의 임파워먼트를 고려해야 한다. 예를 들어 고객접점 직원이 과업을 수행할 때 목표달성 방법을 스스로 결정하게 하여 자기통제와 참여의식을 높이는 것이 효과적이다.

② **직관력(intuition)**: 경영자는 변화와 위험상황을 예측하여 효과적으로 대처하는 능력이 요구된다. 급격한 서비스혁신, 시장경쟁의 위협요소와 변화에 대해 새로운 서비스와 기술로 고객만족과 경쟁우위를 점할 수 있어야 한다.

③ **이해심(well-understanding)**: 리더는 부하들의 약점을 보완해주는 관용이 필요하다. 직원의 실수로 고객의 불만이 발생하였다면 직원의 입장에서 서비스실패의 원인이 무엇인가를 찾아 해결하고 이해하는 노력이 필요하다.

④ **가치관의 공유(shared values)**: 리더는 조직의 비전, 목표, 전략, 규범 등의 가치관을 부하들에게 충분히 이해시키고 이를 따르게 해야 한다. 가치관은 경영자의 경영철학을 포함하는 기업의 비전체계이다.

개 I 념 I 정 I 리   서비스리더십

기업의 성과는 유능한 리더에 의해 좌우된다. 리더십의 과제는 유능한 리더의 자질과 개인적 특성 그리고 유능한 리더를 확보하는 것이다.

전통적인 경영학에서 리더십연구는 뛰어난 경영자를 대상으로 했다. 예를 들어 삼성그룹 이건희 회장, Apple을 창업한 Steve Jobs, 마이크로소프트의 Bill Gates, Walmart 창업자 Sam Walton 등 국내외 경영자에 대한 리더십이다.

리더십은 리더의 특성과 기술, 리더의 행동, 리더의 권력과 리더십 발휘, 외부 상황요인 및 리더십에 의한 성과 등의 면에서 다양한 연구가 이루어지고 있다. 또한 리더십이론은 리더십의 특성이론, 행동이론, 상황이론으로 이어져 개인적 인간 중시요소를 고려하고 문제해결 지향적 접근 등의 연구로 발전하고 있다. 오늘날 서비스기업의 환경에 비추어 Likert의 4- 시스템모형과 인간적 배려를 대상으로 한 리더십연구는 주목된다.

Likert(1961)의 리더십모형은 과업지향성과 직원지향성의 관점에서 조직의 성과를 비교한 연구이다. <표 9-1>에서와 같이 조직구조가 시스템 1에서 2, 3, 4의 유형으로 갈수록 관료적 분위기로부터 민주적으로 개선되어 직원의 참여도가 높아지고 동기부여는 개인의 자긍심을 높이는 방법으로 변화된다. 또한 시스템 1에서 시스템 4로 갈수록 팀위주로 직무를 수행하며 직무성과가 가장 높다.

서비스기업의 인간적 배려에 대한 중요성이 높아짐에 따라 리더십도 직원 중심으로 변화되고 있다. 특히 서비스기업의 경우 인적자원을 중요시함에 따라 전통적인 거래적 리더십으로부터 변혁적 리더십에 역점을 두고 있다. <표 9-2>에 거래적 리더십과 변혁적 리더십의 특성을 비교하여 나타낸다.

표 9-1   Likert의 리더십유형과 특성

	시스템 1	시스템 2	시스템 3	시스템 4
조직분위기	독재적, 착취적	온건적, 은혜적	상담적	민주적, 참여적
경영주도 계층	상층	상층, 중간층	전체	전체
동기부여 방법	징벌, 공포	징벌, 보수	보수	보수, 자긍심
협동 팀 유무	전혀 없음	별로 없음	다소 있음	많음
조직성과	중간, 낮음	중간	중간, 높음	매우 높음

표 9-2 거래적 리더십과 변혁적 리더십

특성	거래적 리더십	변혁적 리더십
현상	현상유지를 위해 노력	현상을 변화시키고자 노력
목표지향성	현상과 너무 괴리되지 않은 목표지향	현상보다 매우 높은 이상적 목표지향
시간	단기적 전망	장기적 전망
동기부여 전략	기본적으로 가시적, 즉각적 보상으로 동기부여	장기목표를 위해 노력하도록 동기부여 자아실현 등 높은 수준의 개인적 목표를 동경하도록 동기부여
행위 표준	부하들은 규칙과 관례에 의해 행동	변환적이며 새로운 시도에 도전하도록 부하를 격려
문제 해결	부하들을 위해 문제를 해결하거나 해답을 찾을 수 있도록 알려줌	질문을 통해 부하들이 스스로 해결책을 찾도록 격려 함께 직무를 수행

2 서비스제공자의 동기부여

개인의 행동은 어떤 조직목적을 위하여 무엇을 할 것인지의 방향을 결정하는데 개인의 심리적 상태가 작용한다. 이러한 심리상태를 동기(motive)라 하며 개인의 심리상태를 행동으로 유도하는 과정을 동기부여(motivation)라 한다.

기업의 성과는 직원 개인의 성과로 얻어지며 직원의 성과는 개인의 능력, 동기부여 및 환경적 상황에 의해 결정된다. 따라서 동기부여는 개인의 능력을 이끌어내기 위한 수단이 된다. 동기부여는

- 개인의 내적 심리상태를 행동으로 이어지도록 동기를 유발하고
- 행동에 의해 특정한 목표를 지향하도록 하며
- 지속적으로 목표를 달성할 수 있도록 행동을 유지해야 한다.

개 l 념 l 정 l 리 **동기부여와 직무만족**

직원에 대한 동기부여는 개인적 욕구와 태도, 직무성과에 대한 보수와 행동규범, 직무의 중요성과 자율성 등에 따라 영향을 받으며 그 상호작용에 의해 영향을 받기도 한다. 동기부여이론의 연구는 내용이론, 과정이론, 강화이론으로 나누어 접근하고 있다. 내용이론은 개인에 대한 동기부여에 대하여 개인과 환경적 측면의 접근이며 과정이론은 개인의 행동을 활성화하고 유지하는 과정에 대한 접근이다. 강화이론은 개인의 행동을 중심으로 즐겁고 긍정적인 행동을 반복적으로 수행하기 위해서는 어떻게 자극하여야 하는가에 대한 접근이다.

Herzberg(1959)는 인간의 욕구충족과 관련하여 만족-불만족 요인이 각각 다른 차원에서 존재하고 있다는 이론을 제기하였다. 그는 만족하는 직원이 더 열심히 직무를 수행한다는 가정하에 [그림 9-1]에서와 같이 인간의 행동을 자극하는 요인을 위생요인(hygiene factors)과 동기유발요인(motivators)의 두 가지 측면으로 설명하고 있다.

위생요인은 개인의 욕구충족에 있어서 불만족을 방지해 주는 요인으로 이를 불만족요인(dis-satisfiers)이라 한다. 위생요인은 임금, 안정된 직업, 작업조건, 신분, 경영방침, 관리, 대인관계 등 직원 개인의 직무환경과 관련되는 내용을 포함하고 있다. 동기유발요인은 직원이 직무수행의 만족을 느껴 스스로 열심히 직무를 수행하게 함으로써 성과를 높이게 하는 직무내용요인이다. 동기유발요인은 성취감, 책임감, 성장 및 발전, 직무에 대한 보람과 호감, 타인으로부터의 인정, 존경과 자아실현 등 직무 내재적 만족요인(satisfiers)들로 구성된다.

Herzberg는 이 이론을 통해 만족과 불만족을 야기하는 요인이 무엇인가를 제시함으로써 경영자의 동기부여 방법을 제시하고 있다. 서비스기업의 고객만족은 직원의 직무만족을 바탕으로 이루어진다는 관점에서 동기부여에 의한 자극은 직원의 직무수행의 성과를 향상시키는데 바람직한 수단이 된다.

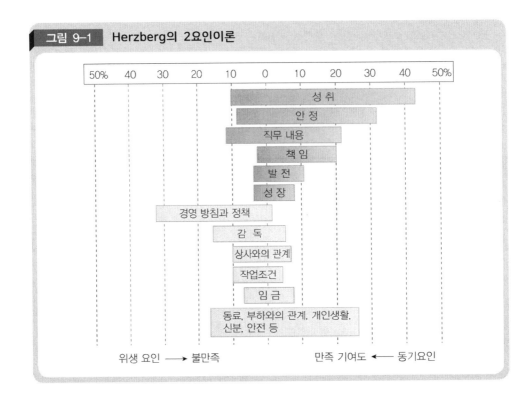

그림 9-1   Herzberg의 2요인이론

3. 서비스제공자의 임파워먼트

사례

임파워먼트는 직무만족에 영향을 준다.

직원의 직무만족은 개인의 직무에 대한 태도와 긍정적인 감정상태로 직무성과에 긍정적인 영향을 준다. 직원의 직무만족에 대한 관심이 높을수록 조직몰입, 조직시민행동 촉진, 장기근속에 미치는 영향이 큰 것으로 조사되고 있다.

은행원의 직무만족도는 항공사, 호텔, 통신회사 등 서비스기업 직원보다 훨씬 높은 수준이라고 한다. 특히 은행원은 동기부여 면에서 상대적으로 임금수준이 높고 직장에 대한 신뢰와 안정감에 대한 만족도가 높게 나타나고 있다. 그러나 은행원의 임파워먼트, 직무수행의 유연성, 창의성, 기술혁신 수준면에서는 만족도가 매우 낮다.

대부분의 은행서비스는 일정한 프로세스와 규정에 따라 처리되므로 은행원의 직무와 관련된 동기부여의 범위는 매우 좁은 편이다. 일정한 프로세스에 의해 진행되는 수신업무는 물론 일선 은행원이 수행하는 직무는 융통성이 매우 적다. 여신업무의 경우 고객의 신용정도에 따라 대출조건, 이자율 적용 등에서는 정해진 규정에 의해 직무를 수행하고 외화환전의 환율적용에서 고객등급에 따라 약간의 융통성을 발휘할 수 있다.

대부분의 은행서비스는 정보시스템에 의해 처리되므로 직무개선에 대한 창의성을 발휘할 기회도 거의 없다. 새로운 상품이나 서비스에 대한 아이디어 창출도 쉬운 일이 아니다. 이에 비해 호텔의 예약직원은 객실배정, 요금산정과 할인율 적용, 퇴실시간의 조정, 기타 부가적인 서비스제공의 권한과 직무수행의 유연성이 높아 은행원의 직무수행과 비교가 된다.

1990년대 이후 기업경영의 커다란 변화의 하나는 비용절감과 경쟁력 제고를 위해 조직규모를 축소하고 있다는 점이다. 제조기업에서는 운송, 설비보존, 정보처리등 지원서비스를 아웃소싱하고 있다. Hammonds 등(1994)이 Business Week에 게재한 리포트는 작업구조의 변화를 다음과 같이 설명하고 있다.

> ○ 유연성, 임파워먼트, 팀워크, 교차훈련, 가상공간, 정보통신, 리엔지니어링, 리스트럭처링, 관리계층 축소, 아웃소싱, 컨틴전시 등 각각의 의미는 달라도 기업구조와 사고를 변화시키고 있다. 이러한 변화는 지난 세기 동안 계속된 대량생산 지향의 작업개념을 재정의해야 함을 의미하는 것이다.

임파워먼트는 1980년대 팀워크와 더불어 품질활동이나 정보시스템에서 새롭게 시작된 관리개념이다. 임파워먼트란 조직의 목표달성을 위해 부하들의 성취동기를 자극하고 소속감과 자긍심을 높여 그들의 능력을 최대로 발휘시키는 것이다. Malone(1997)의 조사에 의

하면 자기관리 팀(self-managed team)이나 임파워먼트를 적용하는 기업이 1990년대 20% 수준에서 2000년대에는 50% 가까이 증가한 것으로 나타났다. Harvey 등(1996) 등은 임파워먼트란 직원들이 자기통제와 참여를 통해 그들의 직무수행에 필요한 의사결정을 수행하는 과정이라고 정의하고 있다.

고객의 불만이 발생했을 때 고객접점 직원은 고객의 불만상황을 파악하여 회사의 방침과 고객의 요구를 수용·조정하고 적절한 보상방안을 결정하여 현장에서 고객의 문제를 처리한다. 이것은 고객접점 직원이 고객의 문제를 해결하고 고객을 만족시킬 수 있는 임파워먼트를 가지고 있기 때문이다.

1992년 미국의 국가품질상인 MBNQA를 수상한 Ritz-Carlton호텔은 Golden Standards라는 20개의 기본적 서비스표준을 모든 직원들이 휴대토록 하고 있다. 다음은 Ritz-Carlton호텔 직원들의 임파워먼트와 관련되는 내용이다.

○ 모든 직원은 고객불만을 자신에 대한 불만으로 받아들인다.
○ 고객과의 문제는 즉석에서 신속하게 모든 것을 확실히 해결한다. 이를 20분 이내에 전화로 문제를 해결하고 고객이 만족하였음을 확인한다. 직원들은 가능한 한 모든 방법을 동원하여 고객을 놓치지 않아야 한다.
○ 고객의 우발적 행동유형을 기록하고 고객의 모든 불만을 전달한다. 전체 직원은 문제를 해결하고 재발을 예방하기 위한 임파워먼트를 갖는다.

Nordstrom 백화점 규칙의 첫째는 "모든 상황에서 가장 좋은 판단을 하라. 여기에 다른 규칙은 없다"이고, 미국연방법원(Federal Justice Center) 판사의 임파워먼트는 전국순회재판의 일정, 소요인력의 배치, 법정 등 시설의 이용, 기타 지원을 광범위하게 운영하는 재량이

다. Las Vegas의 호텔 예약담당자의 객실요금 할인에 대한 협상권한, United Airlines의 콜센터 예약직원의 항공요금 결정, United Services Automobile Association의 고객접점 직원의 고객파일 접근권한 등은 고객서비스와 관련된 임파워먼트이다. 서비스제공자의 임파워먼트는 고객요구에 신속하게 대응함으로써 효율적인 서비스운영을 위한 것이다.

그러나 서비스제공자의 임파워먼트 확대는 서비스에 필요한 지식, 숙련, 정보 등이 전제되므로 우수한 노동력의 확보와 노무비의 증가면에서 불리한 점도 있다. 따라서 적정한 수준의 직원 임파워먼트와 책임이 요구된다.

4. 정서적 지지

서비스기업의 성과는 상당 부분이 고객접점에서 결정된다. 서비스는 서비스제공자의 고객 지향적 사고, 서비스지식, 서비스스킬, 문제해결 역량, 고객불만 대처능력에 따라 그 수준이 달라진다. 따라서 서비스기업은 목표달성을 위해 직원에게 과도한 요구를 할 수 있다. 서비스기업 직원은 높은 고객의 기대를 만족시켜야 하고 고객의 요구를 즉시 해결해야 한다. 때에 따라서는 권리를 잘못 사용하는 고객으로부터의 업무적 스트레스를 받기도 한다.

① 대인접촉과잉증후군

고객접점 직원들은 많은 고객들과 1대 1로 만나는 업무를 수행하면서 정서적 피로감을 느낀다. 이를 대인접촉과잉증후군(contact-overload syndrome)이라 하는데 때로는 무력감, 자존감 상실로 고객에 대한 무관심, 수동적 응대 등의 태도를 보임으로써 고객불만을 초래하기도 한다. 서비스관리자는 직원의 정서적 지지를 위해 감성훈련, 대인관계 교육, 스트레스 완화를 위한 상담이나 코칭 등의 기회를 제공하고 직원들이 정서적으로 안정감을 찾도록 도와야 한다.

② 성과에 대한 스트레스

서비스제공자는 자신의 업무와 성과는 물론 서비스실패에 대해서는 책임을 져야 한다. 영업직원은 매출액, 의사는 환자의 진료실수, 금융회사 직원은 고객확보, 항공사 승무원은 고객만족에 대해서 스트레스를 갖는다. 서비스관리자는 적시에 서비스실수나 성과부진에 대한 대책을 지원하고 공식적, 비공식적 의사소통채널을 통해 서비스제공자의 스트레스 해소를 지원하는 것이 중요하다.

③ 고객으로부터의 압박감

고객이 무리한 서비스를 강요하거나 기업이 고객접점 직원을 충분히 지원하지 못하면 직원은 문제해결이나 고객불만에 대한 책임에 대한 압박감에서 벗어나기 어렵다. 서비스관리자는 직원에게 상식 밖의 행동을 하는 고객을 설득하고 불만고객에 대해서는 유형별로 대응하는 매뉴얼을 준비해야 한다.

사례

감정노동자 보호에 눈 뜬 기업들

패스트푸드나 대형 유통매장, 콜센터 등의 고객접점 직원들은 일부 고객 때문에 극심한 스트레스를 받고 심하면 공황장애 진단을 받는 경우도 있다.

블랙컨슈머들의 주 타깃이 되는 대형 유통기업들은 갑질 폭력에 시달리는 현장 근로자를 보호하기 위한 조치에 나서고 있다. 일부 고객의 갑질 행위에 대응하기 위한 매뉴얼을 만드는 등 적극적인 대응을 하고 있다.

전통적으로 고객은 왕이라는 마인드가 강한 유통업계에서도 감정노동자를 보호하기 위한 장치를 마련하고 있다. 신세계백화점은 고객의 폭언과 폭행으로부터 직원을 보호하기 위해 매장 전면에 고객선언문을 내걸었다. '고객님의 따뜻한 말한 마디가 더욱 친절한 신세계를 만듭니다'라며 웃는 모습으로 직원을 존중해 달라는 정중한 요청을 담았다. 현대백화점은 지난해부터 감정노동자 보호와 문제행동 소비자 대처방안 가이드북을 전 점포 고객상담실과 협력사에 배포했고 롯데백화점은 지난 여름 전 매장 고객상담실에 존중 받을 용기라는 책자를 비치하고 일부 비상식적인 고객들의 지나친 요구나 폭언, 협박 등에 대해서는 상담직원이 응대를 거부할 수 있도록 조치했다.

이마트는 사원보호제도를 통해 악성 민원의 사전 차단에 주력하고 있다. 고객이 상담 중 폭언과 욕설을 하면 우선 경고 멘트를 하고 그럼에도 그치지 않으면 상담거부 ARS를 내보낸 후 재량껏 끊을 수 있는 매뉴얼을 운영 중이다. GS홈쇼핑은 상담사가 폭언을 자제하도록 하는 멘트를 한 후 '전화를 끊겠다'는 의사를 표하는 매뉴얼을 갖췄다. 녹취가 되고 있으며 법적처벌을 받을 수 있다는 내용도 ARS를 통해 전달한다.

현대카드는 업계에서 블랙컨슈머에 대응하는 선제적 사례로 꼽힌다. 2012년부터 상담직원들이 상습적으로 성희롱 등 언어폭력을 행사하는 일부 소비자의 전화를 먼저 끊을 수 있도록 했다. 동일한 고객으로부터 2차 피해를 당하지 않도록 '블랙컨슈머 관리 프로세스'도 구축했다. 블랙리스트를 작성하는 전담직원도 따로 배치했다. 현대카드에 따르면 제도 시행 후 '스트레스가 감소했다', '원활한 상담에 도움이 된다' 등 긍정적인 응답이 80%에 달하며 상담원들의 만족도와 업무 안정감이 높아졌다. 또 단선조치 시행 후 고객만족은 60%수준으로 높아졌다. 감정노동자 보호제도가 활성화되면서 고객만족도가 올라가는 선순환 구조가 형성된 것이다.

소비자의 갑질 행위로부터 감정노동자를 보호하기 위해 최근 개정된 산업안전보건법은 사업주가 고객이 폭언 등을 못하도록 요청하는 문구를 사업장에 게시하고 고객응대 업무지침을 마련하도록 했다. 기업들의 대응과 법령 개정은 소비자도 상식과 룰을 파괴할 권리는 없다는 인식을 반영한 것이다.

자료: 소비자가 만드는 신문(2018. 11. 29.) 기사에서 발췌.

제 4 절 서비스조직과 기업문화

1. 조직분위기와 기업문화

아시아나항공은 "아름다운 기업", FedEx는 서비스의 신속성에 대한 기업의 약속으로 "Absolutely, positively overnight"라는 문구로 서비스의 이미지를 담고 있다. 이것은 조직구성원 모두가 공유하고 있는 기업문화이다.

오늘날의 기업은 활동의 범위가 넓고 다양하며 고객과의 상호작용 수준이 매우 높다. 특히 기업의 이미지, 직원의 직무수행과 행동은 고객에게 그대로 전달되므로 조직분위기와 기업문화의 중요성이 크다. 기업문화는 조직구성원들이 공감하는 사고방식과 직무수행방식에 관한 공통적 규범이며 구성원들이 학습, 공유, 조직 내에 전파되어야 한다. 기업문화는 다음과 같이 정의된다.

개ㅣ념ㅣ정ㅣ리   조직분위기와 기업문화

- 조직분위기(organizational climate)란 조직의 정책, 조직구성원의 직무수행관행, 절차, 보상, 지원 및 기대를 함축하는 개념이다.
- 기업문화(business culture)란 조직의 정책, 관행, 절차를 나타내는 규범으로 조직분위기보다 상위의 개념이며 조직구성원 들이 조직의 가치, 이상, 규범, 목표 및 행동양식 등을 공유하는 가치판단체계이다.

Peters 등(1982)은 "초우량기업의 조건"에서 기업문화는 기업의 성공을 이끄는 기준의 하나라고 했으며, Leavitt(1978)는 기업문화 형성의 7S요소를 제시했다.

- 조직구조(structure): 조직활동을 수행하는 기본적 틀

- 전략(strategy): 기업의 목표달성을 위한 장기적 행동방안
- 관리시스템(system): 관리제도, 절차 등 운영구조
- 관리기술(skill): 기업활동을 수행하기 위한 소프트웨어, 하드웨어기술
- 관리형태(style): 구성원의 상호관계, 행동특성
- 구성원(staff): 전문적 능력, 가치관, 태도를 나타내는 경영관리의 주체
- 공유가치(shared value): 경제적 성장목표, 효율성, 도전과 새로운 가능성 실현

기업문화는 기업의 이미지를 상징하고 기업조직을 활성화한다. 기업문화는 상징성(symbolism)과 실화(story), 의식(ceremony) 등으로 표현할 수 있다. 상징성의 의미는 기업의 가시적 이미지를 전달하는 물리적 실체, 행위, 또는 무형적인 의미를 함축하는 것이다. 실화는 실제 사건이나 이벤트를 기초로 하여 가치창출을 위해 이야기로 담아놓은 것이다. 실화는 성공적인 상품개발, 새로운 아이디어 창출 등을 대상으로 함으로써 기업문화의 전달수단이 된다. 금호고속 金城山CEO의 "고객행복경영 이야기"는 하루 60분씩 CEO와 직원, 고객과의 서비스개선이나 고객만족 등 서비스현장의 대화를 사례로 하여 서비스문화의 확산에 활용하고 있다.

기업문화는 기업이미지, 직원의 의식구조, 고객의 욕구, 기술, 시장경쟁 등 기업환경에 따라 변화될 수 있으므로 경영자는 이러한 변화의 흐름을 잘 파악하여 보다 적극적인 대처가 필요하다.

2. 기업윤리와 사회적 책임

오늘날 기업은 규모와 활동영역이 확대됨에 따라 국가, 사회, 경제와 국민의 일상적 생활에 이르기까지 큰 영향을 미치고 있다. 이와 함께 기업과 경영자의 사회적 책임(social responsibility)도 커지고 있

다. 경영자는 자유시장경제 하에서 공정하게 자원을 확보하여 합리적인 관리활동을 수행하고 공정한 경쟁을 통해 기업을 지속적으로 유지, 발전시켜야 한다. 기업과 경영자는 일방적인 이익추구나 불공정한 경쟁, 독선적이고 불법적인 활동보다는 공공성, 공익성, 사회성에 바탕을 두고 사회적 책임을 진다. 즉 기업의 사회적 책임은 기업이 이윤추구 활동을 수행함에 법령과 윤리규범을 준수하고 주주와 경영자, 노동자, 소비자 등 이해관계자 요구에 적절히 대응함으로써 사회에 긍정적 영향을 미치는 책임이다.

기업의 사회적 책임에 대하여 Drucker(1969)는 경제적, 법률적, 윤리적, 자발적 책임의 네 가지 영역으로 나누어 설명하고 있다.

① 경제적 책임은 재화를 생산, 판매하고 투자자에 대한 보상 과정에서 이윤극대화와 고용창출 등에 대한 경제적 책임을 갖는다.
② 법률적 책임은 투명한 회계보고, 성실한 세금납부, 소비자의 권익보장 등 법률적 책임과 공정한 기업경영으로 구성원의 도덕성을 고취한다.
③ 윤리적 책임은 환경 및 윤리경영, 제품안전 책임과 여성, 현지인, 소수인종에 대하여 공정한 대우 등 사회적 요구, 기대, 가치에 부합하는 책임이다.
④ 자발적 책임은 경영활동과 직접적으로 관계가 없는 사회, 문화, 교육, 과학기술, 체육활동 등을 지원하는 사회공헌 활동을 의미한다.

기업의 사회적 책임은 기업의 발전은 물론 우리 사회, 경제발전에 크게 기여한다는 긍정적인 시각은 조직의 활성화를 견인하는 수단이 된다. 즉 기업이 사회적 책임을 다하고 높은 윤리성으로 사회적 평판이 좋은 기업은 고객의 신뢰를 얻어 기업의 이익증진에 기여하지만 비윤리적이고 반사회적이라면 사회적 불신과 규제로 비용 부담이 커진다. 또한 사회적인 책임을 다하는 기업은 직원의 보람과 자부심, 직무만족 수준이 높아 생산성을 향상시킨다.

3. 서비스기업의 조직 활성화

조직 활성화는 환경변화에 적응하기 위해 조직을 변화시키고 이러한 변화에 부합되는 조직을 개발하는 것이다. 조직의 활성화는 조직부문간 또는 구성원 간의 갈등을 조정, 관리함으로써 기업의 성과목표를 달성할 수 있다.

서비스조직은 개방시스템으로서 고객 요구에 따라 고객 중심의 서비스를 다양하게 창출하여 제공해야 하며 합리성을 바탕으로 확정성, 확실성의 접근이 요구된다. 다양한 고객요구로부터 서비스의 효율화를 위해서는 서비스의 표준화가 필요하고 고객과 서비스제공자의 높은 관여로 인한 모호성을 제거하고 확실성을 높여야 한다. 서비스기업의 조직 활성화에 영향을 주는 이슈들은 다음과 같다.

① **멤버십 이슈**: 서비스는 외모, 태도, 행동, 사고 면에서 서비스조직의 특성에 부합되는 직원이 필요하며 이에 적합한 직원의 선발과 유지관리가 따라야 한다.

② **사회화 이슈**: 기본적 교육훈련과 전문적 기술습득으로 서비스조직과 직무에 적응할 수 있도록 공식적, 비공식적 사회화 유도가 필요하다.

③ **대인관계 이슈**: 고객접점 직원은 고객과의 상호작용을 통해 고객만족과 서비스 수준을 높이기 위한 대인관계 능력과 기술을 구비하여야 한다.

④ **일체감 이슈**: 직원의 만족과 소속감을 높이고 서비스조직의 목표와 가치를 공유하고 새로운 서비스디자인, 서비스프로세스의 변경에 직원의 참여도를 높인다.

⑤ **구조적 이슈**: 서비스운영의 효율성과 유연성을 확보하기 위해 직원의 임파워먼트를 확대하고 직무수행의 자율성을 높여 구조적 문제를 해결한다.

⑥ **환경적 이슈**: 다양한 고객요구, 시장의 경쟁전략, 서비스기술의

변화 등 환경적 요인과의 상호작용에서 직원이 충분한 대응능력을 발휘할 수 있도록 한다.

서비스조직의 활성화는 직원만족에 영향을 미치는 것으로 조사되고 있는데 [그림 9-2]에 서비스조직의 활성화와 직원만족 간의 관계를 나타낸다.

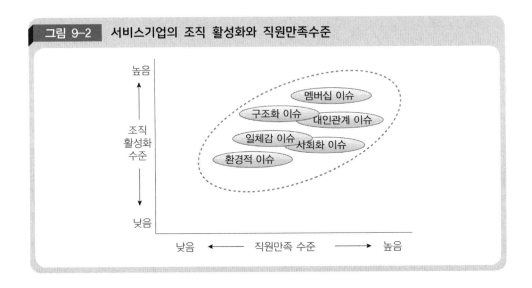

그림 9-2   서비스기업의 조직 활성화와 직원만족수준

종합사례

직원 존중과 배려는 내부 마케팅의 출발이다

마케팅이 고객 중심적 경영에서 비롯하듯이 내부 마케팅(invertising)은 직원들에 대한 존중과 배려에서 시작된다.

미국 Southwest항공은 성공적인 내부 마케팅을 통해 직원과 고객만족, 경영성과 증대의 선순환을 이루고 있다. 일하는 즐거움을 중시하는 이 회사는 지난 40여 년간 직원 처우를 끊임없이 개선해왔다. 승무원들에게 반바지, 운동화 등 편안한 차림도 허용한다. 행복하고 편안하게 일할 수 있어야 고객에게 진심 어린 서비스가 전달된다는 점을 잘 알기 때문이다. 쿠웨이트 파병 군인가족이 마지막 인사를 나눌 수 있도록 동분서주한 직원들 이야기, 곰 인형을 잃어버려 상심한 아이를 위해 공항 곳곳을 뒤져 인형을 찾은 사연 등 감동의 13분짜리 동영상 '우리의 목표와 비전'은 직원을 상대로 한 마케팅의 본보기로 꼽힌다.

　내부 마케팅에도 차별화가 필요하다. 상품과 브랜드의 고유성을 내부 고객들에게 먼저 알리고 인정받아야 차별화된 가치가 외부 시장에 제대로 전달된다. 특히 시장과 사회의 변화를 주도하는 기업일수록 브랜드 정체성에 대한 이해와 공감을 유도하는 내부 브랜딩의 중요성이 커진다.

　미국 아웃도어 전문 브랜드 REI는 전 세계 소비자가 기다리는 블랙 프라이데이에 150여 개 매장은 물론 온라인 쇼핑몰까지 문을 닫는다. 블랙 프라이데이는 REI가 연중 최대매출을 올리는 날이었지만 2015년부터 이 방침을 고수해왔다. 대신 파트타임 직원을 포함한 전 직원 1만 2천 명에게 유급 휴가를 보냈다. '쇼핑 대신 자연 속에서 여유롭게 시간을 즐겨라'는 기업의 메시지를 전달하기 위해서다. REI는 파트너 기업들과 함께 트래킹, 낚시 등을 즐길 수 있는 장소를 소개하는 웹사이트를 런칭했고, 지난해부터는 이를 전 세계로 확장했다. REI 직원들은 1년에 최소 이틀, 유급 휴가인 '야호 데이(Yay Days)'도 쓸 수 있다. 자신이 좋아하는 야외활동을 즐기거나 영감을 주는 새로운 장소를 발굴하는 날이다. 설산 등반이나 공원에서 강아지와 놀 수도 있다. 필요한 아웃도어 용품은 50% 할인해주고, 여행을 가면 비용도 지원한다. REI는 일과 생활의 균형을 실천하는 최고 기업으로 인정받아 Glass Door가 선정하는 2018년 최고의 직장으로 선정되었다.

　Apple의 신입사원은 출근 첫날 '어디에서도 할 수 없는 엄청나게 의미 있는 일을 하는 곳에 온 것을 환영한다'는 편지를 받는다. 자칫 오만한 인상을 줄 수 있지만 세상에 없는 새로움을 추구하는 Apple의 정체성이 그대로 담긴 메시지다.

　Starbucks의 하워드 슐츠 회장은 광고에 투자하느니 직원들에게 브랜드를 팔고 지지를 얻는 데 돈을 쓰겠다고 말한다. 소비자가 열광하는 컬트 브랜드를 꿈꾼다면 기업 내부에서 마니아 고객을 확보하는 것이 우선이다.

자료: 중앙일보(2018. 5. 30.) 기사에서 발췌.

토의문제

1. 예시한 서비스기업들의 내부 마케팅의 특징에 대하여 토의하자.
2. 직원들이 공감할 수 있는 내부 마케팅은 무엇인가?
3. 서비스기업의 내부 마케팅이 성공할 수 있는 조건에 대하여 토의하자.

참고문헌

고창헌 외(2016), 서비스경영의 이해, 법문사.

에버랜드(2009), 서비스 스토리.

Drucker, Peter F.(1969), *The Age of Discontinuity: Guidelines to Our Changing Society*, Haper & Row.

Haksever, Cengiz, Barry Render, Roberta S. Russell, & Robert G. Murdick(2000), *Service Management and Operations*(2nd ed.), Prentice-Hall.

Hammonds, Keith, Kevin Kelly, & Karen Thurston(1994), "Special Report: Rethinking Work-The New World of Work," *Business Week*, (Oct. 17), pp.76~87.

Harvey, Don & Donald R. Brown(1996), *An Experiential Approach to Organization Development*(5th ed.), Prentice-Hall.

Herzberg, F.(1959), *The Motivation to Work*, Prentice-Hall.

Leavitt Harold J.(1978), *Managerial Psychology*, Univ. of Chicago Press.

Malone, Thomas W.(1997), "Is Empowerment Just Fad? Control, Decision Making, and IT," *Sloan Management Review*, 38(6), pp.23~35.

Peters, Thomas J., & Robert H. Waterman, Jr.(1982), *In Search of Excellence*, Warner Books.

MBNQA Application Summaries of the Ritz-Carlton Hotel, 1999.

소비자가 만드는 신문(2018. 11. 29.)

잡코리아 2018년 조사자료(www.jobkorea.co.kr)

중앙일보(2018. 5. 30.)

Weekly Biz(2019. 1. 11.)

제 **10** 장

고객관리와
고객만족경영

　　미국 MLB의 San Diego Padres는 CRM시스템을 통해 팬들의 자세한 인구통계학적 정보를 분석하여 팬들의 행태와 경기장에서의 소비습관을 추적하고 있다. CRM시스템에 입력된 통계정보는 우수 팬들의 입장횟수와 입장시간, 경기장에서 식음료 등의 상품을 얼마나 구매했는지 등에 대한 고객정보이다. San Diego Padres는 수집된 정보를 바탕으로 팀과 선수 개개인의 경기력 데이터를 분석해 고객에게 제공하고 있다. 선수들의 출루율, 타율, 방어율 등 다양한 데이터는 고객의 경기관람에 흥미를 더해주고, 선수들은 훈련방식이나 기록개선을 위한 참고자료로 활용한다. 결과적으로 샌디에이고 파드리스는 CRM을 통해 고객에게 즐거운 경험을 제공하는 동시에 과학적 선수관리와 매출을 확대할 수 있었다.

– www.padres.com에서 발췌

제 1 절   고객관리의 의의

사례

고객관리는 서비스의 출발이다

▶ 마켓컬리의 새벽배송은 2015년 9만 건이었으나 2018년 일평균 1만 건을 넘었고 2019년 1,560억 원의 매출을 올리고 있다. 2019년 일평균 주문량이 3~4만 건, 회원 수는 300만에 이르고 있다.

이 회사는 고객들의 개별주문을 정밀하게 예측하여 매일 신선한 식재료를 공급함으로써 고객으로부터 높은 호응을 얻고 있다. 마켓컬리는 상품 폐기율을 1% 미만으로 줄이는 등 사업효율을 높이고 비용을 최소화함으로써 고객들의 쇼핑비용을 낮춰준다. 고객들의 구매확률을 관리하여 시장확장에 반영하고 주기적으로 2~3일에 한번 씩 주문하던 충성고객이 구매를 중단하면 직접 전화를 하거나 장문의 메시지를 보내 불편한 점이 있는지 체크한다. 이러한 고객관리 활동으로 고객 개개인의 인적사항이나 구매습성을 파악하고 있다. 구매과정에 문제가 발생하면 회사로서는 하나의 클레임에 불과하지만 고객의 입장에서는 쇼핑경험을 실패하는 것과 같다. 고객의 쇼핑불만은 고객이탈로 이어지게 되므로 VOC를 통해 모든 부서가 고객의 구매변화에 대응하고 있다.

자료: 문화일보(2019. 4. 17.) 기사에서 발췌.

▶ Amazon은 온라인 서점의 개념을 뛰어넘어 모든 제품과 서비스를 판매하는 유통기업이다. 또한 전자책(e-book)과 태블릿PC를 제조, 판매하고 기업형 클라우드 서비스를 제공하고 있다. 최근의 조사에 의하면 OECD국가 소비자의 50%가 아마존을 이용한 경험이 있는 것으로 파악되고 있다.

Amazon의 창업당시만 해도 닷컴기업들은 새로운 비즈니스에만 집착하고 고객에 대한 인식은 중요하게 생각하지 않았다. 단지 자신들의 사이트방문자 수와 페이지뷰에만 관심을 두었다. 그들에게 고객은 필요에 의해 잠시 들렸다 가는 방문자에 불과했다. 그러나 Amazon은 고객이 누구이며, 어떠한 생각을 하며, 어떠한 반응을 보이는지, 또한 다시 찾아오도록 하는 방법을 모색했다.

1996년 Amazon은 사이트를 방문하는 고객들의 구매와 열람행태를 분석하기 시작했다. 북매치(book match)기능을 도입하여 고객의 취향을 파악하여 책을 추천하고 고객이 혼자서는 찾기 힘든 책을 찾아주었다. 또한 고객이 필요로 하는 상품들의 상관성을 분석하여 고객과 1대 1 맞춤형 서비스를 제공하는 등 비즈니스영역을 넓혀 나갔다. Amazon의 이러한 고객관리를 위한 노력은 고객들의 구매확대와 충성도를 높이는 원동력이 되고 있다.

자료: 아마존의 고객관리(2017), 진성북스(www.amazon.com).

1. 고객관리의 필요성

서비스기업의 고객관리는 고객의 니즈를 파악하고 고객에게 만족스러운 서비스를 제공하며 지속적으로 고객을 확보하고 유지하는 관리활동이다. 고객의 대상에는 현재 거래를 하고 있는 고객뿐만이 아니라 고객이 될 가능성이 있는 모든 잠재고객을 포함한다. 기업의 판매확대를 위해 기존의 고객뿐만 아니라 한 번 유치한 신규고객을 다른 경쟁기업에 빼앗기지 않도록 유지해야 한다. 기업의 고객관리는 마케팅전략의 하나로 고객만족과 충성도 제고를 통해 재구매 비율을 높이기 위한 수단이다. 오늘날 고객은 풍부한 정보력과 경험을 가지고 기업경영에 큰 영향력을 미치고 있다. 기업은 고객의 기대를 충족시킬 수 있는 우수한 품질의 서비스를 제공하는 것 못지않게 고객관리의 중요성을 인식해야 한다.

기업의 고객관리는 고객의 니즈를 파악하는 것은 물론 이를 서비스에 반영하고 서비스디자인, 서비스가격, 서비스개선, 나아가 기업의 의사결정에도 고객을 참여시키는 등 그 범위를 넓혀가고 있다.

2. 고객관리의 목표

기업은 고객이 원하는 서비스가치를 제공함으로써 고객을 유치하고 또한 고객유지율을 높여 경영목표를 달성한다. 고객은 기업경영의 성공과 실패를 좌우하기 때문에 기업은 많은 시간과 비용을 투자하고 고객과 끊임없이 의사소통을 하며 그들의 니즈와 기대를 충족시키기 위한 다양한 활동을 전개하고 있다.

고객을 유지하는 기간이 길수록 기업의 이익은 증대되고 기업의 가치 또한 높아진다. 보험회사에서 새로운 고객을 유치하여 보험계약이 이루어진 후 계약을 지속적으로 유지하지 못하고 해약이 된다면, 고객과 계약하기까지 투입한 인건비와 제반 비용 등의 영업비는 기업의 손실로 남게 된다. 따라서 우량 보험회사는 일정기간 동안의 계약건수를 실적으로 하는 것이 아니라 고객 유지율을 얼마나 높여 나갈지를 중요한 목표로 삼는다.

고객관리의 성패는 고객유지와 고객이탈로 나타난다. 고객이 이탈하는 원인은 고객관리의 부재로 일어나는 단순이탈, 경쟁기업의 적극적인 마케팅전략에 의한 경쟁이탈, 기업의 사후관리에 실망을 느껴 의도적으로 떠나는 실망이탈 등이 있다. 이러한 고객이탈의 원인은 모두 고객관리의 문제로부터 발생하므로 고객관리는 새로운 고객의 유치와 고객이탈을 방지하고 안정적으로 고객을 유지하는데 있다.

3. 기업과 고객의 상호관계

고객이 기업의 상품을 구매하고 지속적으로 거래하는 관계는 [그림 10-1]에서와 같이 다섯 단계로 구분된다. 기업과 고객과의 첫 단계는 아직 상품을 구매하거나 금액을 지불하지 않았지만 앞으로 구매하거나 지불의사가 있는 잠재고객 단계이다. 두 번째 단계는 한 번이라도 구매를 한 고객 단계, 세 번째 단계는 반복 구매로 이어지는 단골고객 단계, 네 번째 단계는 다른 사람에게 구매를 권하거나 상품

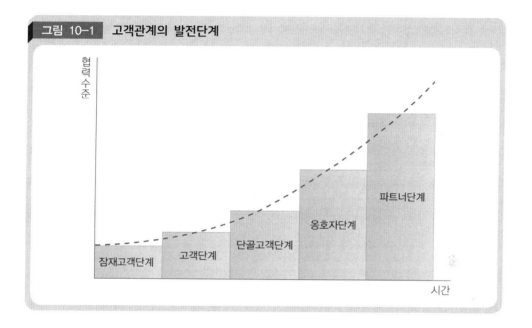

그림 10-1 고객관계의 발전단계

에 대한 긍정적인 정보를 제공함으로써 구전효과를 주는 옹호자 단계이다. 다섯 번째 단계는 기업과 고객이 서로 소통하고 의사결정에도 참여하는 파트너 단계로 기업과 고객과의 협력수준은 더욱 높아진다. 고객관계를 형성하는 각 단계에서 기업이 목표로 하는 고객관리기능은 다음과 같다.

① 잠재고객 단계

잠재고객(prospector) 단계에서 기업은 고객과의 첫 거래를 유도해야 한다. 기업은 서비스상품에 대한 정보를 제공하는 매체를 선정하고 고객이 서비스를 구매함으로써 얻을 수 있는 이점이 무엇인지를 명확하게 전달해 주어야 한다. 예를 들어 고객이 여행상품을 구매할 경우 고객이 얻을 수 있는 여행경험이나 경제적 이점이 무엇인지를 고객에게 잘 전달하여 고객과의 거래를 성립시켜야 한다.

② 고객 단계

고객과의 첫 거래가 이루어지면 고객(customer)관계가 성립된다. 이 단계에서 기업은 반복구매로 이어질 수 있도록 고객의 신뢰를 확보하도록 해야 하며 서비스 과정과 결과를 통해 고객의 기대를 충족시킬 수 있어야 한다. 특히 고객에게 좋은 경험을 제공함으로써 다음 기회에도 재구매를 하도록 마일리지 프로그램을 제공하는 등 단골관계로 발전하도록 유도한다.

③ 단골고객 단계

고객관계가 단골고객(client) 단계로 발전하면 고객은 기업과 심리적, 사회적 유대관계를 갖고 충성도를 발휘하게 된다. 기업은 단골고객에게 제공하는 프로그램을 개발하여 다른 경쟁자로부터 단골고객을 지키는 것이 중요하다. 주변에 경쟁자가 나타나서 고객이 일시적으로 떠나는 경우가 있지만 단골고객 단계에서는 고객의 U턴을 기대할 수 있다.

④ 옹호자 단계

고객의 긍정적 구전은 기업에게 큰 이익을 가져다준다. 옹호자(advocator)단계의 고객은 긍정적 구전을 전파할 뿐만 아니라 서비스나 상품에 대해 부정적인 구전을 차단해 주는 역할을 한다. 따라서 기업은 단골 단계 고객을 옹호자 단계까지 발전시킬 수 있도록 고객 충성도를 높이기 위한 노력을 기울여야 한다.

⑤ 파트너단계

파트너(partner) 단계는 기업과 고객이 단순히 서비스를 팔고 사는 거래관계를 넘어 고객이 기업경영에 직·간접적으로 참여하는 더욱 발전된 단계이다. 예를 들어 서비스디자인이나 판매방식 변경에 고객의 의견을 반영하고, 기업의 사회적 책임활동에 대한 조언 등 보다 적극적으로 기업의 의사결정에 참여할 수 있다.

사례

홈플러스의 고객관리

대형할인매장 홈플러스의 패밀리카드제도는 영국의 Tesco가 운영하는 유통회사의 로열티 프로그램인 클럽카드제도를 모방한 로열티 프로그램이다. 홈플러스의 패밀리카드제도는 일반적인 현금 리워드와는 다르게 누적된 포인트를 할인쿠폰으로 발행하여 같은 매장 내에서만 사용할 수 있게 함으로써 홈플러스에 대한 고객들의 로열티를 제도적으로 강화함이 목적이다.

홈플러스 로열티제도의 또 다른 특징 중 하나는 베이비클럽이나 키즈클럽과 같이 육아 및 교육에 관심을 갖고 있는 고객을 대상으로 연계 멤버십을 제공한다는 점이다. 이는 홈플러스와 고객 간의 관계를 제품구매에 따른 거래적 관계뿐만 아니라 자녀의 육아 및 교육에 대한 연결고리를 확보함으로써 관계의 다양성을 구축한다는 목적을 가지고 있다. 베이비클럽이나 키즈클럽에 대한 실질적인 운영비용은 관련 제품 및 서비스를 제공하는 제조업체가 부분적으로 지원하기 때문에 홈플러스 측으로서는 적은 비용으로 또 다른 형태의 고객로열티를 확보하는 셈이다.

홈플러스는 최근에도 와인클럽이라는 새로운 연계프로그램을 개발하여, 현재 소비자층이 급속도로 넓어지고 있는 와인문화를 매개체로 고객로열티를 강화해 나가려는 시도를 하고 있다.

자료: 김형수 외(2014), 고객관계관리전략: 원리와 응용(사이텍미디어)에서 발췌.

제 2 절 **고객관리의 강화**

1. 고객충성도 높이기

Reichheld 등(1990)에 의하면 신용카드회사의 경우 새로운 고객 1명을 유치하는 데는 51달러가 소요된다고 한다. 만약 이 신규고객이 떠난다면 기업이 고객을 유치하기 위해서 들인 51달러의 비용은 기

업의 손실이다. 새로운 고객을 확보하려면 광고비용, 구매촉진 활동
비용 등을 지출하게 되는데 고객이 떠나버리면 신규고객 확보에 드
는 비용은 손실로 남아 기업의 이익을 감소시킨다. 따라서 기업은 고
객을 유지하기 위한 노력이 필요하다. 신규고객을 유치하는 것도 중
요하지만 한 번 유치한 고객을 지속적으로 유지하는 것이 더 중요하
다고 할 수 있다.

고객의 구매가 반복되면 기업의 운영비용은 감소하고, 고객과의
거래기간이 늘어날수록 기업의 이익은 증가한다. 기업은 현 시점에
서의 비용절감과 이익증대에만 집중하기 쉬운데 고객생애가치(cu-
stomer lifetime value)를 고려해야 한다. 고객생애가치란 고객이 일생
동안 어느 한 기업의 서비스를 지속적으로 구매하는 것이다.

기업이 제공하는 서비스에 만족한 고객은 거래기간이 늘어날수
록 다른 잠재고객에게 긍정적인 구전역할을 한다고 한다. 미국의 한
주택건설회사는 구전효과에 의해 매출액이 60%가 증가한 사례가 있
다. 고객이 거래기간 동안 기업에 대한 신뢰가 쌓이면 더 싼 가격을
찾아서 떠나지 않는 것으로 분석되고 있다. 이것은 환자가 의사를 신

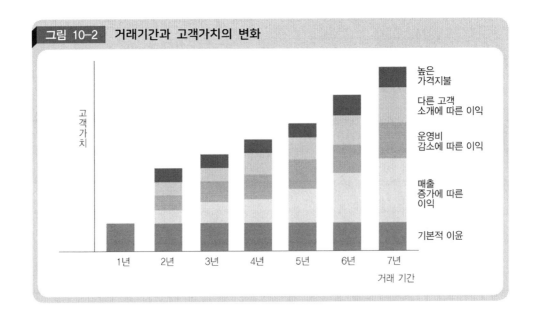

그림 10-2   거래기간과 고객가치의 변화

뢰하게 되면 자신을 치료해 주는 의사에게 기꺼이 프리미엄을 지불
하는 것과 같은 원리이다.

[그림 10-2]는 거래기간과 고객가치의 변화를 나타낸 것이다. 기
업은 충성도가 높은 고객과 오랜 기간 동안 거래함으로써 비용지출
을 줄이고 추가적인 수익을 늘리도록 해야 한다.

2. 우수고객관리

서비스기업은 우수고객에게 다양한 서비스와 혜택을 제공한다.
우수고객은 구매빈도, 구매량 등 기업의 매출에 기여하는 정도가 매
우 크다. 우수고객으로 분류된 고객은 등급에 따라 서비스 우대 또는
부가적인 서비스를 제공받는다.

우수고객에 대한 서비스의 확대와 혜택제공은 은행, 호텔, 항공
사, 백화점, 레스토랑 등 거의 모든 서비스에서 찾아볼 수 있다. 은행
은 거래금액 규모에 따라 각종 수수료를 면제하거나 차감해 주며 외
국화폐 환전 시 고객에게 유리한 환율을 적용해 준다. 항공사는 탑승
횟수와 거리에 따라 마일리지를 제공하여 고객이탈을 방지하고 자사
항공기의 이용률을 높인다.

우수고객관리를 통해 고객충성도를 확보하여 기업이익을 극대화
하고 기업의 이미지와 서비스 스토리를 제공하여 고객의 마음을 사
로잡을 수 있다. 이것은 고객에게 긍정적인 체험의 기회를 제공함으
로써 고객의 관심을 높이는 것이다.

사례

백화점 VIP고객, 어떤 대접 받을까?

백화점들은 VIP고객들을 위한 전담 조직을 운영하고 있다. 독립된 팀을 운영
하거나 마케팅부서에 전담 직원을 배치하고 있다. 백화점을 찾는 상위 10% 고객

이 백화점 매출의 60%를 차지하고 있다. 백화점으로서는 최고의 우수고객이다. 특히 불경기일수록 VIP고객들의 소비가 높다. 이들은 불경기나 소비침체와는 별개로 고가의 명품구매를 주저하지 않으며 상위 VIP고객의 연간 쇼핑 금액은 1억 원이 넘는다고 한다.

VIP고객 선정기준은 최근성, 구매횟수, 구매가액 등의 평가를 통해 선정하며 백화점에 따라 5~7등급의 고객층으로 구분하여 특별히 관리하고 있다. 연령층도 20대부터 60대까지 다양하며 VIP 회원들의 구매내역과 개인정보는 비밀이다.

각 백화점은 VIP고객들의 씀씀이가 일반고객과 차원이 다른 만큼 혜택이나 서비스도 남다르다. 대표적인 서비스는 상시 할인혜택, VIP 등급별 라운지이용, 발레파킹, 생일이나 명절 때 등급에 따라 선물을 보내고 VIP고객 초청 문화행사를 연다. 각 분야 명사가 추천한 책을 보내주고 공기정화식물·난·꽃 등을 보내 주고 할인 쿠폰도 제공한다.

가장 차별화된 서비스는 것은 최상위 고객에게만 제공하는 쇼핑 가이드제도이다. 백화점의 전담직원이 직접 고객을 수행하면서 해당 고객이 선호하는 브랜드의 신상품과 패션 트렌드에 대한 정보를 제공한다. 사전예약을 통해 구매하고자 하는 품목을 예약하면 고객이 선호하는 브랜드, 취향, 디자인 등을 고려해 구매 예상품목을 퍼스널 쇼퍼룸에 세팅해 고객의 편의를 제공한다.

VIP고객에게는 수억 원을 호가하는 고가의 보석도 원하는 장소에 배송하고 컨설팅을 제공한다. 또 VIP고객이 요청하면 백화점에 입점하지 않은 브랜드 상품도 직접 구매할 수 있도록 도와준다.

자료: 매일신문(2019. 8. 5.), 뉴스1(2019. 11. 29.) 기사에서 발췌.

3. 고객 등급화

서비스기업은 고객으로부터 경제적 손실을 가져올 수도 있다. 이러한 위험을 줄이기 위해 고객을 일정한 등급에 따라 점수를 부여하고 관리한다. 예를 들어 고객이 대출을 신청하였을 때 은행은 고객의 거래실적, 신용, 재산, 소득, 직업 등 여신기준에 따라 대출 가능여부와 대출규모, 이자율, 상환방법 등을 결정한다.

고객점수제도는 서비스를 제공하는 기준을 결정하는 것만이 아니라 고객평가를 통해 고객등급화에도 적용한다. 건강보험료는 주택, 소득, 금융소득, 차량 등 각종 수입과 보유재산에 일정 점수를 부여하여 산정하고 해당 점수에 따라 보험료납부액을 정한다. 서비스제공에 고객 등급화를 적절하게 사용하는 경우 기업은 재무적 안전성을 확보할 수 있다. 그러나 기업과 고객의 환경은 빠르게 변화하므로 고객점수의 산정기준이나 적용방법도 여기에 맞추어져야 한다.

4. 불만고객 대응과 관리

서비스는 생산과 동시에 소비가 되기 때문에 사전에 품질점검이 어려우며 서비스프로세스가 동일하더라도 서비스제공자에 따라 서비스전달방법이 달라진다. 또한 고객이 서비스생산과 제공과정에 직접 참여하므로 서비스제공자와 고객의 상호작용에서 언제든지 불만이 발생할 수 있다. 서비스수준이 높은 기업에서도 예기치 않은 서비스실패가 일어날 수 있다. 고객의 경험이나 기대수준이 달라서 불만이 생기기도 하고, 고객을 응대하는 직원의 역량부족이나 개성에 따라 상호작용 과정에서 불만이 발생할 수 있으며 서비스공급능력이 부족해도 고객의 불만이 생긴다.

고객불만에 대한 조사에 따르면 [그림 10-3]과 같이 불만을 경험한 고객은 불만처리가 매우 만족스러웠을 때 불만을 경험하지 않은 고객에 비해 충성도가 높은 것으로 조사되었다. 고객의 문제제기가 불만족스럽게 해결된 경우에도 문제를 제기하지 않은 고객에 비해 충성도가 더 높게 나타났다. 불만을 표현하는 고객이 그렇지 않은 고객보다 충성도가 높다는 것은 서비스기업으로서 충성도를 높이는 기회가 된다. 즉 서비스실패가 신속하게 회복이 되면 불만고객은 오히려 협조적인 고객으로 바뀔 수 있다. 따라서 서비스기업은 고객접점 직원에게 서비스회복에 대한 권한을 부여하는 등 다음과 같은 대응방안이 필요하다.

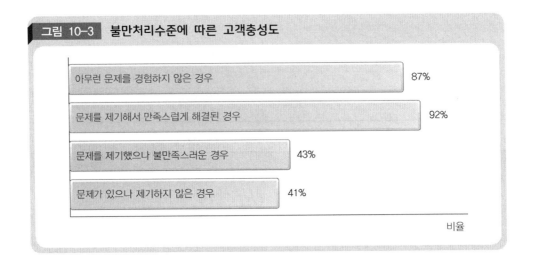

그림 10-3 불만처리수준에 따른 고객충성도

- 아무런 문제를 경험하지 않은 경우   87%
- 문제를 제기해서 만족스럽게 해결된 경우   92%
- 문제를 제기했으나 불만족스러운 경우   43%
- 문제가 있으나 제기하지 않은 경우   41%

비율

• 서비스불만 줄이기

서비스불만에 따른 고객이탈이 손실이라는 점을 과소평가하고 새로운 고객확보에만 급급할 수 있다. 서비스기업은 환불, 교환, 대체서비스 등 서비스실패비용과 발생원인에 대하여 관심을 가져야 한다. Club Med의 경우 한 사람의 고객이 이탈하면 2,400달러의 손실비용이 발생하는 것으로 추정하고 있다. 고객이 최소한 네 번 방문하고 평균 1,000달러를 지불하는 경우 60%의 마진을 감안하면 2,400달러를 잃는 셈이다. 특히 리조트는 가족이 함께 이용하므로 고객 한 사람의 이탈로 인해 2,400달러 이상의 손실이 발생할 수 있다.

• 고객의 침묵 깨기

서비스기업은 서비스실패와 고객의 불만을 적극적으로 찾아내야 한다. 가장 쉬운 방법은 고객이 불만을 말할 수 있게 하는 것인데 Marriott는 24시간 핫라인을 이용하고 있다. 고객들은 전화나 편지로 불만사항을 제기하는 것을 귀찮게 여기기 때문에 의견을 직접 물어보는 것이 효과적이다. 고객의 불만을 들을 수 있는 설문지나 불만의견 수집함을 비치하는 것도 바람직한 방법이다.

• 서비스실패에 대비하기

서비스기업은 고객의 불만이 발생하기 쉬운 고객접점을 미리 예측하고 모니터링하여 서비스실패에 대비책을 세워야 한다. 예를 들어 항공기의 기체고장으로 출발이 늦어지면 승객은 중요한 사업계약을 놓치거나 다른 문제가 생길 수 있어 신속하게 연결 항공편의 예약을 변경하는 등 승객의 불편을 빨리 해결해야 한다.

기존의 서비스를 변경하거나 첫 시도를 하는 경우에도 고객에게 불편과 혼란을 줄 수 있으므로 친절한 안내와 설명이 필요하다. 잦은 직원교체나 미숙련 서비스는 고객의 불편과 불만을 줄 수 있으므로 주의 깊게 살펴서 대처하도록 한다.

온라인을 통한 서비스제공 시 인터넷사용이 미숙하여 고객의 실수로 문제가 발생하는 경우를 대비하여 사전에 실수를 예방할 수 있는 방안을 마련해야 한다.

• 빠른 액션 취하기

서비스실패로 고객불만이 발생하는 경우 빠른 해결방법을 찾아야 한다. 고객은 서비스불만에 대해 나쁜 감정으로 쉽게 고조될 수 있다. 은행창구직원에 대한 사소한 불만이 확대되어 모든 거래계좌를 다른 은행으로 옮겨버릴 수도 있다.

• 접점직원 대응능력 키우기

서비스접점직원은 항상 고객가까이 있기 때문에 고객의 불편과 불만, 해결방법을 잘 알고 있다. 따라서 서비스접점직원에게 서비스회복에 필요한 권한위양과 문제해결을 위한 의사소통기술과 창의적 사고능력을 향상시키는 훈련이 필요하다.

• 불만고리 끊기

고객의 불평이 서비스개선에 도움이 되었다면 고객에게 추후 개선된 내용을 알려 주고 고객이 서비스에 중요한 역할을 했다는 인식과 긍정적인 기억을 갖게 한다. 만일 고객의 불평이 서비스에 반영되지 않았다면 그 이유를 고객에게 설명해 주는 것도 필요하다. 또한 고객의 반응을 확인하여 고객의 추가적인 의견을 구하는 것도 좋은 방법이 된다.

사례

불량행동 고객의 횡포

인천의 한 백화점에서 직원이 고객 앞에서 무릎을 꿇었다. 사건의 발단은 고객이 7~8년 전에 구입한 목걸이와 팔찌의 애프터서비스 문제였다고 한다. 물론 백화점에서 물건을 사고팔고 AS를 요구하며 그걸 해주는 과정에서 의사소통이 제대로 이루어지지 않아 크고 작은 다툼이 생길 수는 있다. 하지만 이 과정에서 고객이 요구했건 직원이 알아서 먼저 했던 간에 고객 앞에 백화점 직원이 꿇어앉아 사정하는 광경이 벌어진 것은 여간 민망한 일이 아니다. 인터넷을 보면 상처받은 감정노동자들의 분노가 여기저기서 터져 나오고 있다. 중요한 것은 이런 사건이 처음이 아니라는 것이다. 경기도의 한 백화점에서 고객이 아르바이트 주차요원의 무릎을 꿇게 했던 이른바 '갑질' 논란의 기억이 아직도 생생하다.

이유를 막론하고 근무 중인 근로자가 고객 앞에 꿇어앉게 된 것은 감정노동자들의 마음을 멍들게 하는 사회적 폭력이다. 만일 고객이 이를 요구했다면 무례한 행동이며, 백화점 직원이 꿇어앉았다고 해도 이를 제대로 말리지 못한 백화점이나 입주업체에 책임이 있다. 가장 큰 문제는 갑질이나 화해 여부를 떠나서 이런 인권유린성 행동이 우리 주변에서 여전히 벌어지고 있다는 사실이다. 자신의 권리를 주장하려면 타인의 권리도 존중해야 한다는 시민의식이 아직 우리 사회에서 제대로 자리 잡지 못했다는 탄식이 나오는 이유이다.

고객은 자신의 불만이나 요구사항을 유통업체에 제기할 권리가 있다. 하지만 이 과정에서 점원들에게 모멸감이나 인격 모욕을 느끼게 할 자격은 없다. 감정노동자를 보호하는 법적, 제도적 장치 마련을 위해 우리 사회가 나설 때다. 아울러 법 이전에 자신의 행동이 남에게 상처를 주지는 않는지 헤아리는 성숙한 시민의식이 필요하다.

자료: 중앙일보(2015. 10. 20.) 사설에서 발췌.

5. 불량고객관리

고객은 자신의 요구를 관철시키기 위해 사실을 과장하거나 폭언, 폭력을 사용하는 등 불량한 행동을 보이는 경우가 있다. 서비스기업은 고객의 부정적 구전을 염려하여 문제를 축소하거나 고객의 무리한 요구를 받아주기도 한다. 해당 직원은 고객과의 충돌로 인해 회사로부터의 불이익을 염려하여 문제를 은폐하기도 한다. 고객 중에는 이를 악용하는 경우도 있어서 고객접점 직원은 심한 스트레스나 자존감을 상실하게 된다. 직원들은 고객의 불량행동으로 부정적 경험이 축적되면 직무만족도가 떨어지고 무기력감에 빠질 수 있다. 서비스기업은 불량행동 고객으로부터 직원을 보호할 수 있는 구체적인 지원책을 준비해야 한다. 일부 은행, 도소매점, 병원 등은 불량행동 고객의 대응방법을 공유하고 있다.

• 구체적인 스크립트 제공

기업은 상황에 따라 고객문제의 해결방안을 마련하고 직원의 대화방법과 응대태도에 대해 구체적 스크립트를 직원이 활용할 수 있도록 한다. 서비스정책이 바뀌면 즉시 수정·보완 하는 것이 중요하다.

• 조정부서 설치

서비스문제가 발생했을 때 현장에서 즉각적으로 조치를 취하기 어려운 경우도 있다. 문제가 확대되면 주변 고객에게 좋지 않은 영향을 끼칠 우려가 있으므로 고객과의 의견 조정을 담당하는 부서를 설치하여 운영한다.

• 폭력대처 프로토콜

업무 특성상 불량고객으로부터 폭력이 발생할 우려가 있거나 폭력이 발생했을 때 외부의 도움을 받거나 이를 수습할 수 있는 절차와 대응방안이 필요하다.

제 3 절 고객만족경영

개념정리 고객만족경영

　　1969년 4월 Peter Drucker는 미국제조업협회 마케팅위원회에서 "컨슈머리즘-마케팅의 초기"라는 주제의 연설을 하였다. 그는 이 연설에서 "컨슈머리즘은 토탈마케팅의 수치다"라고 했다. 마케팅이 본래의 목적인 고객의 욕구를 충족시키지 못했기 때문에 컨슈머리즘이 대두되어 이것은 마케팅의 수치라는 것이다.

　　기업이 진정으로 고객만족을 이해하고 있는가? 고객만족은 기업이 추구하는 경영목표의 하나이다. 오늘날과 같이 기업환경이 급변하고 있는 상황에 적응하지 못하는 기업은 생존능력을 상실하게 된다. 1980년대 초까지 판매자 측에 있던 시장주도권이 구매자인 고객에게 넘어가 고객이 판매자를 선택하는 시대가 되었다. 고객만족을 파는 것은 기업의 중요한 목표이고 생존조건이다.

　　많은 기업에서 볼 수 있었던 고객제일주의, 고객우선주의, 고객은 왕이라는 구호는 고객만족이라는 말로 바뀌었다. 오늘날의 기업은 기업주도의 경영으로부터 탈피하여 고객만족을 실천적으로 실행해야만 이익을 얻을 수 있다. 기업의 실천적 고객만족경영이란 최고경영자가 정점에 있는 피라미드형 조직으로부터 고객이 정점에 있는 역피라미드형 조직으로 바꾸어 제일선에서 활동하는 고객접점의 직원을 지원하는 것이다.

　　과거에는 고객들이 서비스의 높은 품질, 우수한 기능, 저렴한 가격에 가치를 두고 만족하였다. 현재 고객들은 상품의 소프트한 가치로서 디자인, 사용용도, 사용의 용이성, 고객에 대한 배려 등을 중시하고 쾌적한 점포의 분위기, 판매원의 접객태도, 서비스프로세스 등 고객접점에 이르기까지 만족의 대상으로 하고 있다. 오늘날 고객은 기업의 사회공헌활동이나 환경보호활동 등 기업의 사회적 책임, 기업이미지에도 높은 관심을 가지고 있음을 고려해야 한다.

자료: 고창헌 외(2016), 서비스경영의 이해, 법문사, pp.230~231에서 발췌.

Heskett 등(1997)의 서비스이익사슬은 작업자가 만족하면 이들이 제공하는 서비스는 가치가 높으며 고객만족과 고객충성도를 가져와 궁극적으로 기업의 이익을 개선한다는 선순환을 나타낸 것이다. 여기서 가치가 높은 서비스란 효용가치가 높다는 것을 의미하고 가치가 높을수록 고객만족과 고객충성도에 긍정적 영향을 미친다. 따라서 고객만족도가 높아지면 기업의 평판이 높아지고 재구매를 통한 고객충성도에 영향을 미친다. 뿐만 아니라 높은 인지도에 따라 새로운 서비스에 대한 고객들의 초기 선호도가 높아지고 불만과 불평이 발생할 위험도 줄어든다.

1. 고객가치

기업은 고객에게 고객가치(customer value)를 제공함으로써 고객과의 지속적인 관계를 유지할 수 있다. 미시경제의 관점에서 고객가치는 서비스를 구매하여 사용함으로써 얻을 수 있는 가치속성을 의미한다.

고객가치에 대하여 Zeithaml(1988)은 다음의 네 가지 관점으로 설명하고 있다.

- 가치를 가격과 동일시하는 개념
- 고객이 지불한 것에 대해 받는 것이라고 보는 견해
- 고객이 지불한 가격에 대해 얻는 품질이라고 보는 견해
- 위의 세 가지 관점을 통해 전반적으로 지각하는 주관적 유용성의 관점

일반적으로 소비자는 서비스를 구매할 때 가격보다 가치를 상위의 개념으로 더 큰 비중을 둔다. Cronin과 Taylor(1992)는 서비스가치를 서비스의 품질과 기능을 얻기 위해 지불한 희생과의 상쇄개념으로 정의하고 소비자들은 복잡한 계산보다 익숙한 과정을 통해 서비스가치를 지각한다고 설명하고 있다. Hellier 등(2003)은 서비스의 구

매와 사용에 드는 비용 대비, 이에 대한 평가에 의해 지각되는 것을 서비스가치라고 정의하고 있다. 고객이 지각한 서비스가치가 높을수록 고객이 느끼는 고객가치 역시 높아진다. 학자들의 고객가치에 대한 개념을 종합하면 다음과 같다.

- 고객가치는 중요도, 인지과정에 계층적 구조를 이루고 있다.
- 고객이 기대하는 서비스는 주어진 속성과 성과가 존재한다.
- 고객의 기대정도에 따라 만족과 불만족이 나타난다.
- 고객가치는 서비스품질과 별개로 고려될 수 없다.
- 고객가치는 고객만족과 고객충성도에 영향을 미친다.

2. 고객만족

고객만족(customer satisfaction)에 대한 연구는 1980년대 Oliver를 중심으로 소비자심리와 소비자 구매행동과 함께 본격적으로 진행되었다. 고객만족은 고객의 감정적 행동과 이해, 고객만족의 구성요소와 측정척도 등에 따라 다양한 관점에서 정의되고 있다.

Oliver(1981, 1997)는 고객만족을 기대불일치의 관점에서 상품(제품 및 서비스)의 특성이 고객에게 충족되는 수준과 비교되는 것이라 하였다. 즉 고객만족이란 고객이 인지적 경험에 의해 충족상태를 나타내는 정서적 판단으로 상품의 사용 후 고객이 느끼는 기쁨, 실망감 등 심리적 반응이며 고객이 느끼는 욕구나 기대의 충족정도이다. 고객만족은 고객의 기대수준과 비교하여 만족과 불만족수준을 결정하며 상품의 거래관계에 대한 만족수준을 나타낸다. 서비스로부터 얻은 효용이 고객의 기대를 어느 정도 충족시키는가에 따라 고객만족이 결정된다. 고객만족에 대한 주요 연구모형을 정리하면 <표 10-1>과 같다.

표 10-1	고객만족에 대한 연구모형

연구 모형	주요 특성
기대-불일치모형	고객의 구매 이전의 기대가 긍정적/부정적 불일치를 가져와 만족, 불만족을 초래
공정성모형	고객만족은 거래에 관련된 고객들이 지불하는 비용과 예상되는 보장에 의해 도출된 공정성에 의존
귀인모형	고객들은 다차원적인 개념을 이용하여 구매의 성공과 실패의 원인을 찾으며 구매 후의 반응을 해당 원인에 의존
지각된 성과모형	고객의 초기 기대와 관계없이 인지된 제품성과에 의해 결정
규범모형	규범이 브랜드평가의 준거점이 되며 만족의 판단은 이들 규범과 비교하여 일치/불일치에 근거
복수 비교모형	고객은 복수의 기준을 이용하거나 만족에 도달할 때까지 연속적, 동시적으로 여러 번의 비교를 거침
감정모형	만족은 인적 요소 이외에도 감정반응의 함수임. 긍정적/부정적 감정은 고객만족에 대한 판단과 불평행동, 구전행동에 영향을 미침.

자료: 최창복, 홍성태(2012), 고객중시마케팅, 청람, pp.103-104에서 정리.

3. 고객충성도

고객충성도(customer loyalty)란 특정기업의 상품을 반복적으로 구매하는 행동을 나타내는 정도이다. Oliver(1980)는 고객충성도란 경쟁자들의 마케팅활동과 타인의 영향에도 불구하고 고객이 기존에 사용하고 있는 상품을 지속적으로 반복구매하려는 경향이라고 정의하고 있다. 고객의 반복적인 구매는 기업의 재무적 성과를 높여주므로 고객충성도는 지속적으로 기업의 수익을 보장해 주는 원천이 된다.

Parasuraman 등(1996)에 의하면 고객충성도는 구전과 재구매의도에 따라 영향을 받으며 구전은 브랜드 영향력에 따라 좌우된다고 한다. 따라서 높은 수준의 고객만족은 긍정적 구전으로 이어지고 잠재 고객의 구매결정에 긍정적인 기준이 된다.

고객충성도에 대한 초기의 연구는 고객의 구매비율, 구매빈도 등 행동적 측면의 고객행동 결과에 비중을 둠으로써 고객의 구매결정상황과 구매결정과정의 변화를 설명하기에는 한계가 있었다. 이를 보완하기 위해 고객의 구매행동보다는 제품에 대한 긍정적 태도 및 잠재적 구매의도를 측정하는 방법이 제안되었다.

고객만족과 고객행동(고객충성도)은 강한 상관관계가 있다. Roszkowski 등(2005)은 제품이나 서비스에 만족하는 고객은 충성도가 높을수록 구전 등의 행동을 실행할 가능성이 높다고 하였다. Parasuraman 등(1988, 1996)도 만족도가 높은 고객은 높은 구매의도와 활발한 구전커뮤니케이션을 하며 두 변수간의 영향관계는 매우 높은 것으로 설명하고 있다.

사례

항공사 고객만족도

여행전문 리서치 컨슈머인사이트가 매년 수행하는 '여행상품 만족도 조사'에서 지난 1년간(2018년 9월~2019년 8월) 항공사를 이용한 고객을 대상으로 실시한 만족도 조사에서 아시아나와 대한항공이 점수는 단 1점 차이로 항공사 고객만족도 1, 2위에 올랐다. 저비용항공사(LCC)는 에어서울과 에어부산이 1, 2위를 차지했다. LCC는 양적으로는 성장했지만 고객만족도에서는 여전히 대형항공사(FSC)를 따라가지 못한 것으로 나타났다.

대형항공사와 저비용항공사를 별도 조사했고 고객만족도는 예약/문의(정보탐색 등), 발권/체크인, 탑승/하차, 기내 환경/시설, 기내서비스, 비행서비스, 가격대비 가치 등 7개 부문의 중요도를 반영해 1,000점 만점으로 산정했다.

지난 1년간 대형항공사를 이용한 2874명 중 60명 이상의 표본이 확보된 항공사는 대한항공, 베트남항공, 아시아나항공, 중국남방항공, 중국동방항공, 케세이퍼시픽, 타이항공, 필리핀항공 등 8개사였고 8개사의 고객만족도 평균은 612점이었다. 1위는 아시아나항공이 689점, 대한항공은 688점으로 2위를 기록했다. 두 항공사는 이른바 '갑질' 논란과 기내식 공급 차질 등의 문제로 전년도 조사에서 점수가 크게 하락했으나 올해 동반상승하며 이전 수준을 회복했다.

아시아나항공은 국내선(684점), 대한항공은 국제선(710점)에서 높았고 특히 대한항공은 국내선(664점)보다 국제선이 46점 높았다. 장거리 노선일수록 기내서비스와 가격 대비 가치 측면에서 긍정적 평가를 받았다.

3위는 케세이퍼시픽(645점), 4위 베트남항공(616점), 5위 타이항공(614점), 6위 필리핀항공(599점), 중국동방항공(532점)과 중국남방항공(514점)은 3년째 최하위를 기록했다. 지난해와 비교해 필리핀항공(+52점), 베트남항공(+40점), 아시아나항공(+28점), 대한항공(+27점)이 선전한 것으로 나타났다. 반면 지난해 1위인 일본항공(JAL)은 '노 재팬' 영향으로 이용객이 감소하면서 표본수를 얻지 못하는 동시에 만족도도 큰 폭(−47점)으로 하락했다. 에미레이트항공(734점)과 싱가포르항공(729점)은 표본수가 60사례 미만으로 순위에 포함되지 않았지만 국적항공사보다 40점 이상 높은 점수를 받았다.

대형항공사와 동일한 7개 항목으로 저비용항공사를 이용한 3,271명의 만족도 조사결과는 비엣젯, 에어부산, 에어서울, 에어아시아, 이스타항공, 제주항공, 진에어, 티웨이항공, 피치항공 9개 항공사가 순위 평가 대상에 포함됐다.

9개 저비용항공사의 고객만족도 평균은 580점이었고 1위 에어서울(642점), 2위 에어부산(637점), 3위 티웨이항공(608점), 4위 진에어(605점), 5위 제주항공(603점), 6위 이스타항공(595점) 순이었다. 목적지별로는 국내선의 티웨이항공이 632점으로 1위를 차지했고 국제선에서는 에어부산이 666점으로 좋은 평가를 받았다.

대형항공사와 저비용항공사의 고객만족도 평균은 약 32점 차이가 난 것으로 나타났다. 대형항공사는 고객만족도를 구성하는 7개 부문 모두에서 저비용항공사를 앞섰는데 조사가 시작된 2017년 이후 격차는 줄어들지 않고 있다. 특히 기내서비스와 기내 환경/시설 측면에서 차이가 컸고 저비용항공사의 가격 대비 가치 측면에서도 소비자들은 대형항공사를 선호하는 것으로 나타났다.

자료: 소비자 조사보고서(www.consumerinsight.co.kr)에서 발췌.

제 4 절 고객관계관리

1. 고객관계관리의 의의

오늘날의 경영환경의 특징은 다양화, 고객중심, 경쟁 및 글로벌화로 요약할 수 있다. 고객중심 면에서 기업은 고객과 관련된 자료를 분석·통합해 고객 특성에 맞게 마케팅활동을 계획, 지원, 평가하는 기능을 가져야 한다. 기업이 직면하고 있는 경영환경의 변화요인은 다음과 같다.

- 고객중심의 경영패러다임
- 고객욕구의 다양화와 구매패턴의 변화
- 고객접촉 채널의 다양화
- 글로벌경쟁과 시장개방의 확대
- 마케팅비용과 위험의 증가
- 급속한 기술혁신과 기술수준의 평준화
- 서비스의 수명주기의 단축과 시장 성장률의 둔화
- 정보기술의 발전과 정보화 확산

이러한 변화에 대응하기 위해서는 고객관계 강화를 위한 경영전략의 수립과 정보기술의 통합이 필요하며 다양화, 고객중심, 경쟁 및 시장개방의 시장환경 변화에 따른 새로운 마케팅접근의 노력이 요구된다. 특히 마케팅활동의 관점에서 볼 때 기업은 고객과의 지속적인 관계를 유지하면서 '한 번 고객은 평생고객'이라는 고객전략을 통해 고객가치를 극대화하는 것이 중요하다.

기업의 고객전략은 정보 및 네트워크기술을 통해서 고객과 지속적으로 상호관계를 유지하면서 고객니즈를 충족시키고 기업가치를 높이는 것이다. 또한 고객정보의 확보만이 아니라 기업 내 전 부서가

정보를 공유하고 관리함으로써 잠재고객 및 기존고객과 정보교류, 최신정보 제공, 관계유지와 고객참여를 지원한다. 오늘날 기업이 추구하고 있는 고객관리는 다음의 문제를 대상으로 한다.

- 고객과 장기적으로 높은 신뢰관계를 어떻게 구축할 것인가?
- 고객규모를 확대하지 않고도 수익을 확보할 수 있는가?
- 고객에 대한 이해와 반응을 어떻게 분석할 것인가?
- 목표고객과 시장에 대한 고객관계를 집중화하는 것은 가능한가?
- 신규고객을 기존고객과 어떻게 조화시킬 것인가?
- 전 사원과 거래처가 활용할 수 있는 고객관리의 개선방법은 무엇인가?

그 해답은 고객관계관리(CRM: customer relationship management)에서 찾아볼 수 있다. CRM은 고객관리 프로세스를 자동화한 고객관리시스템으로 고객정보를 데이터베이스화하여 마케팅활동 기능을 발전시킨 통합마케팅 솔루션이다. CRM은 고객정보를 종합적으로 분석하여 고객을 유형별, 등급별로 세분화하고 이들에 관한 각종 정보를 바탕으로 고객을 1대 1로 관리할 수 있다.

사례

스포츠구단, 팬 관리에 CRM

우리나라의 프로스포츠는 매출액 약 40조 원, 연 평균 4%씩 매출이 꾸준히 증가하는 거대 산업으로 성장했다. 우리나라 프로야구는 2~3백만 명의 야구팬을 가지고 있다. 구단의 고객은 야구팬이며 구단의 팬 관리는 그 해의 구단수입을 좌우한다. 야구팬들은 경기관람 외에도 방송중계, 유니폼, 캐릭터상품, 각종 식음료구매 등 구단 수입의 상당부분을 차지할 뿐 아니라 팀의 열렬한 성원자로서 광고역할의 주역이 된다. 팬 관리는 구단비즈니스의 한 축이 되었다. 구단은 선수들만 아니라 팬 관리에 노력해야 하는 이유가 여기에 있다.

축구, 야구, 농구 등 스포츠별 총 관람객이 늘어나며 고객에 대한 서비스 확대를 위해 CRM의 필요성을 인지하고 그 운영을 고려하고 있는 구단들이 늘어나고 있다. 스포츠팬은 선호하는 팀에 대한 충성도가 매우 높아 일반고객과는 차이가 있다. 구단은 팬에 대한 이해도를 바탕으로 원하는 서비스를 제공하면서 고객가치를 극대화하고 그들의 충성심을 더욱 확고히 하기 위해 CRM플랫폼의 운영을 고려하는 것이다. 미국의 스포츠구단 중에는 이미 1990년대 중반부터 CRM을 도입하여 팬 중심의 성공적인 고객관리서비스를 하고 있다. 우리나라의 구단들도 팬 관리에 CRM시스템을 활용하고 있다.

미국 MLB의 San Diego Padres는 CRM을 구현한 최초의 구단으로 1995에 Loyalty-reward 프로그램을 도입하였다. 이후 팬의 구장입장은 연간 200만 명 이상을 유지하였고 충성도 높은 팬들이 관람하는 평균 게임 수가 10% 이상으로 증가했다. 또한 팬들에게 스타디움 키오스크에서 사용할 수 있는 카드를 제공하는 reward program을 통해 입장티켓과 팀 매장에서 식음료, 상품구매에 할인혜택을 받을 수 있도록 했다. 할인은 경기 참석율과 특정 구매액에 따라 적립되는 되는 포인트에 따라 달라지도록 하여 기존 우수 팬들의 충성도를 높일 수 있었다.

San Diego Padres는 CRM시스템을 통해 팬들의 자세한 인구 통계학적 정보를 분석하여 팬들의 행태와 경기장에서의 소비습관을 추적하고 있다. CRM시스템에 입력된 통계정보는 우수 팬들의 입장횟수와 입장시간, 경기장에서 식음료 등 상품을 얼마나 구매했는지 등에 대한 고객정보이다. San Diego Padres는 고객정보를 바탕으로 고객중심의 맞춤형 서비스를 한다. 고객에게는 팀과 선수들 개인의 경기력 데이터를 분석해 제공했다. 선수들의 출루율, 타율, 방어율 등 다양한 데이터는 고객의 경기관람에 흥미를 더해주고 선수들에게는 훈련방식이나 기록개선에 참고자료로 활용하도록 했다. 결과적으로 San Diego Padres는 CRM을 통해 고객에게 즐거운 경험을 제공하는 동시에 과학적 선수관리와 매출을 확대할 수 있었다.

자료: CRM의 성공적인 고객관리 대응전략 – IT World(2020. 1. 10.)에서 발췌.
(www.itworld.co.kr, www.padres.com 등 참조)

2. 고객관계관리의 체계

CRM은 고객통합데이터베이스를 중심으로 고객의 구매패턴이나 취향 등 고객특성을 분석하고 고객 개개인의 행동을 예측하여 다양한 마케팅채널과 연계하여 운영된다. CRM의 기능적 구조를 체계화하면 [그림 10-4]와 같다.

기업의 마케팅전략을 지원하는 CRM은 다음과 같은 기능을 수행한다.

- 마케팅전략면에서 DB마케팅기법의 개발과 활용, 1대 1 마케팅전략의 도입, 외부지향적(outbound) 마케팅의 전개, 다양한 마케팅채널을 이용한다.
- 고객관리면에서 고객DB 중심의 고객관리전략과 서비스개발, 전사적 고객관리의 표준화, 전사적 고객관리 교육의 기회를 제공한다.

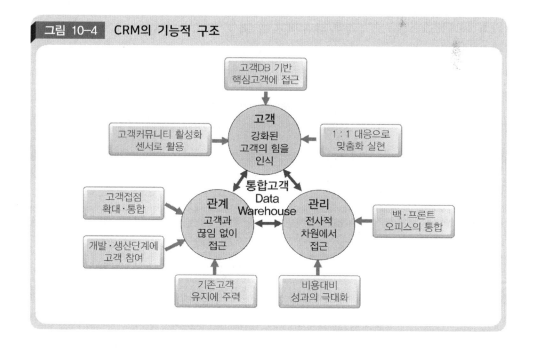

그림 10-4 CRM의 기능적 구조

- 운영기술면에서 고객특성과 행동을 분석함으로써 고객DB 중심의 마케팅기법과 고객접점의 비즈니스모델을 개발한다.
- 통합 CRM DB를 주축으로 고객정보의 수집과 활용체계를 정비하여 전사적 Data Warehouse 및 Data Mart를 구축한다.
- 마케팅기능과 새로운 IT채널을 통합함으로써 전사적 DW, OLAP/ Mining 시스템과 Interaction Center를 구축하고 e커머스 및 eCRM 개발을 지원한다.

3. 고객관계관리의 운영

기업의 마케팅전략은 고객 데이터베이스를 중심으로 하는 1대 1 (one-to-one)마케팅, 관계(relationship)마케팅으로 발전하였으며 고객관계관리는 이를 기반으로 발전하였다. CRM은 고객데이터베이스를 기초로 고객을 세부적으로 분류하고 신규고객획득, 우수고객 유지, 고객가치증진, 잠재고객 활성화, 평생고객화의 사이클을 통해 효율적인 마케팅전략을 구현하는 경영전반에 걸친 관리시스템이다.

CRM은 시장경쟁이 치열해짐에 따라 마케팅활동의 성과를 높이기 위한 고객관리의 새로운 대안이 되었다. 기업과 고객과의 관계는 장기적인 신뢰를 바탕으로 해야 한다. 이러한 관계형성은 개인적인 친밀감 수준으로 이루어져야 하며 서비스기업은 고객의 입장에서 고객을 이해하고 개별 고객에 대하여 1대 1 관계의 맞춤대응을 통하여 고객과의 신뢰를 쌓을 수 있다. 그러나 모든 고객을 대상으로 동일한 수준의 마케팅활동을 하는 것은 현실적으로 불가능하다. 수익의 80%는 상위고객 20%에 의해서 창출된다는 20:80 법칙에 따라 기업은 수익에 기여하는 한정된 범위의 고객을 대상으로 차별화된 고객유형별 대응이 필요하다.

CRM운영을 위해서는 고객유형별 전략을 수립하고 정보시스템의 기술적 요건을 갖추어 마케팅, 판매, 서비스를 체계화해야 한다. 이를 바탕으로 기업의 목표고객을 파악하고 기존고객의 이탈방지, 우수고객 유지, 잠재고객 활성화, 그리고 신규고객 개발에 대한 운영을 구체화 할 수 있다. [그림 10-5]는 CRM의 운영전략과 전술적 실행에 따라 고객가치와 기업의 수익창출의 효과를 단계적으로 설명하고 있다.

서비스기업의 성공적인 마케팅활동은 '진정한 고객이 누구이며, 고객은 무엇을 원하고, 이에 어떻게 적절히 대응하여 지속적인 관계를 형성할 수 있는가'에 달려있다. CRM운영은 고객과의 관계형성을 통해 기업의 수익을 높일 수 있는 관리기능의 체계이며 마케팅 의사결정에 필요한 정보를 제공하는 시스템이다.

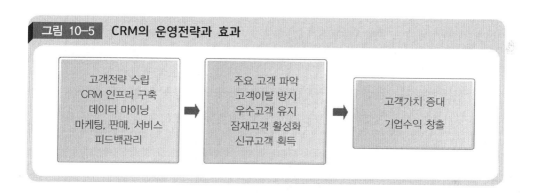

그림 10-5 **CRM의 운영전략과 효과**

CRM은 다음의 각 단계별로 운영한다.

① 고객관계의 획득

고객이 서비스를 구매하기 위해 기업 사이트를 방문하거나 서비스제공자에게 정보를 요구하는 경우 고객관계의 첫 탐색이 이루어진다. 고객 탐색단계에서 서비스제공자는 서비스의 특성, 가격 등 정보 알려주고 구매가 이루어지도록 한다.

② 고객관계의 발전

고객관계가 이루어지면 고객과의 거래관계를 활성화하고 고객의 구매성향, 거래방식, 관심제품, 행동특성 등 구매행태에 관한 고객정보를 축적하고 고객관계를 발전시킨다. 고객관계가 발전함에 따라 서비스의 판매기회를 확대한다.

③ 고객관계의 유지

고객관계의 유지단계에서는 고객정보를 영업정보화 하고 교차판매(cross-sale), 상향판매(up-sale) 또는 반복판매(re-sale)를 통해 고객이탈 방지, 휴면고객 활성화 등 고객의 가치증대 기여를 촉진한다. 거래규모에 따라 고객을 등급별로 나누어 서비스, 가격, 거래조건을 차등화 한다.

사례

고객관리를 지원하는 CRM

Skytrax World Airport Awards에서 세계 최우수 공항으로 선정된 싱가포르의 창이(Changi)공항은 최고의 고객서비스와 환경을 구축하기 위해 Salesforce의 Service Cloud로 통합CRM시스템을 구축하여 고객관리와 고객서비스를 제공하고 있다. 이 공항을 이용하는 고객은 공항 내에 있는 상점, 레스토랑을 비롯해 출입국관리, 수하물처리 및 각종 시설관리 서비스를 독립된 개별서비스로 인식하고 있다. Changi공항은 통합CRM시스템을 통해 공항 내 곳곳에 흩어져 있는 직원들과 실시간 커뮤니케이션으로 고객관리와 고객서비스를 제공하고 있다. 또한 입점업체들도 보다 신속하게 고객서비스를 제공할 수 있도록 고객정보를 공유하고 있다. Changi공항은 통합CRM시스템을 중심으로 웹사이트, 이메일, 콜센터 등 공항 터미널에 있는 고객관련 시스템을 비롯해 여러 채널에서 수집된 피드백정보를 하나의 플랫폼으로 통합한다. 중앙으로 수집된 정보는 공항직원과 협력파트너 및 입점상점과 공유하고 고객관리의 운영과 관련된 성과 및 피드백정보를 모니터링할 수 있다. Changi공항은 고객관리부서의 파트너와 공항에 입점해 있는 상점의 고객관리 및 서비스를 지원한다. 또한 모든 파트너와 고객서비스 담당자들의 커뮤니케이션을 지원할 수 있는 플랫폼을 제공해 축적된 경험과 지식을 활용하여 어떤 상황에서도 효과적으로 협업할 수 있게 하였다. 이 통합CRM시스템이 Changi공항을 동남아 허브공항으로서 효율적인 고객관리와 세계 최고의 고객서비스를 제공하는 공항으로 만들었다.

자료: CRM의 성공적인 고객관리 대응전략 – ITWorld (2020. 1. 10.) 기사에서 발췌.

4. e-고객관계관리

오늘날 인터넷환경의 급격한 변화는 고객이 더욱 높은 수준의 서비스를 기대하게 했으며 고객요구와 취향도 다양하고 복잡해지고 있다. 이러한 상황에서 기업이 경쟁력을 확보하기 위해서는 고객에 대한 이해와 고객관계관리에 대한 새로운 방안을 모색해야 한다.

e-CRM은 인터넷을 통하여 실시간 고객관계관리를 수행함으로써 고객의 요구에 신속히 대응하고 고객행동에 대한 예측성을 높여 고객점유율 높이고 시장점유율 향상을 목적으로 한다. e-CRM은 인터넷상에서의 CRM이며 고객에 대한 접근방식은 기존의 CRM과 동일하지만 고객정보의 획득 및 커뮤니케이션 방법에 차이가 있다. e-CRM은 비용이 저렴한 인터넷과 이메일 등을 사용하여 1대 1로 고객과 커뮤니케이션이 가능하다. 따라서 e-비즈니스의 핵심이 되는 고객과의 네트워크를 효과적으로 관리하기 위해서는 e-CRM이 필수적이다.

e-CRM은 [그림 10-6]과 같이 e-마케팅, e-판매, e-서비스로 구성된다. e-CRM에서는 마케팅활동과 고객관리기능을 효율적으로 운영하기 위해 전자상거래와 같은 e-비즈니스 솔루션, 인터넷 콜센터 기능을 수행하는 고객접촉센터, 그리고 웹기반 영업지원시스템인 판매자동화와 연계하여 운영한다.

e-CRM은 기존의 CRM에서와 같이 고객과의 접점을 중시하고 1대 1마케팅과 DB마케팅을 바탕으로 하여 고객정보를 통합하고 고객의 충성도를 지속적으로 이끌어내는 시스템이다.

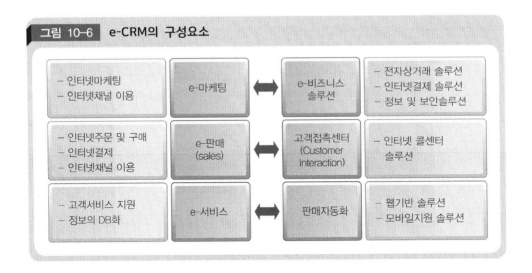

그림 10-6 e-CRM의 구성요소

종합
사례

British Airways의 서비스는 CRM에서 출발한다

75개국 150개 노선에 연간 3,600백만 명을 운송하는 British Airways는 영국의 최대 항공사이다. 이 항공사는 서비스현장에서 직원이 아이패드를 통해 고객의 수하물, 좌석, 고객이 주문한 기내식 등 고객정보를 승객정보관리시스템인 "Know Me"에 입력하여 관리하고 있다. "Know Me"는 이 항공사가 운영하는 CRM시스템의 주축으로 직원들이 공유하여 고객에게 차별화된 서비스를 제공하고 있다.

BA는 VIP고객들의 이탈을 방지하기 위해 "VIP고객선호정보 추적시스템"이라는 DB를 구축하였다. 고객과 직접 접촉하는 BA승무원들은 고객이 선호하는 좌석, 비행 중에 사용하는 PC, 신문이나 잡지의 구독, 기내식의 종류와 조리습성, 좋아하는 와인과 음료 등 VIP고객들의 니즈, 선호, 성향 등을 매일 입력하였다. 이 DB에는 고객서비스와 관련되는 모든 정보가 입력된다.

한 고객이 기착지에 도착한 후 승무원에게 "이번 비행기 탑승 중에 목이 말랐는데 물을 마시지 못해 불편했다."라고 불만을 토로했다. 고객의 이야기를 들은 승무원이 "고객님 저희 승무원을 불러 '물 한 컵 달라'라고 요청하시지 그랬습니까?'라고 하였다. 그러자 이 고객은 "물을 달라 하려고 승무원을 바라보니 피곤한 모습으로 쉬고 있더라. 그래서 부르지 못했다. 어쨌든 물을 마시지 못해서 불편했어"라고 말했다. 승무원은 다시 "고객님, 다음번 저희 항공기를 탑승하시면 고객님 좌석 앞에 1.5리터 생수 2병을 준비해드리면 괜찮겠습니까?"라고 물었다. 그러자 그 고객은 "아, 그렇게 해주면 고맙지. 원래 나는 평소에도 물을 많이 마시는 편이야"라고 말하면서 트랩을 내려갔다.

반년 정도 시간이 경과한 후 이 고객은 다시 BA편으로 여행할 기회가 있었다. 이 고객은 6개월 전 승무원과 나눈 대화 내용을 잊어버린 채 비행기에 탑승했다. 그런데 자기 좌석 앞에 에비앙생수 2병이 준비되어 있었다. 이 고객은 정말 깜짝 놀랐다. 본인도 까맣게 잊고 있던 일을 기억하여 항공사가 생수를 챙겨줄 것으로는 전혀 생각하지 못했기 때문이다. 너무나 감동을 받은 이 고객은 만나는 사람마다 BA의 대단한 서비스를 자랑하고 주변 사람들에게 BA를 이용하라고 적극적으로 홍보하고 다녔다. 자신이 경험한 특급서비스를 이야기하면서 BA의 열렬한 팬, 열정적인 충성고객이 된 것이다.

이것은 BA의 'Know Me'에 수록된 VIP고객을 대상으로 한 CRM의 구축으로 이루어지는 서비스이다. 고객 개개인의 의견을 듣고 사소한 것 하나라도 놓치지 않겠다는 열정이며 고객의 의견을 서비스현장에서 즉시 입력하는 CRM운영전략으로 볼 수 있다.

자료: blog.naver.com/casepot

토의문제

1. BA가 CRM 운영으로 얻을 수 있는 효과는 무엇인가?
2. 서비스기업의 CRM 운영의 효과를 극대화하기 위한 방안에 대하여 토론하자.
3. CRM 운영의 기술적 배경에 대하여 토론하자.

참고문헌

고창헌 외(2016), 서비스경영의 이해, 법문사.

김형수 외(2014), 고객관계관리전략: 원리와 응용, 사이텍미디어.

아마존의 고객관리(2017), 진성북스.

이동진(2007), 소비자관계마케팅, 박영사.

이유재(2010), 서비스마케팅, 학현사.

최창복, 홍성태(2012), 고객중시 마케팅, 청람.

Berry, L. L. & A. Parasuraman(1991), *Marketing Services*, The Free Press.

Drucker, Peter F.(2007), *Management*, Transactions Pub.

Oliver, R. L.(1997), *Satisfaction: A Behavioral Perspective on the Consumer*, McGraw-Hill.

Parasuraman, A. V. A. Zeithaml, L. L. Berry(1996), "The Behavioral Consequences of Service Quality," *Journal of Marketing*, 60(2), pp.31~46.

Reichheld, F. F., & W. Earl Sasser, Jr.(1990), "Zero Defections: Quality Comes to Services." *Harvard Business Review*, 68(5). pp.301~307.

Roszkowski, M. J., J. S. Baky, D. B. Jones(2005), "So which score on the LibQual+tells me if library users are satisfied?" *Library & Information Science Research*, 27(4), pp.424~439.

Woodruff, R. B.(1997), "Customer value: The nest source of competitive advantage," *Journal of Academy Marketing Science*, 25(2), pp.139~153.

뉴스1(2019. 11. 29.)

매일신문(2019. 8. 5.)

문화일보(2019. 4. 17.)

중앙일보(2015. 10. 20.)

IT World(2020. 1. 10.)

blog.naver.com/casepot

www.consumerinsight.co.kr

www.padres.com

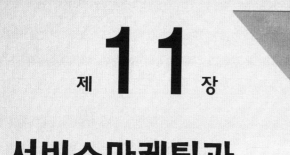

제 **11** 장

서비스마케팅과
전략

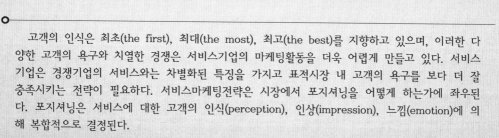

　　고객의 인식은 최초(the first), 최대(the most), 최고(the best)를 지향하고 있으며, 이러한 다양한 고객의 욕구와 치열한 경쟁은 서비스기업의 마케팅활동을 더욱 어렵게 만들고 있다. 서비스기업은 경쟁기업의 서비스와는 차별화된 특징을 가지고 표적시장 내 고객의 욕구를 보다 더 잘 충족시키는 전략이 필요하다. 서비스마케팅전략은 시장에서 포지셔닝을 어떻게 하는가에 좌우된다. 포지셔닝은 서비스에 대한 고객의 인식(perception), 인상(impression), 느낌(emotion)에 의해 복합적으로 결정된다.

– 서비스마케팅전략 중에서

제 1 절 마케팅 패러다임의 변화

개 I 념 I 정 I 리 | 마케팅패러다임 변화

　오늘날 고객요구와 고객가치가 다양하게 변화함에 따라 기업의 생산과 마케팅 활동의 패러다임이 바뀌고 있다. 이러한 변화는 다음의 여러 조사결과로부터 찾아볼 수 있는데 기업의 마케팅전략의 수립과 마케팅활동의 수행에 새로운 방향을 제시해 주는 것이다.

－ 새로운 고객을 얻는데 소요되는 비용은 기존고객을 유지하는데 소요되는 비용보다 5~6배 더 소요된다.[1]
－ 기업의 비즈니스 중 65%는 만족하는 기존고객을 통해 얻는다.[2]
－ 장기고객은 일회성 고객에 비해 구매액이 10~15배에 이른다.[3]
－ 20 : 80법칙: 상위 20%에 해당하는 고객 1명의 매출이 나머지 80%의 고객 16명의 매출과 비슷하다.[4]
－ 일반적으로 기업들은 1년에 15~20%의 고객을 잃는다. 고객유지율을 단지 몇 %만 증가시켜도 25~100%의 이익을 증대시킬 수 있다.[5]

자료: 1) Technical Assistant Research Program Report.
　　　2) Philip Kotler(1994), *The Principles of Marketing*(13th ed.), Pearson Education.
　　　3) 이동진(2007), 소비자관계마케팅, 박영사, p.16.
　　　4) 박찬수(2010), 마케팅원리(제4판), 법문사, p.23.
　　　5) Frederick F. Reichheld and W. Earl Sasser, Jr.(1990), "Zero Defections: Quality Comes to Services", *Harvard Business Review*, Sept-Oct. pp.301~307.

1. 기업경영의 변화와 혁신

　　Drucker(2007)는 "The Principles of Management"에서 기업의 목적은 이윤극대화가 아니라 고객의 창조에 있다. 이윤은 기업 활동의 결과로 얻어지므로 국가, 국민 전체에 이익이 되고 자기기업의 이익이 되도록 기업을 경영해야 한다고 하였다. 즉 기업이 존재하는 이유는 고객이며 기업의 목적은 시장에 있다. 기업이 목적을 달성하기 위해서는 고객창조를 위한 전략을 모색하고 실현해야 한다. 고객창조를 위한 전략은 다음의 물음을 통해 구체화할 수 있다.

- 우리가 전개할 핵심 사업은 무엇인가?
- 우리가 목표로 하는 핵심 고객은 누구인가?
- 우리가 전개할 사업이 고객에게 주는 핵심 가치는 무엇인가?
- 앞으로 우리가 전개할 사업 환경은 어떻게 변화될 것인가?
- 앞으로 우리의 사업은 어떻게 전개해야 할 것인가?

오늘날 기업은 생산 및 관리기술, 시장경쟁, 고객의 요구, 사회적 책임의 확대 등 환경변화에 따라 경영관리의 패러다임을 근본적으로 바꾸어놓고 있다.

2. 마케팅 패러다임의 변화

기업은 경영의 혁신적 변화와 변덕스럽고 다양한 고객요구에 대응하기 위해서는 원가, 품질, 신뢰성, 유연성, 서비스 면에서 경쟁우위를 확보하고 고객의 충성도를 높여 기업가치와 이미지를 제고시키는 노력이 필요하다. 마케팅 패러다임의 변화와 특징을 종합하면 다음과 같다.

첫째, 시장점유율율 높이는 고객확대보다는 고객유지(customer retention)가 필요하다. 기업이 신규 고객유치에 소요되는 비용은 기존의 고객을 유지하는데 소요되는 비용보다 3~7배의 비용이 더 소요되는 것으로 조사되고 있다.

둘째, 고객만족보다 고객충성도는 마케팅효과가 더 높다. 제품이나 서비스에 만족하는 고객이 일반고객보다 재구매율이 높은 것으로 알려지고 있으나 [그림 11-1]에서와 같이 만족도가 높아도 반드시 재구매나 추천 등으로 이어지지는 않는다.

셋째, 마케팅개념이 시장공유로부터 고객공유(customer share)로 변환되므로 동일 고객이 다양한 선택을 할 수 있도록 하는 전략이 유효하다. 고객은 다양한 경험, 기능, 용도, 가격에 따라 여러 구매원을 택하는 경향을 보이고 있다.

넷째, 규모의 경제로부터 범위의 경제(economy of scope)를 지향하는 것이 이상적이다. 이것은 수요의 변동에 보다 유연하게 대응할 수 있으며 차별화 및 집중전략의 일환으로 목표시장을 지향하는 데에도 유리한 전략이 될 수 있다.

다섯째, 고객은 구매의 용이성과 가격 등의 이점을 얻기 위해 단일품목으로부터 포괄적 품목으로 구매행태가 변하고 있다. 따라서 단일 마케팅(just marketing)으로부터 포괄적 마케팅(include marketing)으로의 개념변환이 필요하다.

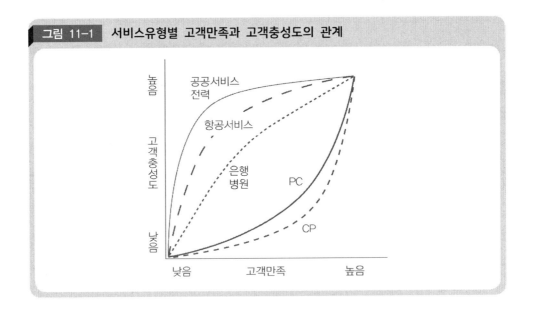

그림 11-1 서비스유형별 고객만족과 고객충성도의 관계

제 2 절 서비스마케팅의 의의

1. 서비스마케팅의 특성

제품은 유형의 물리적 실체를 가지고 고객에게 제공되지만 서비스는 고객의 편익이나 만족을 위해 무형으로 제공된다. 서비스의 특성을 살펴봄으로써 서비스마케팅의 개념을 정확하게 이해할 수 있다. 서비스는 제품과 비교하여 다음과 같은 특성을 갖고 있다.

첫째, 서비스는 생산, 전달, 소비가 동시적으로 이루어진다. 따라서 서비스는 고객의 방문이 쉬운 곳에 위치해야 판매가 용이하다. 서비스 수요가 적고 인구밀도가 낮은 지역에서는 서비스제공 장소가 늘어나게 되므로 서비스운영에 소요되는 고정비가 상대적으로 높아질 수 있다.

둘째, 서비스는 무형적이지만 고객에게 주는 편익, 혜택, 분위기, 느낌 등이 강조된다. 커피전문점은 커피를 팔지만 안락한 분위기가 필요하고 항공사는 비행기 좌석을 판매하고 있으나 여행의 편리함, 승무원의 친절성을 강조한다. 그러므로 서비스는 고객의 심리와 소비행동을 이해해야 한다.

셋째, 서비스는 소멸성을 갖는다. 항공기 좌석은 운항시간이 지나면 다시 판매할 수 없으며 재고로 유지하지도 못한다. 서비스기업은 예측의 정확성과 수요와 공급의 균형화 전략으로 수요변동에 대비해야 한다.

넷째, 서비스와 서비스전달과정은 직원, 고객, 시간에 따라 각각 달라지며 고객의 만족수준도 달라진다. 서비스는 다양하고 이질적인 고객의 요구를 충족시켜야 하므로 표준화가 되어야 한다.

위에서와 같이 서비스가 지니고 있는 특징적 요인을 고려할 때 서비스마케팅은 다음과 같이 제품마케팅과 비교된다.

① 서비스는 무형성의 특징을 가지고 있어 서비스마케팅은 유형성을 중심으로 한 제품마케팅과 차이가 있다.

② 서비스생산과 전달과정에 고객이 참여하므로 서비스마케팅에 고객을 고려해야 한다.

③ 서비스는 서비스제공자와 고객이 직접 접촉하여 고객에게 전달되므로 서비스마케팅에서는 서비스제공자의 역할이 중요하다.

④ 서비스는 생산과 동시에 소비되어 재고유지가 불가능하므로 서비스마케팅에서는 서비스생산능력과 수요의 조절이 필요하다.

⑤ 서비스는 사용 후 고객의 경험에 의해 품질을 평가하므로 서비스마케팅에서는 고객의 경험관리를 위한 서비스디자인과 프로세스전략이 중요하다.

2. 서비스마케팅의 범위

서비스마케팅과 제품마케팅의 단순비교는 어렵다. 제조기업의 핵심은 제품생산이지만 서비스가 제조기업의 성과목표 달성에 중요한 역할을 할 수 있다. 완전히 무형적이거나 완전히 유형적인 상품은 매우 적다. 서비스와 제품을 이분법으로 나누기보다는 하나의 연속선상에서 비교할 수 있다. 서비스는 제품에 비해 보다 무형적이며 제품은 서비스에 비해 보다 유형적일 뿐이다.

예를 들어 패스트푸드점은 서비스기업이지만 조리된 음식, 메뉴, 디자인, 포장 등 유형적 요소를 많이 가지고 있다. 컴퓨터, TV 등의 제조기업은 애프터서비스와 같은 무형적인 요소가 중요한 역할을 한다. 화장품회사는 화장품 판매와 함께 피부미용서비스를 한다. [그림 11-2]의 제품-서비스 스펙트럼은 이러한 연속선상의 개념을 나타내고 있다. 서비스마케팅의 접근은 스펙트럼상의 오른쪽 부분인 무형성이 차지하는 상품과 관련이 있다.

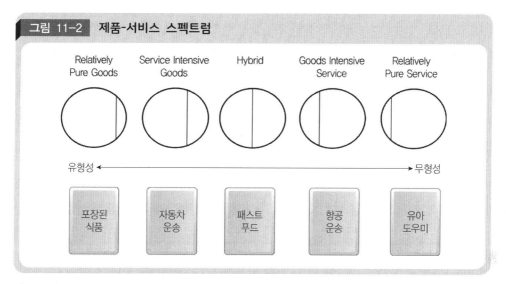

그림 11-2 제품-서비스 스펙트럼

자료: L. L. Berry & A. Parasuraman(1991), *Marketing Services*, Free Press. p.9.

사례

올리브영 '디지털 혁신'…맞춤 피부미용 서비스

올리브영이 전국 매장에 스마트 카운셀링 전용 태블릿PC를 도입하고 디지털 기반의 맞춤형 카운셀링을 본격화 하고 있다. 올리브영의 디지털 혁신은 '스마트 스토어' 구축의 일환으로 고객 개인 맞춤형 서비스 강화 및 매장의 운영효율을 극대화하는 것이 목표다. 올리브영은 이를 위한 자체 애플리케이션(앱) '올영EZ(이지)'를 새로 개발했다. 대표 기능은 피부 문진 서비스로 매장 직원 누구나 고객의 피부고민을 상담하고 이에 맞는 상품을 추천할 수 있는 기능 등이 담겨 있다.

올영EZ는 정확한 카운셀링을 위해 12개 문항을 활용한다. 고객 성별·나이·피부 고민 등을 체크하면 피부 타입·수분 지수·주름 탄력·민감도 등 진단결과를 현장에서 확인할 수 있다. 이를 통해 직원이 고객의 피부 타입에 맞는 제품 추천은 물론 진단결과를 메시지로 전송하는 서비스를 제공한다.

인기 상품 추천 정보도 빅데이터를 기반으로 체계화됐다. 올영EZ를 통해 주간이나 월간 단위 또는 연령·성별 등 다양한 기준에 맞는 인기 상품 큐레이션이 가능해진 것이다. 이외 상품의 상세 정보·평점 확인도 가능하다.

올영EZ를 통해 실시간 매출·상품 재고·유통 기한 등도 빠르고 간편하게 확인할 수 있게 된다. 이를 통해 업무 효율은 물론 고객 서비스도 한층 더 끌어올린다는 계획이다. 올리브영은 금년 1월까지 전 매장에서 관련 교육을 완료할 예정이다.

자료: 아이뉴스(2020. 1. 6.) 기사에서 발췌.

3. 서비스마케팅의 기능

제품마케팅은 [그림 11-3]에서와 같이 생산 이전과 생산, 그리고 생산 이후까지 마케팅활동을 수행하여 제품에 대한 고객인지도를 높

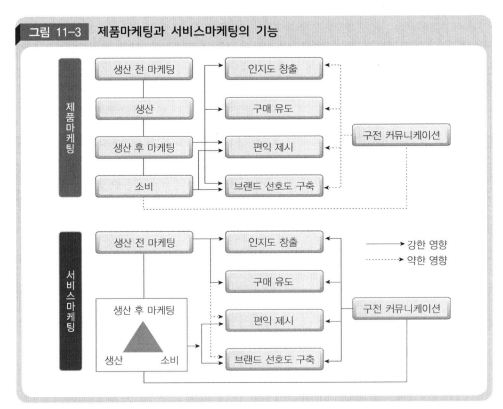

그림 11-3 제품마케팅과 서비스마케팅의 기능

자료: L. L. Berry & A. Parasuraman(1991), *Marketing Services*, Free Press. pp.6~7.

이고 구매를 촉진하며 소비자의 선호도를 높이는 기능을 수행한다. 구전 커뮤니케이션은 제품구매와 선호도를 높이는 데에 결정적인 영향력을 미치는 것은 아니다.

서비스마케팅은 서비스의 생산과 판매의 모든 과정을 통해 서비스의 인지도를 높이고 구매를 촉진하는데 보다 큰 영향력을 발휘한다. 즉 서비스의 생산, 판매, 그리고 소비의 전 과정에서의 마케팅활동은 구전 커뮤니케이션에 큰 영향을 미친다. 서비스와 제품은 기본적으로 고객요구를 상품의 디자인과 생산에 반영하지만 제품은 판매하기 이전에 생산이 되고 서비스는 생산과 동시에 판매된다는 점이 서비스마케팅과 제품마케팅의 차이점이다.

제 3 절 서비스마케팅전략

1. 서비스마케팅전략의 단계

서비스기업의 마케팅전략은 보다 효과적인 경쟁을 위해 제품, 가격, 촉진활동, 유통 등의 면에서 최적의 마케팅믹스를 사용하여 고객의 마음속에 서비스의 차별적 위치를 심어주는 계획활동이다. 고객의 인식은 최초(the first), 최대(the most), 최고(the best)를 지향하고 있으며, 이러한 다양한 고객의 욕구와 치열한 경쟁은 서비스기업의 마케팅활동을 더욱 어렵게 만들고 있다.

서비스기업은 경쟁기업의 서비스와는 차별화된 특징을 가지고 표적시장 내 고객의 욕구를 보다 더 잘 충족시키는 전략이 필요하다. 서비스마케팅전략은 시장에서 포지셔닝을 어떻게 하는가에 좌우된다. 포지셔닝은 서비스에 대한 고객의 인식(perception), 인상(impression), 느낌(emotion)에 의해 복합적으로 결정된다.

서비스마케팅전략은 [그림 11-4]에서와 같이 상황분석, 서비스마

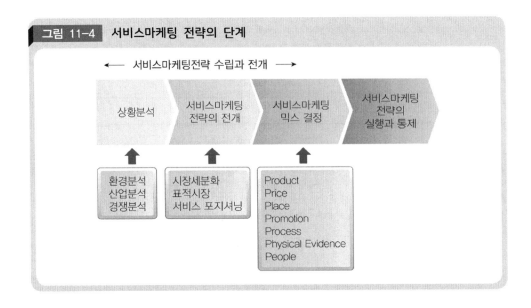

그림 11-4 서비스마케팅 전략의 단계

케팅전략의 수립과 전개, 서비스마케팅믹스 결정, 서비스마케팅전략
의 실행과 통제의 네 단계로 수행된다. 아래에서는 서비스마케팅전
략 수행의 네 가지 단계를 설명한다.

2. 서비스마케팅의 상황분석

서비스마케팅의 상황분석은 환경분석, 산업분석, 경쟁분석 등 거
시적 분석을 통해 현재 기업이 처해 있는 기회와 위협이 무엇인지를
파악하는 단계이다.

- **환경분석**: 기업의 시장활동에 중요한 영향을 미치는 기존기술의
  성숙도, 신기술, 주요 경제지표와 경기변동 등 경제환경요인과
  연령, 소득, 가족구성 등 인구통계 환경요인을 분석대상으로 한
  다. 또한 입법 및 규제, 조세정책, 정치적 안정성 등 정치환경요
  인은 물론 사람들의 가치관, 태도, 생활양식, 유행 등 문화환경
  요인과 자원, 지리적 위치, 기후 등 자연환경요인 등을 대상으

로 분석한다. 환경분석은 단순예측방법을 사용하거나 추세분석, 분해분석, 시나리오분석, 델파이법 등 정성적인 분석방법을 사용한다.

- **산업분석**: 시장에 진출해 있거나 진출을 예정하고 있는 특정산업의 매력도를 분석하고 시장경쟁에서 성공할 수 있는 핵심요인을 판단하는 분석이다. 산업분석의 범위와 내용은 산업의 구조와 규모, 서비스 원가구조, 산업의 성장추이와 경향, 산업의 수명주기와 단계, 산업 내 주요 유통시스템 등을 대상으로 한다.

- **경쟁분석**: 주요 경쟁요인을 분석하고 마케팅활동의 강점과 약점을 파악하여 적절한 경쟁방안을 모색하는 단계로 SWOT분석법을 이용한다. SWOT분석법은
  ① 기회를 활용하여 강점을 사용하는 SO전략,
  ② 약점을 보완하는 WO전략,
  ③ 위험을 극복하기 위해 강점을 사용하는 ST전략,
  ④ 약점을 보완하는 WT전략을 분석하는 방법이다.
  경쟁분석은 시장성장률, 비용구조, 시장환경의 특징, 고객 선호도, 서비스시장 내 경쟁기업의 특징, 정부규제 및 특징 등을 대상으로 한다.

3. 서비스마케팅전략과 수립

상황분석의 결과에 따라 시장을 세분화하고 표적시장을 선정하여 서비스포지셔닝을 결정하는 순서로 서비스마케팅전략을 수립한다. 시장세분화는 다양한 고객의 요구와 구매습관, 지리적으로 분산된 고객을 일정 집단으로 나누어 마케팅활동을 수행하기 위해 필요한 전략방안이다. 또한 시장세분화에 따라 목표시장을 특정하여 표적시장을 선정한다.

모든 고객들을 대상으로 서비스를 제공하는 것은 훌륭한 서비스

마케팅전략이 될 수 없다. 고객계층을 선택하고 선택된 고객계층에 집중하여 탁월한 서비스를 제공해야 한다. 예를 들어 음식점과 같은 외식서비스가 많이 창업되고 있으나 그중 많은 수가 서비스마케팅전략의 부재로 인해 실패하고 있다.

고객의 수는 많지만 지리적으로 넓게 퍼져 있으며 그들의 욕구와 구매행동도 매우 다양하다. 세분화된 시장을 공략하는 서비스기업의 능력도 매우 다르다. 서비스기업은 수익성 있는 세분시장을 선정한 다음 표적시장 내 고객들과 적절한 관계를 구축, 강화하는 고객 지향적 서비스마케팅전략을 수립해야 한다. 고객 지향적 서비스마케팅전략은 시장세분화(segmentation), 표적시장 선정(targeting), 포지셔닝(positioning)의 세 단계로 이루어진다.

• 서비스시장 세분화

시장 세분화는 사업의 성격과 시장의 특성에 따라 다양하게 나누어진다. 즉 물리적 공간에 따라 지리적 세분화, 연령, 성별, 소득, 직업, 종교 등에 따라 인구통계학적 세분화, 그리고 고객의 사회계층, 소비성향, 행동특성, 라이프스타일 등을 기준으로 시장을 세분화한다. 슈퍼마켓의 경우 인구통계학적 변수를 이용하여 시장을 세분화하고 세분화된 시장의 고객특성이나 쇼핑을 즐기는 라이프스타일에 따라 시장을 재차 세분화한 후 이를 지역별로 다시 세분화할 수 있다.

• 서비스 표적시장 선정

'커피 마시고 싶은 사람은 누구든지 ○○카페로 오시오'와 같이 모든 고객을 대상으로 특정 서비스를 제공하는 것(one service to all people)이 합리적일 수도 있다. 단순한 서비스를 차별화하여 하나의 세분시장을 공략할 수도 있고 서비스를 다양화하여 복수의 세분시장을 공략할 수도 있다. 넓은 시장을 목표로 할 것인가, 좁은 시장을 목표로 할 것인가 또는 전체 시장의 공통된 욕구에 초점을 맞출 것인가, 세분화 시장의 차별적 욕구에 초점을 맞출 것인가 하는 것이 판단기준이 된다.

이러한 판단기준에 따라 [그림 11-5]와 같이 표적시장 매트릭스를 구성하여 세 가지의 표적시장 전략을 도출할 수 있다. 전체 시장의 공통적인 욕구 충족을 목표로 하는 비차별적 마케팅은 수요가 공급을 초과하는 공급자 주도 시장에서 가능한 전략이다. 공급자 주도 시장은 마케팅전략이 별로 필요가 없을 정도로 수요가 많아 저절로 구매되는 상황이다. 차별적 마케팅은 각 세분화 시장의 욕구의 다양성을 인정하고 여러 개의 시장을 공략 대상으로 선정한 후 이를 충족시키기 위해 서비스가치를 차별화, 다양화하는 서비스전략이다. 이 전략은 운영비용이 상당한 폭으로 증가하지만 서비스운영의 탁월성을 가지고 있는 경우 유리한 전략이다. 집중적 마케팅은 특정 세분시장에만 집중하여 서비스가치를 차별화하는 마케팅전략으로 기업이 소규모이며 자원이 제한적일 경우 적합한 전략이다.

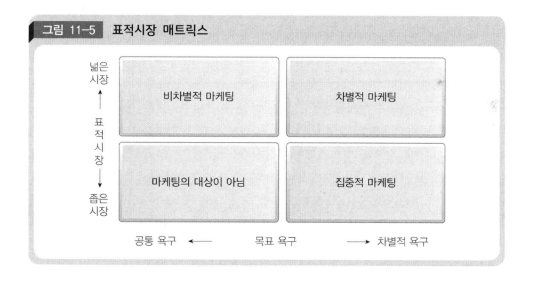

그림 11-5 표적시장 매트릭스

• 서비스포지셔닝

서비스포지셔닝은 경쟁기업과는 다른 서비스를 원하는 고객을 대상으로 하는 전략으로 고객에게 제공되는 서비스수준이 어느 정도인가를 결정하는 데 있다. 그 기준은 고객에게 제공되는 서비스의 편익, 고객만족, 또는 서비스품질수준을 의미한다. 고객계층에 따라 서비스포지셔닝을 하기 위해서는 다음의 분석이 필요하다.

① 고객의 욕구가 무엇이며 어떻게 만족하는지를 확인한다.
② 비슷한 욕구를 갖고 있는 고객계층을 그룹화한다.
③ 고객의 욕구를 충족시킬 수 있는 서비스와 고객규모를 파악한다.
④ 경쟁기업의 서비스개념을 파악한다.
⑤ 고객이 원하는 서비스개념을 구현하고 새로이 진입할 시장을 찾는다.

4. 서비스마케팅믹스의 결정

효과적인 서비스마케팅 활동을 위해서는 서비스의 특성을 파악하여 제품마케팅과는 차별화된 전략이 필요하다. 서비스마케팅전략은 제품(product), 가격(price), 유통(place), 촉진(promotion) 등의 4P 요소 이외에 서비스프로세스(process), 물리적 증거(physical evidence), 사람(people)의 3P 요소를 포함한다.

서비스마케팅믹스의 결정은 <표 11-1>에서와 같이 서비스마케팅믹스요인을 최적화하는 것이다. 서비스마케팅믹스는 서비스상품, 서비스가격, 서비스유통, 서비스촉진, 서비스프로세스, 서비스시설, 서비스인적자원의 활용에 대한 의사결정이다.

서비스제공자는 고객의 기대와 경험에 대한 이해가 필요하며 이에 따라 서비스목표를 설정한다. [그림 11-6]에서와 같이 서비스수준은 보다 수용 가능한 수준, 수용할 수 있는 수준, 수용 불가능한 수준으로 나누어 서비스마케팅믹스의 실행수준을 결정할 수 있다. 서비스운영의 정성적 목표의 해를 구하기 위해서는 우선순위에 따라 최선(good)의 해를 구하는 목표계획법(goal programming)을 사용할 수 있다.

| 표 11-1 | 서비스마케팅 7P믹스 요소와 내용 |

7P 요소	내용
서비스상품	– 경쟁사와 비교하여 핵심서비스와 서비스패키지요소를 고려 – 고객이 기대하는 편익을 반영
서비스가격	– 고객이 서비스구매에 부담하는 비용요소 – 고객이 사용한 시간, 노력에 대한 비용
서비스촉진	– 효율적인 커뮤니케이션과 정보제공으로 구매 독려 – 서비스편익에 대한 이해와 안내
서비스유통	– 서비스전달 장소, 시간, 전달경로(직접, 대리점, 전자상거래) – 신속성, 편리성 등 고객의 기대에 부응
서비스프로세스	– 효율적인 서비스프로세스 디자인과 실행 – 잘못된 서비스프로세스의 개선(고객불만, 비효율성 제거)
서비스시설	– 서비스시설, 인테리어. 외관, 전망 – 직원의 용모, 복장, 안내문, 인쇄물, 집기, 비품
서비스인적자원	– 고객과 직원 간의 고객접점서비스 – 직원채용, 교육훈련, 동기부여

| 그림 11-6 | **서비스마케팅믹스의 실행수준** |

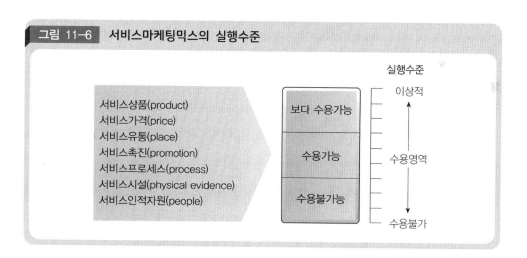

제 4 절 서비스마케팅믹스와 전략

사례

서비스마케팅믹스 전략

▶ 미국에서 가장 오래된 Motel 6는 가장 싼 값으로 숙박서비스를 제공하는 모텔
체인이다. 1960년대에 설립된 Motel 6는 "6"이라는 숫자가 나타내듯 하룻밤 6
달러의 저렴한 가격으로 경쟁했으나 1980년대 후반까지 60~70% 정도밖에 객
실을 채우지 못했다. Motel 6는 투숙율을 높이기 위해 마케팅활동의 변화를 시
도했다. 자동차 여행객을 목표로 하여 라디오광고에 주력했다. Tom Bodett의
유머러스한 60초짜리 라디오 광고는 투숙율을 높이는데 공헌하였으며 이 광고
는 오늘날까지도 계속되고 있다.

▶ Pizza Hut은 미국 피자시장의 약 30%의 시장점유율을 차지하고 있다. 대부분의
점포들은 프랜차이징에 가입하여 영업을 하고 있으며, 본사가 총괄하는 광고에
매출의 4%를 광고료로 내고 있다. 본사에서는 전국적 매체와 지역매체에 광고
예산의 반씩을 사용하고 있다. Pizza Hut의 전국적 피자시장 점유율은 일정하
지만 각 점포들의 시장점유율은 지역에 따라 시장상황이 다르기 때문에 일부
가맹점에서는 전국적 광고의 효과가 높지 않아 낭비라고 생각하고 있다. 따라
서 지역의 시장점유율이 높은 점포에서는 전국적 광고보다 지역의 광고에 더
많은 비중을 두기를 원하고 있다. 그러나 Pizza Hut은 개별지역의 광고가 전국
을 대상으로 하는 광고보다 예산이 더 많이 들 것으로 예상하고 Pizza Hut 본
사 중심의 광고전략을 고수하고 있다.

자료: www.motel6.com, www.pizzahut.com

1. 서비스상품

서비스상품은 서비스기업이 고객에게 제공하는 무형의 재화이다. 이는 고객의 인식, 구매노력, 관여정도 등의 고객특성과 서비스특성, 서비스상품의 수명주기에 따라 구분된다. 고객 관점에서의 서비스상품은 고객이 느끼는 의문, 구매노력, 관여정도에 따라 나누어진다. 또한 고객의 소비형태에 따라 다음과 같이 나누어진다.

① 반복적으로 구매하는 편의서비스
② 서비스의 품질, 적합성, 가격, 효용성 등을 비교하여 구매하는 선매서비스
③ 특별한 용도나 매력에 따라 선택하는 전문서비스
④ 고객이 알지 못하거나 알아도 관심이 없는 미탐색 서비스

서비스상품은 수명주기에 따라 서비스마케팅믹스전략을 수립할 수 있다. <표 11-2>와 같이 서비스상품의 도입기에는 시장경쟁 수준이 낮고 이윤도 낮게 나타나므로 적극적인 촉진활동이 필요하다. 서비스상품의 성장기 및 성숙기에는 시장경쟁이 치열해져 보다 활발한 마케팅활동을 전개해야 하며 쇠퇴기에는 이윤이 급격히 감소되고 시장전망이 불확실해져 적당한 시기에 시장철수를 결정해야 한다.

표 11-2 서비스상품의 수명주기별 특징과 전략

시기	특징	전략
도입기	낮은 경쟁, 낮은 마진, 적자 시장세분화가 안됨	고객참여유도, 촉진활동 전개, 초기수용자반응 확인
성장기	높은 경쟁, 높은 마진, 시장세분화 진행, 신규기업 진입	경쟁우위전략 개발, 브랜드선호 및 서비스충성도 유도
성숙기	극심한 경쟁, 명확한 시장세분화 시장성장 및 수요 둔화	영업비용 감축, 보조서비스 추가 특정 세분시장에 집중
쇠퇴기	경쟁감소, 이윤감소, 현금흐름 축소 시장성장속도 정체 및 수요 감소	영업비용 절감, 시장철수시기 결정, 재활성화

2. 서비스가격

서비스가격이란 서비스의 가치를 금액으로 표시한 것으로 시장에서의 교환가치 또는 구매로부터 얻는 효용가치라고 정의할 수 있다. 서비스가격은 무형적 서비스의 다양성을 나타낸다. 서비스는 가격으로 비교할 수 있기 때문에 호텔숙박요금은 호텔의 서비스수준을 나타내는 기준이 된다.

서비스가격은 시장수요를 결정하는 요소로서 수요조절기능을 갖는다. 또한 마케팅믹스 요인 중 노력이나 비용을 추가하지 않고 가장 쉽게 조정할 수 있으며 조정의 효과를 가장 빨리 얻을 수 있다. 서비스가격은 시장경쟁과 점유율에 큰 영향을 미쳐 서비스기업의 수익을 좌우한다.

서비스가격은 수요와 공급의 균형점에서 결정되는데 실제로는 원가와 서비스의 가치, 고객의 수용범위에서 결정된다. 서비스가격 결정에는 서비스의 탐색, 서비스이용자의 경험, 서비스기업의 신용 등 품질속성이 영향을 미친다. 또한 대체서비스, 보완서비스, 경쟁기업의 가격, 서비스의 필수성 여부, 고객의 개인적 성향과 수용, 시간의 흐름 등의 요인을 고려하여 서비스가격을 결정한다. 서비스기업의 가격결정 방법은 다음과 같다.

① 고객이나 시간대에 따라 서비스가격을 할인하는 차별화 가격
② 서비스에 대한 기대나 타협 등 고객의 심리상태를 파악하여 단수가격, 계층화가격, 명성가격, 촉진가격 등의 심리적 가격
③ 구매수량, 금액, 고객에 따라 할인율을 적용한다.

3. 서비스유통

서비스유통은 서비스를 고객에게 전달하는 과정으로 이용가능성, 접근가능성에 따라 결정된다. 유통경로는 서비스제공자와 고객으로

표 11-3 서비스유통의 확장전략

전략 유형		장점	고려 사항
성장전략	복수점포전략	빠른 확장, 매출성장	입지, 재정지원, 품질통제
	복수서비스전략	신규고객확보 용이	효율성저하, 품질통제
	복수시장전략	적절한 서비스시설 활용	시장 및 고객혼동, 품질통제
유통단계 전략	고객	표준화, 일관성, 저가서비스	본부의 횡포, 책임문제
	본부	사업확장, 투자위험 분산	가맹점과의 갈등, 일관성
	가맹점	소자본 창업, 표준화, 교육	엄격한 본부통제, 시장중복

연결되는 단일 유통경로와 서비스제공자와 고객 사이에 중간상(mid-dleman)이 개입하는 유통경로로 구분된다.

대량생산된 서비스는 중간상의 개입으로 고객들의 개별 소비를 묶어 서비스기업과 고객 간의 직접적인 거래규모를 감소시켜 유통의 능률을 높이고 고객에게 시간적, 장소적, 형태적 효율성을 높여준다. 편의서비스는 상대적으로 개방적인 유통경로, 선매서비스는 고객의 선택적 유통경로, 전문서비스는 고객의 전속적 유통경로를 유지하는 것이 효과적이다.

서비스유통과 시장확대를 위하여 복수점포, 프랜차이징 등의 방법을 통해 유통단계를 다양화할 수 있다. <표 11-3>에서와 같이 성장전략과 프랜차이징 또는 중간상을 이용하여 마케팅활동의 효율을 높이는 전략을 고려할 수 있다.

4. 서비스촉진

서비스촉진이란 고객에게 서비스상품을 알리고 수요욕구를 자극하여 호의적인 태도와 구매를 유도하는 마케팅 커뮤니케이션으로 구매 전, 소비, 구매 후 단계로 나누어진다. 구매 전 단계에서는 고객의 구매가능성을 높이고 기업과 브랜드의 인지도와 이미지를 높이는 데 주력한다. 소비단계에서는 고객만족과 충성도를 높이고 구매 후 단계에서는 소비경험을 통해 소비자의 긍정적 구전을 자극하고 재구매율을 높이는 데 목적을 둔다. 서비스촉진은 다음의 단계로 수행한다.

- 대상고객의 선정: 고객 및 잠재고객, 영향력 행사자
- 서비스촉진 목표설정: 정보 제공, 수요 유연화, 서비스 차별화, 잠재수요 자극
- 매체와 메시지결정: 기업의 의사전달, 전달매체 및 기관 선정
- 예산계획과 확보: 예산규모 결정
- 서비스촉진 믹스결정: 효과적인 서비스촉진
- 서비스촉진 대안의 평가

개 l 념 l 정 l 리   서비스촉진과 믹스

서비스촉진은 광고, 인적판매, PR, 판매촉진, 스폰서십 마케팅을 통해 전개한다. 광고는 대중매체를 활용하여 비교적 짧은 시간에 많은 고객들에게 접근할 수 있다. 인적판매는 고객과의 의사소통에 시간적, 장소적 한계가 있지만 충분한 정보를 제공할 수 있다. PR은 소요비용을 매체가 부담하고 광고나 인적판매에 비해 신뢰성이 높다. 광고, 인적판매, PR 이외에 판매촉진 방법으로 고객의 구매를 유도할 수 있다. 상품의 샘플을 제공하거나 경품제공, 시음회, 시식회, 전시회 등을 통해 직접적으로 서비스상품의 구매동기를 자극하는 단기의 직접적 촉진방법이다. 스폰서십 마케팅은 서비스기업이 전시회, 체육대회 등 이벤트를 지원하는 촉진방법이다.

서비스기업의 촉진활동은 어느 한 가지만 이용하지 않고 복수의 촉진활동을 사용한다. 따라서 각각의 촉진활동에 소요되는 비용, 촉진활동의 효과 등을 종합적으로 고려하여 촉진믹스(promotion mix)를 결정한다. 촉진믹스는 광고, 인적판매, PR, 판매촉진, 스폰서십 마케팅 등 각각의 촉진수단에 대하여 어느 정도의 비중으로 어떻게 결합하는 것이 가장 큰 효과를 거둘 것인가에 대한 의사결정이다. 서비스촉진믹스는 서비스특성, 시장경쟁, 서비스수명 단계, 촉진비용, 예상되는 성과 등을 고려하여 결정한다.

5. 서비스프로세스

서비스프로세스는 서비스를 생산, 운영하는 절차로서 서비스를 고객에게 전달하는 과정의 흐름이다. 항공서비스의 경우 예약 및 발권, 공항서비스, 기내서비스, 수하물서비스 등이 각각의 상이한 프로세스에 따라 진행된다. 각각의 프로세스는 서비스내용이 다르고 서비스시간이 불규칙적으로 소요된다.

서비스유형, 기술수준, 고객접점, 또는 서비스의 표준화 정도에 따라 서비스프로세스와 운영방식이 달라지므로 고객의 경험과 인지정도에 영향을 미친다. 항공서비스의 프로세스는 서비스특성, 서비스수준, 시장경쟁, 전략목표 등에 따라 표준화하거나 개별화된 프로세스를 운영할 수 있다. 그러나 서비스수준을 높이면 비용, 시간 등 노력이 많이 소요되므로 적정한 서비스수준을 유지하는 것은 중요하다. 저가항공인 Southwest항공의 서비스프로세스는 표준화가 높은 반면에 서비스품질이 우수한 Singapore항공은 상대적으로 개별화 비중이 높은 고객서비스를 제공한다.

서비스접점의 품질적 요건은 서비스프로세스의 신뢰성을 좌우한다. 따라서 서비스프로세스믹스에서 프로세스결정은 서비스품질의 신뢰성차원을 기준으로 한다. 레스토랑서비스에서 서비스품질의 신뢰성차원은 다음의 요인들로 구성된다.

서비스프로세스: 레스토랑 서비스의 신뢰성

1. 영접 및 안내절차 이행
2. 고객 선호도를 고려한 메뉴구성: 충분성과 다양성 메뉴 호감도
3. 식사, 음료가격의 적정성
4. 식사, 음료제공 시점 및 절차 순서의 적정성
5. 식사, 음료제공 온도의 적정성
6. 식사, 음료제공 순서의 적정성
7. 식사, 음료의 다양성과 맛과 품질의 우수성

8. 특별 주문식사의 확인절차 유무 및 정확한 이행
9. 식사, 음료의 다양성과 맛과 품질의 우수성
10. 계산방식의 정확성 및 신속성
11. 고객의 선호도를 고려한 특별 메뉴의 제공
12. 서비스제공자의 노력 및 일관된 이행
13. 특별한 상황발생시 정확하고 신속한 안내절차 및 이행
14. 타 고객으로부터 서비스에 방해를 받지 않게 도움을 주려는 절차 및 이행
15. 고객불만 및 특별 요청사항 발생 시 응대와 처리절차의 수용성

6. 서비스시설

서비스의 물리적 시설은 서비스전달 시 고객과의 의사소통을 촉진하는 물리적 증거(physical evidence)로서 서비스시설의 내·외부환경과 기타 유형적 요소로 구성된다. 서비스의 물리적 시설은 서비스패키지의 하나로서 고객에게 서비스이용의 편의를 제공하며 서비스의 사회화, 차별화하는 수단이다.

서비스시설의 내부환경은 서비스시설의 실내장식과 사무기기와 가구 등 시설물과 실내 분위기 등이며 외부환경은 간판, 안내표지, 시설의 외형, 주차장 등 주변 환경요소이다. 기타 유형적 요소로는 서비스제공자의 유니폼, 광고책자, 서식, 메모지, 입장티켓 등이 있다.

서비스의 물리적 환경은 주변요소, 공간적 배치의 기능성, 표지판과 조형물 등으로 구분된다. 주변요소는 서비스시설의 온도, 조명, 음악, 색상, 외부전망 등의 요소이며, 공간적 배치는 서비스공간의 시설물 배치, 크기, 형태 등이다. 표지판, 상징물 및 조형물은 고객에게 서비스의 명시적, 묵시적 정보를 제공한다. 서비스의 물리적 증거는 <표 11-4>와 같이 서비스유형에 따라 복잡함과 단순함을 나타내는데 이는 서비스마케팅믹스의 결정에 영향을 미친다.

표 11-4 물리적 환경의 복잡성

대상 서비스	복잡함	단순함
셀프서비스	테마파크, 골프장	ATM, 자동발매기, 영화관
대인서비스	호텔, 병원, 은행, 항공사	세탁소, 미장원, 대중교통서비스
원격서비스	정보통신서비스, 회계서비스	통신판매, 학습지, 자동음성서비스

서비스의 물리적 증거는 고객의 감정에 영향을 주는 서비스시설의 분위기, 서비스시설의 이미지 등을 관리대상으로 한다. 서비스시설의 분위기는 서비스시설 내에서 고객의 감정반응과 자극에 영향을 주고 고객의 충동구매에 영향을 미친다.

서비스마케팅믹스에서 물리적 증거는 서비스품질의 차원 중 유형성차원의 평가항목을 기준으로 한다. 서비스접점에서 고객과 상호작용이 이루어지는 물리적 환경의 품질적 요건은 서비스시설의 유형성을 의미하기 때문이다. 레스토랑서비스에서 서비스품질의 유형성차원은 다음의 요인들로 구성된다.

서비스의 물리적 환경: 레스토랑 서비스의 유형성

1. 식탁 및 좌석주변의 청결 및 정리정돈 상태
2. 메뉴 구비 여부 및 이해의 용이성
3. 식탁 및 식기 정리정돈 및 관리상태
4. 좌석의 안락성, 청결성 여부 및 관리상태
5. 레스토랑 내 화장실 청결 및 비치용품 정리정돈 상태
6. 음식의 디스플레이 상태
7. 레스토랑 내 인테리어의 호감도 및 전반적인 청결성
8. 레스토랑 내 조명, 온도, 습도, 소음 등 쾌적성
9. 서비스제공자의 대화의 속도, 크기, 정확한 발음
10. 서비스제공자의 용모와 복장상태

7. 서비스인적자원

서비스인적자원이란 고객접점에 있는 서비스제공자, 고객, 기타 서비스시설 내의 다른 고객들로 구성되며 서비스를 구매하는 고객의 지각에 영향을 미친다. 서비스이익사슬의 순환구조에서 볼 때 서비스인적자원관리는 높은 가치의 서비스품질을 창출하여 고객만족과 충성도를 얻기 위한 내부마케팅에서의 관리기능이다. 서비스기업은 직원을 내부고객의 관점에서 그들이 원하는 직무 및 작업환경을 제공하고 동기부여를 통해 직원만족을 높일 수 있다. 서비스인적자원관리는 기업의 비전, 사명, 전략목표에 대한 직원의 이해와 참여로 서비스문화를 개발하고 이를 유지하여 고객과의 효과적인 관계마케팅을 갖는 데 있다.

서비스인적자원관리의 결정은 서비스품질의 차원 중 대응성, 확신성, 공감성차원의 평가항목을 기준으로 한다. 서비스기업의 직원은 고객접점에서 고객과 상호작용을 통해 서비스를 전달하며 이 과정에서 서비스제공자의 대응성, 확신성, 공감성이 서비스품질에 영향을 미친다. 레스토랑서비스에서 서비스품질의 대응성, 확신성, 공감성차원은 다음의 요인들로 구성된다.

서비스인적자원: 레스토랑 서비스의 대응성, 확신성, 공감성

▶대응성
1. 반갑게 고객을 맞이하고 감사하게 환송하는 인사, 태도
2. 고객 요구에 신속하게 대응하고 서비스를 제공하려는 적극적인 태도

▶확신성
1. 고객 질문에 대한 정확한 답변과 업무처리를 위한 지식, 스킬 보유정도
2. 서비스제공자의 예의바른 태도와 화법

▶공감성
1. 고객에 대해 배려와 관심을 보이는 정도
2. 고객의 입장에서 원하는 서비스를 제공하려는 정도

디즈니의 서비스마케팅전략

디즈니는 재미, 긍정의 힘, 마술과 같은 상상을 떠올리게 하고 사람들을 웃게 만든다. 디즈니의 콘텐츠는 십수년 전이나 지금이나 같다. 소비자들은 언제나 디즈니의 콘텐츠와 연결고리를 찾을 수 있다. 할아버지가 손녀딸과 이야기하는 것이 디즈니의 콘텐츠다.

의인화된 동물이 등장하는 만화영화와 각종 캐릭터 상품매장으로 이어지는 현대 콘텐츠산업이 월트디즈니다. 창업 100년 가까이 된 월트디즈니는 만화영화, 영화산업에서는 물론 TV, 홈비디오 제작과 유통, 테마파크(디즈니랜드)사업, 출판과 음악 등 문화콘텐츠 산업 전반을 선도하는 세계적인 기업이다. 치열한 경쟁 속에서 지속적으로 매출신장을 보이며 성장을 이어가고 있다.

버드 회장은 "디즈니의 성공전략, 특히 콘텐츠 시장에서 승리하는 비결은 '적합성(Relevance)"이라며 "최상급의 수준을 유지하는 콘텐츠를 적절한 시기에 소비자들에게 공급하는 것이 핵심"이라고 밝혔다. 그는 또 "콘텐츠가 넘쳐나는 시대일수록 콘텐츠 브랜드 가치가 더 중요하다"며 "수많은 콘텐츠 중에 고르는 데 시간이 더 걸리고, 혹시라도 질이 떨어지는 내용을 볼 경우에 완전한 시간낭비가 되기 때문에 디즈니는 신뢰성 있는 양질의 콘텐츠를 만든다"고 강조했다.

디즈니는 브랜드가 있는 강력한 콘텐츠 기업으로 미키마우스와 백설공주가 태어난 지 90년이 지난 지금도 같은 가치를 추구한다. 회사규모가 커지고 기술력이 향상됐지만 그때 그 디즈니일 뿐이다. 디즈니가 다른 콘텐츠 기업과의 차이점은 신뢰할 수 있는 브랜드라는 것이며 이것은 시간이 갈수록 점점 더 중요해지고 있다.

디즈니의 콘텐츠 시장에서의 성공전략은 '적합성 혹은 연관성(Relevance)'이다. 디즈니의 콘텐츠는 소비자들의 삶과 연관된 콘텐츠임을 확실히 한 후 적절한 시기에 보여준다. 두 번째 전략은 백설공주, 캐리비안의 해적 등 모든 콘텐츠를 최상급으로 제작하려는 노력이다. 그리고 뛰어난 인재관리다. 혁신이나 발명은 결국 사람이 하는 것이다.

디즈니는 핵심역량에 집중하는 '비즈니스 모델'을 갖고 있다. 지속적으로 질 높은 브랜드 콘텐츠를 만들어 성장의 기회를 잡고 있다. 디즈니는 한국을 비롯해 인도, 아프리카 등지로 넓혀 모바일, 제품 등 다양한 산업에 진출하고 있다.

월트는 발명가이자 혁신가였으며 창조하는 사람이었다. 그의 정신은 아직도 디즈니에 남아 혁신과 기술을 하나로 만들었다. 디즈니는 매일 특허를 낸다. 이런 일들은 돈도 많이 들고 시간도 많이 드는 작업이지만 그들은 멈추지 않는다. 디즈니 엔지니어들을 '이매지너(Imaginer·상상하는 사람)'라 부른다. 이매지너는 월트가 세계 최초 테마파크를 만들면서 떠올린 단어다. 디즈니의 테마파크는 일반 놀이공원과 달리 모든 것에 상상력을 불어넣는 곳이었다. 그저 놀이기구만 타는 곳이 아니었기 때문에 엔지니어들의 상상력으로 이전에 보지 못한 것들을 만들어 환상적이고 꿈속에서만 가능한 테마파크를 창조하는 이매지너가 됐다.

미디어는 시청자에게 일방적 정보전달을 넘어 시청자가 직접 참여해 콘텐츠를 만들고 공유하는 '트랜스 미디어'시대로 접어들었다. 트랜스 미디어는 콘텐츠를 만든 장소나 양에 관계없이 하이테크놀로지에 의한 변화다. 예를 들면 한국의 팝 문화가 유럽과 동남아에서 사랑받고 미국 드라마가 한국 청중의 관심을 끌고 있다. 기술 발달과 함께 등장한 소셜네트워크를 통해 좋아하는 영상을 공유하면서 청중의 반응이 실시간으로 올라온다. 인터넷, 스마트폰, 3D 텔레비전, 태블릿 등 공유하는 방식도 여러 가지다. 이를 잘 주시하고 대응해야 하며 트랜스 미디어 시대에도 '질적 향상'이 꾸준히 이뤄진다면 별 문제가 없을 것이다.

디즈니에게 플랫폼이 무엇이냐가 중요한 것이 아니다. 디즈니는 애플의 아이패드든 삼성의 갤럭시 탭이든 모든 것을 받아들이고 활용하기를 원할 뿐 변화를 두려워하지 않는다. 10년 전부터는 페이스북, 트위터 등을 활용하고 있다. 디즈니는 경쟁을 기회로 하여 적응하고 그들의 전략대로 적절하게 맞춰가고 있다. 변화에 맞는 콘텐츠를 새롭게 만들어 나갈 뿐이다.

디즈니가 한국에 진출한 지 상당한 시간이 흘렀다. 지금까지는 제품들로 한국 소비자들을 찾아갔지만 디즈니 라이선스를 한국에 주고 제품을 만들 수 있도록 했다. 한국은 IPTV, 모바일, 브로드밴드와 게임산업의 붐이 일고 있기 때문에 전 세계 콘텐츠 기업들이 눈여겨보고 있다. 디즈니는 더 이상 라이선스를 주기보다는 직접 비즈니스 시장에 뛰어들고 있다. 한국지사를 세웠고 SKT와의 합작을 통해 디즈니 채널을 론칭했다.

자료: 이데일리(2019. 4. 23.) 기사, www.disney.com 등에서 발췌.

토의문제

1. 디즈니가 성장 발전할 수 있는 요인이 무엇인지 토의하자.
2. 디즈니의 서비스마케팅을 강화하기 위한 전략방안은 무엇인가?
3. 디즈니의 서비스마케팅믹스전략을 수립하고 토의하자.

참고문헌

박찬수(2010), 마케팅원리(제4판) 법문사.

이동진(2007), 소비자관계마케팅, 박영사.

이순철(1997), 서비스기업의 운영전략, 삼성경제연구소.

Berry, L. L. & A. Parasuraman(1991), *Marketing Services*, The Free Press.

Johnston, Robert, Graham Clark, & Micheal Schulver(2012), *Service Operations Management: Improving Service Delivery*(4th ed.), Pearson.

Kotler, Philip(1994), *The Principles of Marketing*(13th ed.), Pearson Education.

Reichheld Frederick F. and W. Earl Sasser, Jr.(1990) "Zero Defections: Quality Comes to Services", *Harvard Business Review*, 68(5), pp.301~307.

Technical Assistant Research Program Report.

아이뉴스(2020. 1. 6.)

이데일리(2019. 4. 23.)

www.disney.com

www.motel6.com

www.pizzahut.com

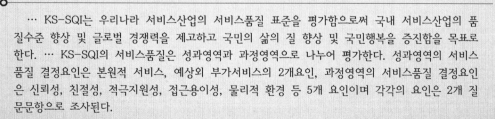

제 **12** 장

서비스시스템의
평가와 지수관리

··· KS-SQI는 우리나라 서비스산업의 서비스품질 표준을 평가함으로써 국내 서비스산업의 품질수준 향상 및 글로벌 경쟁력을 제고하고 국민의 삶의 질 향상 및 국민행복을 증진함을 목표로 한다. ··· KS-SQI의 서비스품질은 성과영역과 과정영역으로 나누어 평가한다. 성과영역의 서비스품질 결정요인은 본원적 서비스, 예상외 부가서비스의 2개요인, 과정영역의 서비스품질 결정요인은 신뢰성, 친절성, 적극지원성, 접근용이성, 물리적 환경 등 5개 요인이며 각각의 요인은 2개 질문문항으로 조사된다.

– KS-SQI의 서비스품질 평가에서

제 1 절   서비스시스템의 평가

사례

FedEx의 서비스품질지수

하루에 750만 건의 택배서비스를 통해 연간 400억 달러를 벌어들이는 FedEx는 "높은 수준의 서비스는 훌륭한 접점직원에 의해 얻어지는 것"이라는 서비스전략으로 직원에 대해 공정한 업무처리, 무해고정책, 개인고충처리의 3대 인적자원관리의 원칙을 앞세우고 있다. 높은 고객만족을 얻기 위해서는 높은 직원만족을 전제로 하기 때문이다.

FedEx는 직원이 참여하는 1천여 개의 Quality Action Team을 통해 위험물 취급, 중량화물에 대한 안전한 취급방법 등 직원들의 작업환경개선과 고객과의 직접소통기술로 불확실성을 제거하는 등 서비스개선을 도모하고 있다.

이러한 서비스전략의 변화와 함께 FedEx는 자체 개발한 서비스품질지수(SQI)를 운영하고 있다. FedEx의 서비스품질지수는 보다 광범위한 관점의 서비스요건을 대상으로 고객의 기대와 회사의 성과를 주간 단위로 측정하고 이 자료를 매월 종합하여 서비스정책에 반영하고 있다. 아래 표와 같이 FedEx의 서비스품질지수는 서비스실패 또는 고객의 불만요인에 대하여 10개 질문문항을 구성하여 측정하고 있다. 서비스품질지수의 질문문항별로 위탁화물의 파손과 분실에 가장 높은

SQI의 질문 문항	가중치
1. 고객의 불만처리: 불만원인 추적	3
2. 화물파손: 파손, 침수, 분실 은폐	10
3. 국제업무 운영성과	1
4. 송장의 요건: 고객이 요구하는 지불방법, 환불	1
5. 집배지연: 집배지연, 지연시간	3
6. 화물분실: 화물분실, 내용물분실	10
7. 배달증명 누락: 기재누락, 관련정보 미기재	1
8. 정시배달: 정시배달 지연, 배달약속 지연	1
9. 화물추적: 추적요청 미흡 및 불능(실시간 추적시스템)	3
10. 배달일자 오류	5

10의 가중치를 부여하고 배달지연에도 5의 높은 가중치를 부여하는 등 택배서비스의 특성을 반영하고 있다. 이 회사의 서비스품질지수는 "중요하지 않다~매우 중요하다"의 척도에 대하여 각 질문문항의 내용과 특성에 따라 3점 또는 5점 척도를 적용하여 측정하고 있다.

자료: International Company Document, *Service Quality Indicators at FedEx*, 2003.
www.fedexstories.com

1. 서비스평가와 평가대상

서비스에 대한 평가는 서비스의 생산과 고객의 사용과정에서의 경제성, 생산성, 수익성의 원칙에 얼마나 부합하는가에 대한 평가이다. 서비스의 평가는 서비스전략, 서비스프로세스에서의 문제를 해소하고 서비스자원의 효율적인 활용과 운영관리, 서비스품질과 고객만족수준을 향상시켜 경영성과를 높이기 위함이다. 서비스에 대한 평가는 다음과 같이 서비스의 특성에 영향을 받는다.

① 서비스성과는 고객의 기대와 지각, 서비스제공자와 서비스시설 등 자원투입의 운영효율에 따라 달라지며 고객의 요구, 품질수준, 기술수준, 자원의 이용, 비용 등에 따라 다양하게 나타난다.
② 고객의 지각, 서비스프로세스, 경쟁에 따라 성과의 판단기준이 달라지므로 평가기준을 일률적으로 적용하기 어렵다.
③ 고객은 서비스를 경험하기 이전에 서비스의 품질요건이 얼마나 충족하는가를 판단하기 어려우며 서비스에 대한 고객의 판단은 고객의 감정적 요인에 좌우되므로 객관성을 떨어뜨릴 수 있다.

서비스기업은 노무비 등 비용절감을 통해 수익성을 개선하고 업무의 효율성을 높이기 위해 노력하고 있다. 은행은 비용절감과 업무의 효율성을 높이기 위해 거래의 90%를 ATM으로 처리하고 있다. 그러나 노무비를 축소하면 직원의 숙련성이 떨어져 서비스의 질적 저하를 가져올 수 있고, 결과적으로는 고객의 불만을 초래하여 수익성에 큰 영향을 미친다. 서비스기업의 수익을 높이기 위한 노력에는 상당한 투자가 따라야 한다. 서비스성과의 평가와 관련되는 문제는 다음과 같다.

- 서비스성과는 무엇을 대상으로 어떻게 평가할 것인가?
- 서비스성과를 정확하게 측정하기 위한 기준과 방법은 무엇인가?
- 서비스성과를 높이기 위한 방법은 무엇인가?

2. 서비스의 평가방법

서비스가 좋다, 나쁘다는 서비스품질이나 고객만족으로 판단할 수 있다. 그러나 서비스운영에 대한 결과로서 서비스성과를 평가해야 하는데 평가목적과 평가방법에 따라 다양하게 평가할 수 있다.

서비스성과의 평가는 서비스시스템의 운영관리의 효율성을 높이고 고객만족과 충성도를 높여 서비스기업의 재무적성과를 확대하는 데 목적이 있다. 따라서 서비스성과에 대한 평가는 서비스운영관리의 전반에 걸쳐 종합적으로 평가해야 한다. 즉 서비스성과는 고객만족과 서비스품질수준, 시장점유율 등 마케팅 면에서의 평가와 서비스시설, 인적자원, 기술 및 정보 등 자원의 활용과 프로세스의 효율 면에서 평가를 한다. 따라서 서비스성과의 평가는 서비스시스템의 효율성, 생산성에 대한 평가, 투입비용과 수익에 대한 재무적 평가, 서비스요인별 측정에 의한 지수평가 등의 방법으로 평가한다. 서비스성과에 대한 평가는 계량적 평가와 함께 평가자의 주관적 의견, 고객의 지각 등 비계량적 요소를 포함한다.

서비스평가는 서비스시스템 전반에 대한 평가와 요소별 평가로 나누어진다. 서비스시스템의 전반적 평가는 서비스자원의 투입과 서비스생산 및 운영, 서비스접점과 전달프로세스의 효율성, 서비스품질, 고객만족, 재무적 성과, 시장성과 등의 평가요소를 종합적으로 평가하는 방법이다. 서비스시스템의 요소별 평가는 서비스인적요소, 물리적 요소, 시스템요소별로 나누어 계량적 및 비계량적으로 평가한다. 서비스를 어떠한 방법으로 평가하는가에 따라 경영성과, 서비스성과 등 지표에 의한 평가, 모니터링에 의한 현장평가, 과거의 자료에 의한 평가를 할 수 있다.

<표 12-1>에서와 같이 서비스는 평가대상에 따라 서비스시스템, 서비스프로세스, 단위조직 또는 서비스작업자 개인으로 나누어 평가하며 평가목적에 따라 다양한 평가방법을 적용할 수 있다. 또한 서비스는 평가영역에 따라 재무적 성과, 시장성과, 서비스성과를 평가하며 평가시점을 어느 한 시점을 기준으로 하여 종단적으로 평가하거나 일정기간 동안의 변화추이를 평가한다.

표 12-1 서비스의 평가영역과 평가방법

평가요인	평가영역	평가방법과 내용
평가대상	서비스시스템 전체 서비스프로세스 단위조직, 작업자	생산성 및 성과분석
자원의 이용	인적자원 물리적 요인 서비스시설 및 자재	작업자 수, 작업시간 자원이용의 효율성 단위당 투입비용
측정유형	수준 평가 변화추이 평가	지표의 수준 서비스실패, 고객클레임 건수
성과기준	재무적 성과 시장성과 서비스성과	매출액, 수익률, 공헌이익 시장점유율, 경쟁력 서비스품질, 고객만족, 충성도
분석방법	생산성 및 성과분석 지표의 변화추이	목표와의 비교 투입 및 산출규모 경향분석

제2절 서비스성과와 평가지표

사례

Southern California Hospital의 고객만족도

1996년 설립된 Southern California Hospital은 California, Texas, Rhode Island 등 3개 주에 13개 병원, 9천여 명의 전문인력을 보유하고 있는 대형 의료그룹이다. SCH는 "지역사회의 건강을 위해 뛰어난 의료서비스 성과를 달성하고 환자에게 적시에 정확한 치료와 전문적 의료서비스를 성심성의껏 제공한다."는 경영철학을 바탕으로 양질의 의료서비스를 제공하고 있다.

SCH는 의료서비스의 효율성을 높이고 병원의 경영철학을 실현하기 위한 노력의 하나로 고객만족도 조사를 주기적으로 하고 있다. SCH의 고객만족도 조사는 환자에 따라 다양한 의료서비스를 받기 때문에 공통적인 내용으로 한정하고 있다. 고객만족도는 의료서비스의 성과측정에 어떠한 항목을 사용하는가가 중요하기 때문이다. 의료서비스의 성과는 숙련성, 신속성, 전문성 등 의료진의 행동특성에 영향을 받고 의료진의 행동특성은 각기 다른 환자의 치료유형에 따라 달라지므로 서비스성과의 정의가 어렵다. 환자나 서비스접점에 따라서는 신속성에 중점을 둘 수도 있고 또는 전문성이나 쾌적한 환경을 중요시할 수 있을 것이다.

SCH는 많은 시행착오를 하면서 고객만족도 측정문항과 척도를 운영하고 있다. SCH는 아래의 질문표와 같이 각각의 질문문항은 명목척도 또는 서열척도에 의해 측정하고 있으며 서비스접점의 특성에 따라 질문문항에 가중치를 부여하고 있다. SCH의 서비스성과는 비적합성(nonconformance)으로 결정하는데 비적합성의 기준은 환자들이 응답한 평균치 이하의 수준이며 그 수준 이하는 서비스실패로 간주한다. 비적합성비율은 총 측정자료의 수에 대한 비적합성 응답수의 비율로 나타낸 것이다.

SCH의 고객만족도 측정문항은 약 70여개 질문항목으로 구성되어 있는데 공통적인 질문문항과 측정척도는 다음과 같다.

1. 의사의 진료까지의 대기시간은?
① 1시간 이상   ② 1시간   ③ 30분   ④ 15분

2. 30분 이상 대기했을 때 이를 직원에게 이야기를 했는가?
① 했다   ② 안 했다   ③ 기다리지 않았다

3. 프론트에서 병원이용에 대한 안내를 받았는가?
① 전혀 못 받았다   ② 못 받았다   ③ 조금 받았다   ④ 충분히 받았다

4. 간호사는 치료절차와 내용을 충분히 설명했는가?
① 전혀 안 했다   ② 안 했다   ③ 조금 했다   ④ 충분히 했다

5. 주사를 맞을 때 충분한 설명을 받았는가?
① 전혀 못 받았다   ② 못 받았다   ③ 조금 받았다   ④ 충분히 받았다

6. 의사의 진료를 충분히 받았는가?
① 전혀 못 받았다   ② 못 받았다   ③ 조금 받았다   ④ 충분히 받았다

7 의사는 진료내용에 대하여 충분히 설명을 하였는가?
① 전혀 못 받았다   ② 못 받았다   ③ 조금 받았다   ④ 충분히 받았다

8. 병실관리인은 환자대기 장소와 병실청소를 했는가?
① 했다   ② 안 했다

9. 화장실은 청결한 편인가?
① 전혀 그렇지 않다   ② 그렇지 않다   ③ 청결하다   ④ 매우 청결하다

10. X-ray 기사는 촬영절차를 충분히 설명했는가?
① 전혀 안 했다   ② 안 했다   ③ 조금 했다   ④ 충분히 했다

11. 식사는 정시에 공급되고 있는가?
① 전혀 그렇지 않다   ② 그렇지 않다   ③ 그렇다   ④ 매우 그렇다

자료: www.sch.com

서비스에 대한 평가는 서비스생산시스템에 대한 평가와 서비스
제공결과에 대한 평가로 나누어 볼 수 있다. 서비스성과는 계획과 운
영활동에 대한 시간, 비용, 효율성 등에 대한 종합적 판단이 필요하
다.

1. 서비스운영성과

Heskett 등(1997)의 서비스이익사슬은 고객에게 높은 품질의 서비스를 제공함으로써 고객만족도와 고객충성도를 높이고 기업의 이익을 얻는다는 선순환 과정을 나타내고 있다. 서비스품질과 고객만족, 그리고 고객충성도는 서비스기업의 수익과 항상 비례하지는 않지만 서비스품질수준이 높으면 고객만족도가 높아지고 서비스품질수준이 낮으면 고객의 불평과 불만수준이 커져 서비스운영성과에 영향을 미친다. 따라서 서비스기업은 고객이 추구하는 가치와 높은 서비스품질을 바탕으로 고객의 행동을 유인하는 방안을 찾아내는 노력이 필요하다.

서비스이익사슬의 인과관계에서 서비스전달프로세스, 고객만족, 직원만족 등의 요인들은 모두 서비스기업의 재무적 성과에 영향을 미친다. Johnston 등(2012)이 지적한 바와 같이 서비스이익사슬의 네트워크형성은 서비스프로세스, 서비스인적자원, 서비스시설 및 정보시스템의 운영을 통해 고객서비스가 이루어지며 기업은 그 성과로서 수익을 얻는다고 설명하고 있다.

- 서비스전달 → 고객만족, 고객유지와 고객충성도 → 재무적 성과
- 서비스전달 → 직원만족, 매력(attraction) → 재무적 성과
- 직원만족 → 매력 → 고객만족, 고객유지와 고객충성도
- 직원만족 → 고객만족, 고객유지와 고객충성도 → 재무적 성과

미국의 국가품질상인 MBNQA의 평가는 [그림 12-1]에서와 같이 기업의 모든 품질활동이 기업성과와 직접적인 관계를 갖는 것으로 보고 있다. 즉 MBNQA의 평가항목 중 기업성과는 제품 및 서비스성과, 고객만족성과, 재무 및 시장성과, 인적자원성과, 프로세스의 효과성, 경영자의 리더십성과 등 세부항목에 따라 평가하고 있다. 또한 MBNQA의 평가배점은 1,000점 만점에 기업성과가 450점으로 성과에 대한 평가에 매우 높은 비중을 두고 있다.

서비스운영성과를 측정하기 위해서는 서비스유형이나 서비스기업의 특성에 따라 <표 12-2>와 같이 서비스운영성과 및 서비스프로세스성과로 나누어 정성적 평가지표와 계량적 평가지표를 사용하여 측정한다.

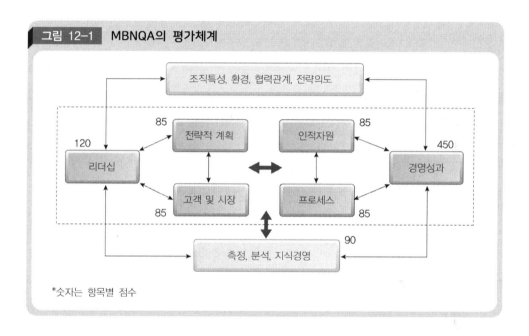

그림 12-1 MBNQA의 평가체계

*숫자는 항목별 점수

표 12-2 서비스운영성과의 측정항목

성과측정범주	측정 항목 및 내용
서비스운영성과	서비스산출원가, 서비스자재의 재고수준, 주문처리 등 리드타임, 서비스산출주기시간, 납품성과, 생산성, 유연성, 서비스품질수준, 개선활동수준, 고객만족도, 고객불만수준, 직원만족도, 시장변화 대응수준, 시장경쟁력, 공급자협력관계
서비스프로세스성과	주문처리 등 리드타임, 서비스산출주기시간, 프로세스단계에서의 서비스자재의 재고수준 생산성, 유연성, 서비스품질수준 개선활동수준, 고객만족도, 고객불만수준, 직원만족도

2. 서비스재무성과

서비스성과는 서비스운영의 효율성과 생산성에 대한 평가, 투입비용과 수익 등 재무적 평가, 성장성지표, 시장점유율 등 마케팅활동에 대한 평가를 통해 파악한다.

서비스기업의 재무성과에 대한 평가는 서비스시스템의 전반에 걸친 평가와 서비스의 요소별 평가로 나누어진다. 서비스시스템의 전반적 평가는 서비스자원의 투입과 서비스생산운영, 서비스접점과 전달 프로세스를 통하여 서비스시스템에 대한 재무성과, 시장경쟁력 성과, 서비스성과 등의 평가항목을 종합적으로 평가하는 방법이다. 서비스의 요소별 평가는 인적, 물리적, 시스템 요소로 나누어 경영성과 등 계량적 요인과 리더십, 서비스전략, 프로세스와 시스템의 효율성, 자원의 활용수준 등 정성적 요인에 대하여 평가하는 방법이다.

서비스시스템은 평가목적과 필요성에 따라 다양한 평가방법을 적용할 수 있다. 일반적으로 평가의 합리성과 객관성을 확보하기 위해서는 계량적 평가가 합리적이지만 평가자와 고객의 주관적 의견 등 비계량적 요소의 비중이 더 중요시 될 수도 있다. 또한 서비스기업의 자본집약도에 따라 재무성과의 판단기준은 상이하다. 항공, 호텔서비스는 대형할인점과 비교하여 자본집약도가 월등히 높기 때문에 서비스특성이나 유형에 따라 적절한 평가항목과 평가기준을 적용하여야 한다.

MBNQA의 재무성과에 대한 평가는 자기자본수익률, 투자수익률, 영업이익, 자산회전율 등 재무적 유효성에 대한 분석을 주축으로 하며 과거 3년간의 변화추이를 평가함으로써 성장성이나 개선 정도를 중요시하고 있다.

서비스기업의 성과를 개선하기 위해서는 투자활동을 통해 얻을 수 있는 순현가(net present value)를 극대화함으로써 가능하다. 서비스인적자원이나 서비스시설 등 투자는 단기적이나 일시적으로 성과를 얻기 어려우므로 보다 장기적인 측면에서 평가를 한다. 서비스투

자에 대한 평가는 <표 12-3>과 같이 순현가법, 회수기간법, 평균이
익률, 내부수익률 등의 분석방법을 사용할 수 있다.

표 12-3 재무성과의 평가

성과측정범주	평가방법 및 내용
재무성과	매출액, 수익률, ROI, 영업이익, 공헌이익, 성장성지표, 시장점유율
투자성과	순현가법: 투자결과 발생하는 현금유입의 현재가치와 현금유출 가치의 차이 회수기간법: 투자비용 회수에 소요되는 시간 평균회계이익률: 세후 평균순이익과 평균투자액의 비율 내부수익률: 투자결과에 대한 현금유입과 현금유출의 현가의 차이

사례

Delta항공의 투자성과

Delta항공은 Hartsfield-Jackson Atlanta국제공항을 허브로하는 항공사이다. 이 회사의 운항관리자는 가끔 예기치 못한 상황을 예상해야 한다. 이 지역에는 토네이도, 폭풍과 폭설이 자주 내려 운항지연 또는 운항취소 등 신속하게 비행일정을 조정해야만 하기 때문이다. Delta항공의 불가항력적인 비행일정 변경은 연간 10%에 이르고 항공편을 취소하는 경우 고객의 불만을 살뿐 아니라 다른 공항의 운항일정차질을 가져온다. 취소된 항공편의 절반은 기상관계로 발생하는데 고객에 대한 숙박과 식음료제공 및 지연으로 인한 직원 초과근무수당 등 수익의 손실은 연간 4억4천만 달러에 달한다.

Delta항공은 기상문제로 인한 운항일정변경에 대처하기 위해 Atlanta공항에 3천3백만 달러를 투자하여 새로운 통제센터를 설치했다. 컴퓨터와 정보통신기술로 연결된 Delta's Operations Control Center는 활주로의 제설작업을 비롯하여 비행일정 수정, 고객에게 일정변경을 신속하게 통보해 준다. Atlanta공항지역에 눈이 내릴 경우 Delta통제센터는 다음과 같이 시간대별로 운영된다.

Delta항공은 Atlanta공항을 통해 매일 15만 명의 승객을 실어 나르고 있다. Delta통제시스템은 비행경로와 운항일정에 대한 정보를 조종사와 공유하며 기상상황에 적절하게 대처하고 가급적 운항일정을 수정하지 않고 항공서비스를 운영함으

시간	기상 조건	조치
04 AM	비 또는 약한 눈 예보	항공편 취소 협의
10 AM	05 PM 이후 내린 비 결빙예보	06 PM 이후 항공편 50~80% 취소
		제설트럭 대기
01 PM	비가 눈으로 바뀜	06~10 PM 항공편 1/2 운항취소
		제설작업, 운항일정 변경, 승객에게 고지
05 PM	계속하여 눈이 내림	고객에게 고지 계속, 대안적 항공편 협의
10 PM	눈이 약해지고 그침	폭설로 발이 묶인 탑승객에게 호텔 주선

로써 연간 3억5천만 달러를 절약하는 효과를 가져왔다. Delta항공은 통제시스템을 도입함으로써 기상조건 등으로 운항지연 또는 운항취소로 지불해야할 비용 이외에도 비재무적 성과에 대한 기대감을 높여주고 있다.

자료: www.delta.com

3. 균형성과관리지표

서비스운영성과와 서비스재무성과를 구분하여 획일적으로 평가하는 것은 합리적이지 못하다. 서비스운영성과와 서비스재무성과의 평가요인은 내용 면에서 상호 밀접한 관계를 가지고 있다. 또한 서비스투자액에 대한 재무적평가도 실적과 비교할 수 있는 평균 또는 목표를 설정하여야 하는 어려움이 있다.

Norton과 Kaplan(1992)은 균형성과관리지표(BSC: balanced score-card)에 의한 성과측정과 운영방법을 제안하였다. BSC는 경영성과 및 조직 내 팀과 개인의 업무수행 성과에 대하여 재무적 · 비재무적, 단기 · 장기, 내부 · 외부의 경영성과요인을 균형화 하여 평가하고 관리하는 시스템이다.

BSC의 평가지표는 <표 12-4>에서와 같이 고객활동(outward), 내부 업무프로세스(inward), 학습 및 성장(forward), 재무성과(back-ward)의 네 가지의 지표로 구분하여 상호 인과관계를 갖는 지표간의 균형유지를 관리목표로 하여 평가한다.

표 12-4 BSC성과지표의 측정항목

BSC성과측정범주	측정항목 및 내용
고객활동성과	고객만족도, 고객확보율, 고객유지율, 시장점유율, 고객수익성, 고객관계관리
내부 프로세스성과	고객과의 커뮤니케이션, 미래요구사항 예측 품질, 대응시간, 신제품도입, 원가
학습 및 성장	직원역량과 생산성, 직원만족, 노사관계 정보시스템 이용도, 동기부여, 권한 위양
재무성과	재무구조의 건전성, 합리적 예산운용, 매출액 매출성장율, 투자수익률, 경제적 부가가치

예를 들어 내부 업무프로세스를 개선함으로써 서비스품질수준을 높이고 고객서비스의 대응시간을 단축시키면 고객만족도와 충성도를 높일 수 있다. 이러한 서비스는 매출이나 수익률을 높이고 고객관계에 기여할 뿐 아니라 서비스에 대한 좋은 평판을 유지하여 기업의 이미지를 개선해줄 것이다. 그러나 이러한 서비스성과를 얻기 위해서는 직원의 뛰어난 역량과 높은 생산성을 전제로 하여야 하며 동시에 직원만족수준도 높여야 한다.

BSC의 성과측정영역 중 서비스기업의 고객활동, 내부 업무프로세스, 학습 및 성장의 평가영역은 기업 내 여러 부서에 분산되어 수행되고 동시에 재무성과에 영향을 미친다. 고객만족도를 높이고 직원의 생산성을 향상시키는 것은 고객 및 학습의 중요도를 높이지만 재무성과에 대한 중요도는 상대적으로 낮아진다. 따라서 서비스기업의 가치창조활동은 직접적·간접적 재무성과에 목표를 두고 기업차원의 전략과 연계하여 균형적으로 수행하여야 한다.

제 3 절 서비스지수관리

1. 서비스지수와 개발

　　서비스이익사슬의 순환과정에서 직원만족, 서비스품질, 고객만족의 수준은 서비스기업의 운영관리와 서비스성과를 평가하는 지표가 된다. 서비스품질지수, 고객만족도, 직원만족도 등 서비스지수(service index)는 서비스의 품질적 요건을 얼마나 충족시키는가에 대한 기준이 된다. 서비스의 품질적 요건은 고객에게 서비스를 제공하는 과정에서의 서비스성과이다. 서비스성과는 서비스실패나 클레임을 포함하여 고객이 느끼는 서비스에 대한 기대 또는 불만 등 주관적인 판단에 좌우하므로 서비스성과의 측정항목과 측정내용은 고객의 주관적 판단이 크게 작용한다.

　　서비스성과의 측정항목은 서비스산업에 따라 다양하다. 의료서비스의 경우 진단 및 검사의 정확성, 적절한 의료처치의 정시성이 중요한 측정항목이며 금융서비스는 거래의 정확성, 친절한 응대 등이 중요한 측정항목이 된다. 택배서비스는 정확한 배달, 호텔서비스는 객실의 쾌적성, 비품구비, 신속한 응대 등을 측정하여야 한다.

　　서비스지수는 서비스프로세스와 운영의 문제를 파악하고 개선을 위한 대안을 도출하는 기초자료로 활용할 수 있으며 서비스경쟁력 향상을 위한 정보로 활용할 수 있다. 서비스품질지수의 어떤 항목의 수준이 경쟁기업보다 낮다고 하면 그 원인을 찾아 개선을 위한 방안을 모색해야 한다. 고객의 대기시간이 너무 길면 그 원인이 직원의 숙련성 때문인가, 서비스창구의 수가 고객 수에 비해 적기 때문인가, 또는 서비스프로세스 상의 문제가 있기 때문인가 등의 원인을 파악해야 한다. 이를 통해 직원교육, 서비스창구 증설, 서비스프로세스의 개선 등 문제를 해결할 수 있을 것이다. 따라서 서비스지수는 서비스품질, 직원만족, 고객만족을 높이는 기준이 된다.

사례

환자만족도 조사

　미국의 의료서비스센터(CMS)와 병원소비자의 의료시스템평가(HCAHPS)에서는 2006년 이후 병원의 의료서비스품질의 향상을 위하여 환자만족도를 조사하고 있다. 2016년의 Consumer Health Insight Survey에 의하면 지난 3년간 병원에 입원하거나 응급실을 이용한 환자 1,160명을 대상으로 치료, 의료진, 의료시설 및 경제적 요인 등 27개 문항을 조사했다. 각 문항은 리커트 7점 척도로 조사되었으며 문항별로 1.0점 만점으로 하였을 때 환자들의 평가결과는 다음과 같다.

평가항목 및 점수		평가항목 및 점수	
간호사의 공감성	0.62	대기실 쾌적도	0.45
질병기록유지	0.62	정확한 예약	0.45
의사의 공감성	0.59	통증관리	0.45
치료결과	0.58	음식의 질	0.45
입원실 청결상태	0.57	환자도우미 연결	0.41
입원실 외관	0.54	의료기록 열람	0.41
소음 및 환경	0.53	인터넷 등 편의시설	0.40
관리의 단순화	0.53	예약일정의 편리성	0.40
전담 대면창구	0.53	주차시설	0.35
집기 및 설비	0.53	온라인 이용자원	0.33
치료 및 입원비	0.52	다양한 TV채널	0.33
합리적 의료비	0.48		

자료: Brandon Carrus, Jenny Cordina, Whitney Gretz, and Kevin Neher(2015), "A Comprehensive Approach Health Systems Can Use to Better Understand the Patient Experience and Thereby Improve Patient Satisfaction," *McKinsey on Healthcare Report*.

2. 서비스지수관리

　　서비스지수는 보다 세부적인 서비스의 품질활동과 서비스성과를 파악하기 위한 지표이다. 서비스지수는 지수의 개발, 측정, 분석을 통해 서비스품질 수준과 변화추세를 알려준다. 따라서 서비스기업은 서비스지수관리를 통해 품질, 고객, 시장 등 일상적인 서비스활동의 기준을 마련하고 경쟁전략을 모색할 수 있다.

서비스기업의 서비스지수는 Parasuraman 등의 SERVQUAL이나 한국표준협회가개발한 KS-SQI 모형을 비교적 용이하게 활용할 수 있다. SERVQUAL은 측정항목을 차원별로 구분하여 측정이 간편하다는 평가를 받고 있다. SERVQUAL의 서비스품질차원은 프로세스, 인적 요소, 물리적 요소로 나누어 고객의 기대와 지각에 대하여 각각의 22개 질문으로 구성되어 있다. (제7장 참조)

한국표준협회는 2000년부터 KS-SQI를 운영하고 있는데 서비스 기업을 70여개 업종으로 세분화하여 면접과 온라인 조사를 병행하여 평가한다. KS-SQI는 <표 12-5>와 같이 서비스의 성과와 과정을 평가하는 것으로 과정차원은 신뢰성, 친절성, 적극지원성, 접근의 용이성, 물리적 환경 등 서비스가 수행되는 과정에서 고객이 지각한 서비스품질요소이다. 성과차원은 본원적 욕구충족, 예상외 부가적 서비스 등 고객이 서비스를 받고난 다음의 서비스성과에 대한 평가요소이다.

한편 항공사, 호텔, 리조트, 병원, 백화점, 은행 등 여러 서비스기업이 자사의 서비스품질지수, 고객만족도 등을 개발하여 서비스지수로 활용하고 있다. 서비스지수관리는 서비스유형과 운영시스템, 고객특성과 시장에서의 경쟁, 서비스품질지수의 조사방법과 이용목적에

표 12-5 KS-SQI의 서비스품질측정요인

성과 차원		과정 차원	
본원적 욕구충족	고객이 원하는 기본적 욕구	고객응대	고객의 특성요구에 대한 수용
예상외 혜택	고객감동의 부가적 서비스	신뢰감	고객의 심리적, 물리적 안전 확보
약속이행	약속된 서비스를 정확하게 전달	접근 용이성	서비스제공 시간, 장소의 편리성
창의적 서비스	독창적 서비스 (차별적, 혁신적)	물리적 환경	서비스평가를 위한 외형적 단서

따라 달라진다. 따라서 서비스지수는 서비스기업의 특성에 적합한 측정도구의 개발이 전제되어야 한다. 서비스품질지수의 개발과 지수운영에는 다음의 사항을 고려하여야 한다.

- 측정항목: 서비스품질측정문항 개발
- 측정항목의 가중치: 서비스품질측정문항의 중요도에 따라 가중치 부여
- 측정척도: 5점, 7점 척도 또는 등간척도, 명목척도의 정의
- 표본: 표본의 크기, 측정시간 및 주기 결정
- 조사대상: 표본의 대상선정
- 표본추출 및 측정방법: 표본의 대상과 면접, 온·오프라인 조사방법 결정

3. 서비스품질지수의 개발

서비스품질지수의 개발과 운영은 [그림 12-2]와 같이 서비스접점 분석, 고객요구품질 도출, 서비스품질지수 개발, 서비스품질지수 측정 및 분석, 측정결과의 활용 등의 단계로 수행된다.

그림 12-2 **서비스품질지수개발의 프로세스**

• 단계 1: 서비스접점 분석

서비스제공자와 고객 간의 서비스접점분석의 단계에서는 서비스
품질, 고객만족 및 VOC자료를 중심으로 현황을 진단하고 서비스업
무의 프로세스를 분석한다. 서비스접점의 현황분석에 고려하여야 할
요인은 다음과 같다.

- 고객에게 미치는 영향: 서비스접점 이용빈도, 서비스접점 개선
  과 영향, 고객 행동의 변화
- 전략적 중요도: 서비스접점 개선에 대한 고객만족수준과 영향
  정도
- 개선의 용이성: 서비스직원의 노력, 서비스프로세스 보완과 서
  비스품질 개선
- 개선의 시급성: 서비스접점업무 개선에 대한 필요성과 시급성

서비스접점 분석은 서비스제공자와 고객의 행동 등 전체 서비스
업무의 흐름과 특성을 파악하기 위함이다. 서비스접점업무는 직원이
사전에 준비해야할 업무, 고객접촉에 의해 서비스가 수행되는 과정
에서의 업무, 그리고 고객이 서비스를 받고 떠난 후 수행되는 사후업
무를 대상으로 한다.

• 단계 2: 고객요구품질 도출

고객요구품질은 고객이 기대하는 수준의 서비스품질로서 고객집
단과의 좌담회(FGI: focus group interview)를 통해 고객의 요구사항
을 종합하여 결정한다. 고객요구품질에 부합되는 서비스의 실행가능
성은 실제로 서비스제공으로 이어질 수 있는가에 대한 서비스작업자
의 판단이다. 고객이 원하는 서비스품질은 품질기능전개(QFD)기법
을 사용하여 파악할 수 있다. 고객요구품질을 효과적으로 조사하기
위해서는 고객요구품질 전개표를 사용하는데 <표 12-6>에 은행창
구서비스의 고객요구품질 전개표를 예시한다.

표 12-6	은행창구서비스에서의 고객요구품질 전개표의 예			
분류코드	품질속성	2차 속성	세부 내용	측정기준
1	신속성	신속한 업무처리 고객요구의 신속한 처리		처리 시간 처리 시간
2	정확성	정확한 업무처리 정확한 문제해결 충분한 업무지식		처리 건수 처리 건수 고객인식수준
3	대응성	인사 및 친절성 충분한 고객배려 고객불만에 대한 대응		고객인식수준 고객인식수준 고객인식수준
4	접근성	주차용이성 안내 표식 용이한 정보시스템 접속		주차시간 고객인식수준 접속시간
5	청결성	깨끗한 실내분위기 집기, 서류의 정돈		고객인식수준 고객인식수준
6	기 타	용모단정		고객인식수준

• 단계 3: 서비스품질지수(SQI) 개발

고객요구품질 전개표에 따라 서비스기업이 얻고자 하는 핵심성공요인(CSF: core success factor)을 선정하고 서비스품질 측정도구를 개발한다. 핵심성공요인은 서비스기업이 달성하고자 하는 품질목표가 되며, 중요도에 따라 보다 중점을 두어야 할 요인이 무엇인가를 알려주는 서비스제공의 실행방법이다.

서비스품질지수 개발은 평가대상 서비스, 서비스접점별 또는 서비스접점의 업무별 평가항목과 문항, 측정척도, 조사 및 평가방법, 평가주기, 표본수, 서비스직원의 역할 등을 결정한다. 예를 들어 항공서비스의 경우 예약, 발권, 공항, 기내, 수하물서비스 등 서비스가 수행되는 각각의 프로세스와 고객만족센터, VOC 등 서비스접점에서의 평가항목을 개발한다. 평가항목은 고객접점직원의 서비스지식, 역량, 설정된 서비스표준과 고객 응대 매뉴얼, 구체적인 행동에 대한 평가로서 서비스수행 결과에 대한 고객의 지각수준을 파악하기 위해 필요하다. <표 12-7>은 핵심성공요인의 예를 나타낸 것이며 <표

12-8>은 서비스품질지수 측정계획표의 예를 나타낸 것이다.

표 12-7 핵심성공요인의 예

1차 요소	가중치	2차 요소	고객접점 및 실행방법
친절도	5	친절한 인사와 안내 친절한 업무설명 고객문의 경청	프론트의 고객영접 상세한 업무설명 고객요구 검토 및 실행
고객배려	10	고객에 대한 관심 고객요구파악 노력 고객불만 개선	고객접점 직원의 인사 고객요구의 경청 고객불만의 경청과 해결
업무처리	10	충분한 업무지식 문제해결 능력 문제해결의 신속성	정확, 신속한 업무처리 문제해결 및 등록 처리시간 기록
물리적 요건	5	안내표지 주차시설 관련 서식	편리한 확인과 안내 고객의 접근성 깔끔한 서식과 용이한 기록
정보관리	5	고객정보 활용 고객불만 확인과 처리 고객불만정보 축적	고객확인 고객불만 확인 고객불만 개선결과 기록

표 12-8 서비스품질지수 측정계획표의 예

고객접점	SQI요인	서비스업무	관련활동	평가주기	측정방법	평가방법
고객창구 1	인사성 친절성 정확성 신속성	창구서비스	영접인사 업무처리	월	VOC접수 상시평가	고객평가
고객창구 2	인사성 친절성 정확성 전문성	창구서비스	영접인사 업무처리	월	VOC접수 상시평가	고객평가
A/S서비스	친절성 전문성	A/S서비스	A/S접수	일	VOC접수 상시평가	고객평가 온라인평가
VOC	신속성	고객불만	문제해결	일	VOC접수	고객평가 온라인평가

• 단계 4: 서비스품질지수 측정 및 분석

서비스품질지수는 측정방법, 측정주기, 표본의 크기 등 측정계획을 수립하여 측정한다. 서비스품질지수의 측정도구는 서비스품질수준을 측정할 수 있는 평가문항과 측정척도이다. 서비스품질지수의 측정척도에 의해 서비스현장에서의 측정이 이루어지면 측정결과에 대한 분석이 따라야 한다.

서비스품질지수는 현재의 서비스수준이 어느 정도인가를 파악하고 경쟁사 또는 전사적 평균과 비교하여 강점 및 약점 부문을 파악하여 개선대책을 세우는데 목적이 있다. 서비스품질수준이 지속적으로 상승하거나 하락하는 등 변화추이에 대한 분석을 통해 서비스수준을 개선하고 경쟁우위전략을 수립할 수 있다. 서비스품질지수의 측정과 분석은 서비스품질측정의 점수분석, 경쟁사 대비 강·약점분석, 서비스접점의 개선방안 도출, 정성적 자료분석 등의 단계로 수행한다.

① 서비스품질지수의 점수분석: 서비스품질지수는 서비스접점별 고객을 대상으로 공개적 조사와 모니터링, 미스터리쇼퍼(mystery shopper)등 암행조사방법으로 항목별, 차원별로 측정을 한다. 서비스품질수준의 상대적 비교를 위해 지점별 또는 영업소별 서비스품질을 조사하고 개선방안을 모색한다.

② 경쟁사 대비 강·약점분석: 서비스접점별 서비스품질 점수를 파악하여 서비스표준 또는 경쟁사와 비교하여 강·약점을 분석한다. 약점으로 평가된 부문은 원인을 찾아 개선방안을 강구한다. 예를 들어 고객접점 직원의 숙련도가 경쟁사보다 낮다면 교육훈련 등 개선방안을 강구한다.

③ 서비스접점의 개선방안 도출: 전사적인 관점에서 서비스품질지수의 평균과 표준편차를 통해 지점, 영업점 또는 고객접점별 평가와 이에 따른 개선방안을 찾는다. 어느 한 부문에서 서비스품질수준이 낮게 나타나도 전체부문의 서비스품질과 경쟁력에 영향을 줄 수 있다.

④ 정성적 자료분석: 서비스품질지수의 측정에 특기할 사항이 있는 경우 조사요원의 설명을 첨부한다. 예를 들어 서비스과업 수행 시 불가항력적 요인으로 서비스의 문제가 있으면 보완적 설명이 필요하다. 이것은 서비스품질지수의 계량적 측정의 한계를 보완하는 방법이 된다.

• 단계 5: 서비스품질지수의 활용

서비스품질지수의 측정결과를 서비스현장 및 관리부서에 피드백한다. 서비스품질수준이 기간별로 상승경향을 보이면 이를 지속화시키며 만일 하락하거나 정체를 보이면 개선책을 강구하여야 한다. 서비스품질수준이 낮은 부문은 필요한 교육으로 보완될 수 있으며 서비스에 따라서는 1대 1 코칭이 효율적이다.

사례

아시아나 컨트리클럽의 서비스품질지수

아시아나CC는 시설과 서비스면에서 수준이 높다고 평가되는 회원제 골프장이다. 한국서비스경영학회는 지난 10여년 전부터 아시아나CC를 이용하는 고객을 대상으로 주요 골프장시설 및 서비스접점의 인적자원에 대한 서비스품질을 정기적으로 조사하고 있다. 아시아나CC는 매년 실시되는 이 조사결과를 통해 서비스품질수준을 평가하고 고객이 제기하는 주요 불만사항이나 문제점 및 개선과제를 파악함으로써 서비스성과목표를 극대화하고 있다.

아시아나CC의 서비스품질조사는 다음의 표와 같이 부문별 서비스만족도와 캐디서비스만족도 및 계속이용 및 추천의도 등 40여 개 질문항목으로 구성되어 있으며 각각의 문항에 대하여 5점척도로 측정하고 있다.

2015년 10월의 조사에서는 약 300명의 골프장 이용고객으로부터 1대 1 개별면접방식으로 조사되었다. 이 조사에서 종합만족도는 2013년에 83.1점, 2014년에 85.1점, 2015년에는 86.3점으로 지속적으로 상승하고 있다. 또한 응대예절, 경기진행의 부문도 매년 1~2점씩 상승하였는데 고객접점에 있는 직원과 캐디의 인사예절과 경기도움에 대한 항목의 서비스수준이 크게 개선되고 있기 때문으로 평가된다.

아시아나CC는 이 조사결과에 따라 개선의 정도가 미흡하거나 서비스수준이 상대적으로 낮은 부문은 교육, 프로세스개선 등 중점적 관리를 통해 고객요구에 부합하는 서비스개선을 지향하고 있다.

I. 부문별 서비스만족도

1. 골프장위치, 접근거리 및 교통편의성
2. 전반적인 골프장 인테리어와 분위기
3. 골프 예약절차의 편리성 및 예약직원의 업무전문성과 친절도
4. 현관의 관리상태 및 현관직원의 업무전문성과 친절도
5. 프론트의 관리상태 및 프론트직원의 업무전문성과 친절도
6. 락카의 관리상태 및 락카직원의 업무전문성과 친절도
7. 프로샵의 이용편리성, 제품진열상태 및 직원의 업무전문성과 친절도
8. 식당(레스토랑, 그늘집) 이용편의성 및 직원의 업무전문성과 친절도
9. 식당(레스토랑, 그늘집) 음식의 맛, 데코, 메뉴구성의 적정성
10. 경기진행 스타트시간과 소요시간 및 진행관리의 적정성
11. 코스 청결과 조경, 티/그린/FW 잔디 및 벙커 관리상태(동코스)
12. 코스 청결과 조경, 티/그린/FW 잔디 및 벙커 관리상태(서코스)
13. 직원 유니폼(레스토랑 직원 유니폼 등) 디자인, 색상 등
14. 카트의 운영과 관리상태
15. 아시아나 컨트리클럽 서비스에 대한 전반적인 만족도
기타의견-1. 코스관련 기타의견
기타의견-2. 유니폼관련 기타의견

II. 캐디서비스만족도

1. 캐디의 정중한 인사태도(PLAY 시작부터 끝까지)
2. 캐디의 라운딩 중 고객을 모시는 태도(고객특성 파악, 질문에 대한 답변 등)
3. 캐디의 용모와 복장상태(단정함, 표정과 화장상태 등)
4. 캐디의 적절한 언어구사 능력(대화법, 호칭예절 등)
5. 캐디의 업무숙련도(볼 방향, 분실구 확인, 홀 구조와 특징, 정확한 거리안내 등)
6. 캐디의 그린에서의 행동(퍼팅라인 조언, 정확한 볼마크 등)
7. 캐디의 원활한 경기진행스킬(상황판단력, 적절한 고객응대, 고객대기 시 배려 등)
8. 고객의 클럽, 볼, 소비품 등의 관리 스킬(청결유지, 클럽준비, 인수인계 등)
9. 캐디 유니폼(디자인, 색상)에 대한 만족도
10. 캐디 서비스에 대한 전반적인 만족도

III. 계속이용 및 추천의도

1. 귀하께서는 아시아나 컨트리클럽을 지속적으로 이용하시겠습니까?
2. 동료, 가족, 주변인에게 아시아나 컨트리클럽 이용을 추천하시겠습니까?

자료: 아시아나 컨트리클럽 제공.

4. 서비스품질지수의 운영과 전략

Bourne 등(2005)의 조사에 의하면 72%의 서비스기업이 서비스경쟁력을 확보하기 위해 서비스품질지수를 활용한다고 응답하고 있으며 이 중 81%가 실제로 경쟁전략의 수행에 도움이 된다는 응답하고 있다. 서비스기업이 서비스품질지수를 운영하는 것은 단순히 서비스품질수준을 높이려는 것 이상으로 경쟁전략의 지표가 되고 있다. 서비스기업의 서비스품질지수 운영목적은 다음과 같다.

- 높은 서비스품질과 고객만족도를 지속적으로 유지
- 서비스경쟁력 확보
- 고객요구의 파악과 고객에 대한 정보 제공
- 서비스기업 및 산업 특성에 맞는 서비스수준 유지
- 서비스실패 및 질적 저하 방지

서비스품질지수의 운영은 다음의 요건을 갖추어야 한다.

첫째, 서비스품질지수는 서비스기업의 장기계획과 전략에 부합되는 평가시스템의 일환으로 구축하여야 한다. 서비스품질은 한 부문에서의 일시적인 개선활동에 의해 이루어지는 것이 아니고 프로세스 개선, 교육훈련 등 장기적인 노력에 의해 달성될 수 있기 때문이다.

둘째, 서비스품질수준은 측정가능하고 필요시 서비스현장의 노력으로 개선이 가능하여야 한다. 서비스품질지수의 측정도구를 개발할 때 고객의 요구수준을 바탕으로 측정항목을 선정하지만 서비스접점에서 실제로 서비스 제공이 불가능하거나 너무나 높은 품질 목표를 설정한다면 이는 현실성이 없는 측정도구가 될 것이다.

셋째, 서비스품질지수의 평가항목은 서비스활동에 대한 포괄적 의미와 내용을 함축하여야 한다. 하나의 서비스는 여러 서비스프로세스와 서비스접점을 거치며 다수의 작업자에 의해 제공되므로 서비스측정도구는 대표성을 확보하여야 한다.

넷째, 고객이나 모니터링요원의 서비스접점평가에는 평가자의 개

인적, 주관적 요인이 크게 작용할 수 있다. 이러한 한계를 극복하기
위해서는 측정항목과 측정방법 등 평가절차의 객관성과 공정성을 확
보하여 합리적인 평가가 수행되어야 한다.

서비스품질지수는 서비스기업의 전략수립을 위한 지표이다. 특정
한 시점이나 기간 동안 서비스품질수준이 높거나 낮은 부문, 서비스
품질지수의 변화추이와 특징에 따라 적절한 서비스전략을 수립할 수
있기 때문이다. 필요에 따라서는 서비스품질지수를 기업의 서비스품
질개선전략 수립의 기준으로 활용할 수 있다.

서비스품질지수의 운영전략은 [그림 12-3]에서와 같이 서비스품
질 평가대상의 결정, 서비스품질 평가지표의 개발, 서비스품질 평가
체계와 평가모형 개발, 서비스품질 평가지표의 운영방안 수립 등의
단계로 수행된다.

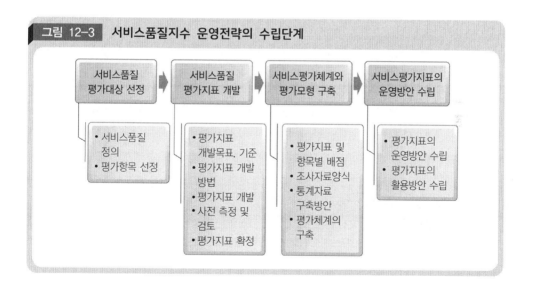

그림 12-3 서비스품질지수 운영전략의 수립단계

① 서비스품질 평가대상 결정

서비스품질지수의 운영전략을 수행하기 위해서는 서비스품질요
인을 정의하고 서비스프로세스, 서비스과업내용, 고객접점 등 평가대
상을 선정한다.

② 서비스품질 평가지표 개발

서비스품질의 운영에는 평가지표의 개발목표에 따라 서비스품질의 측정기준을 결정하고 개발방법을 확정하여 평가지표를 개발한다. 평가지표의 문항은 사전에 서비스품질을 측정하여 보완하는 과정을 거쳐 확정시킨다.

③ 서비스품질 평가체계와 평가모형 개발

서비스품질평가모형개발 단계에서는 평가영역의 범위와 평가항목 및 항목별 배점 등을 결정하여 평가척도와 서비스품질 측정을 모형화한다. 시험적으로 조사된 서비스품질자료를 보완함으로써 최종 평가시스템을 구축한다.

④ 서비스품질 평가지표 운영전략 수립

서비스품질지수는 서비스기업의 전략수립을 위한 지표이다. 특정한 시점이나 기간 동안 서비스품질수준이 높거나 낮은 부문, 서비스품질지수의 변화추이와 특징에 따라 적절한 서비스전략을 수립한다.

서비스기업이 서비스품질지수를 활용하는 것은 서비스품질수준을 높게 유지하고 이를 통해 고객만족도과 충성도를 높여 기업의 이익을 확대하기 위해서이다. 서비스운영에 있어서 서비스품질지수의 활용방안은 다음과 같이 구체화할 수 있다.

- 서비스품질수준 및 고객만족수준의 평가
- 서비스운영전략의 기초자료로 활용
- 서비스경쟁전략 수립의 구체적 자료로 활용
- 서비스운영관리 성과에 대한 객관적 지표로 활용
- 서비스접점에서의 서비스수준 결정을 위한 기준을 마련
- 서비스접점직원에 대한 성과파악과 보상기준으로 활용
- 서비스투자의 필요성 및 투자효과 파악
- 서비스상품의 원가분석 및 가격결정의 기초자료로 활용
- 서비스상품개발의 방향설정 및 서비스기능의 중요도 파악

KS-SQI 개발과 운영

KS-SQI는 2000년에 시작되어 매년 서비스기업의 품질조사결과를 발표하고 있다. KS-SQI는 한국표준협회와 서울대 경영연구소가 우리나라 서비스산업과 소비자특성을 반영하여 공동으로 개발한 서비스품질 측정모형이다. 이 서비스품질 지표는 해당 기업의 서비스를 이용한 경험이 있는 고객을 대상으로 서비스품질의 만족수준을 측정함으로써 서비스산업 전반의 품질수준을 평가하는 지표이다. KS-SQI는 우리나라 서비스산업의 서비스품질 표준을 평가함으로써 국내 서비스산업의 품질수준 향상 및 글로벌 경쟁력을 제고하고 국민의 삶의 질 향상 및 국민행복을 증진함을 목표로 한다.

KS-SQI의 조사대상 업종, 조사방법 및 서비스품질 측정항목은 매년 부분적으로 수정되고 있다. 2018년에는 한국표준산업분류에 의거하여 도소매, 금융, 숙박/음식, 통신, 운수, 보건/건설, 교육, A/S, 문화/전문, 공공서비스 등 10개 분야 63개 서비스관련 업종으로 나누어 서비스품질을 조사하였다.

KS-SQI의 평가는 <표>와 같이 서비스품질을 성과영역과 과정영역으로 나누어 평가한다. 성과영역의 서비스품질 결정요인은 본원적 서비스, 예상외 부가서비스의 2개 요인, 과정영역의 서비스품질 결정요인은 신뢰성, 친절성, 적극 지원성, 접근 용이성, 물리적 환경 등 5개 요인이며 각각의 요인은 2개 질문문항으로 조사된다. 서비스품질조사는 전국에 거주하는 1개월~1년 이내에 해당 서비스를 실제로 이용한 경험이 있는 고객을 대상으로 기업별 300표본을 1대 1 면접조사 및 인터넷 패널조사방식으로 조사한다.

서비스품질 측정은 성과 및 과정영역의 7개 서비스품질 결정요인을 품질차원으로 하여 각각 2개 문항씩 총 14개 문항을 9점척도를 사용하며 측정한다. 측정한 품질점수는 100점 만점으로 환산하여 구성요인 점수로 변환하여 합산하고 계층분석법으로 상대적 중요도에 따라 구성요인의 가중치를 부여한다. KS-SQI 점수는 구성요인의 점수에 가중치를 곱하여 서비스품질지수로 도출한 값이다.

현재 KS-SQI는 우리나라 기업별, 업종별, 산업 전체의 서비스품질수준을 평가하는 시스템으로 정착되고 있다. 이 평가시스템의 시행 초기인 2000년의 우리나라 서비스품질수준은 54.8점이었으나 2005년 66.6점, 2009년 69.6점, 2011년 70.5

〈표〉 KS-SQI 평가요인

영역	구성차원	정의
성과	본원적 서비스	고객이 서비스를 통하여 얻고자 하는 기본적인 욕구의 충족
	예상 외 부가서비스	고객에게 타사 대비 차별적 혜택과 부가적 서비스 제공
과정	신뢰성	고객이 서비스제공자에게 느끼는 신뢰감: 서비스제공자의 진실성, 정직성 등 서비스수행에 필요한 기술과 지식의 소유
	친절성	예의 바르고 친절한 고객응대 태도: 고객에게 인사성이 밝으며 예의 바르고 공손한 자세로 응대
	적극 지원성	고객의 요구에 신속하게 서비스를 제공하고자 하는 의지
	접근 용이성	서비스제공 시간 및 장소의 편리성
	물리적 환경	서비스평가를 위한 외형적 단서(서비스제공 장소, 제공자)

점, 그리고 2013년에는 72.1점으로 매년 서비스품질 수준이 향상되는 추세를 보이고 있다. 2018년의 서비스품질지수가 가장 높은 분야는 호텔, 금융, 항공, 병원, 아파트건축 등 업종의 기업으로 80점 내외의 높은 서비스품질수준을 나타내고 있다.

자료: www.kssqi.or.kr

토의문제

1. KS-SQI 측정모형의 서비스품질측정방법의 장단점에 대하여 평가하라.
2. KS-SQI는 고객만족도(CSI)와 직원만족도(ESI)와 어떠한 관계가 있는가?
3. 기업이 서비스품질개선을 위해 KS-SQI를 활용할 수 있는 방법은 무엇인가?

참고문헌

서창적 등(2013), 경영품질의 이해, 박영사.

유시정(2014), 서비스경영, 법문사.

Bourne, Mike, Mike Kennerley and Monica Franco(2005), "Managing through Measures: A Study of the Impact on Performance," *Journal of Manufacturing Technology Management*, 16(4), pp.373~395.

Carrus, Brandon, Jenny Cordina, Whitney Gretz, and Kevin Neher(2015), "A Comprehensive Approach Health Systems Can Use to Better Understand the Patient Experience and Thereby Improve Patient Satisfaction," *Mckinsey on Health care Report*.

Johnston, Robert, Graham Clark, & Micheal Schulver(2012), *Service Operations Management: Improving Service Delivery*(4th ed.), Pearson.

Heskett, James L., W. Earl Sasser, & Leonard A. Schlesinger(1997), *The Service Profit Chain*, The Free Press.

International Company Document, *Service Quality Indicators at FedEx*, 2003.

Norton, David & Robert Kaplan(1992), The Balanced Scorecard: Measures that Drive Performance, *Harvard Business Review*, 70(1), pp.71~79.

Parasuraman, A. V. A. Zeithaml, L. L. Berry(1988), "SERVQUAL: A Multiple-Item Scale for Measuring Consumer Perceptions of Service Quality," *Journal of Retailing*, 64(1), pp.12~40.

www.delta.com

www.fedexstories.com

www.kssqi.or.kr

www.sch.com

찾아보기

저자약력

유시정

성균관대학교 졸업(이학사)
서강대학교 대학원 졸업(경영학박사)
경기대학교 경영학과 교수 역임
경기대학교 경영학과 명예교수(현재)
미국 San Diego State Univ. Adjunct Prof. 역임
(사)한국서비스경영학회장 역임

[저서] 생산시스템운영관리(공저), 서비스경영 등

조춘봉

Cesar Ritz－SHCC, Swiss Hotel & Catering College 졸업(호텔경영전공)
경기대학교 대학원 졸업(경영학박사)
청운대학교 호텔조리식당경영학과 교수(현재)
청운대학교 사회서비스대학장 역임
한국호텔&리조트학회장 역임
한국외식경영학회장 역임

[저서] 호텔케이터링컨벤션관리(공저), 호텔식당경영론 등

4차 산업혁명시대의 서비스경영

2020년 5월 10일 초판 인쇄
2020년 5월 20일 초판 1쇄 발행

공저자　유 시 정 · 조 춘 봉
발행인　배　　효　　선
발행처　도서출판　**法 文 社**

주 소　10881 경기도 파주시 회동길 37-29
등 록　1957년 12월 12일 제2-76호(윤)
전 화　031-955-6500~6, 팩 스 031-955-6525
e-mail(영업) : bms@bobmunsa.co.kr
　　　(편집) : edit66@bobmunsa.co.kr
홈페이지 http://www.bobmunsa.co.kr

조 판　광　　진　　사

정가　24,000원　　ISBN 978-89-18-91106-9